JN409799

세계화론

왜 정치, 경제, 사회의 근본이 흔들리고 있는가?

김 성 환

지문당

Globalization in Perspective

Song W. Kim
University of Ulsan

Seoul
Jimoondang
2010

世界 속에서

民族을 고민한

洋松 咸秉春 교수를

추모하며

□ 들어가면서 □

세계화 – 축복인가 재앙인가?

20세기 종반에서부터 시작하여 21세기 초반에 들어와서 오늘날까지 가장 많이 언급되고, 제기되고, 논의되는 話頭(화두)가 있다면 그것은 무엇일까? 아마 世界化(세계화)가 아닌가 한다. 나라와 지역을 망라하고 계층과 세대를 넘어서 분야에 관계없이 세계화만큼 빈번하게 公論(공론)의 대상이 되고 있는 談論(담론)도 없을 것 같다. 이것은 무엇을 말하고 있는 것인가?

먼저 세계화란 이제 어떠한 추상적 觀念(관념)이 아니라, 하나의 숨길 수 없는 現象(현상)이라는 점이다. 과거에는 많은 사람들이, 많은 기업들이, 많은 국가들이 세계화를 하나의 추세로 보았고 그러한 추세를 그렇게 심각하게 생각하지 않았던 것이 사실이었다. 그러나 오늘날은 누구도 이것을 막연한 추세로 받아들이지는 않을 것 같다. 왜냐하면 세계화는 이제 그것을 찬성하든지 배척하든지를 떠나 하나의 엄연한 현실적 과제가 되어버렸기 때문이다.

주목할 것은 과거에는 전혀 예상하지 못했던 문제들이 세계화라는 과제로부터 끊임없이 발생하고 있는 것이다. 보는 이에 따라 차이가 있겠지만, 저자는 1997년 아시아 금융위기, 2001년 9 · 11 사건, 2008년 미국발 금융위기 등은 모두 세계화와 깊이 연결되어 있다고 본다. 문제는 어느 누구도 이것으로부터 자유로울 수가 없다는 점이다. 따라서 정치, 경제, 사회의 각 주체들은 세계화로부터 파생되는 문제들로 인하여 이해관계가 나누어지고 대립하게 되고 갈등할 수밖에 없는 것이다.

그동안 세계화의 진행으로 전 세계가 많은 혜택을 받았다고 주장되어 왔다. 그러나 그것은 모두에게 공통적이고 긍정적인 결과만을 가져온 것은 아니었다. 국가, 기업, 계층에 따라 그 明暗(명암)이 달랐다. 지난 세대를 회고해 보면 어떠한 집단은 세계화의 수혜자가 되는가 하면 다른 집단은 그것의 피해자가 되는 것을 쉽게 목격할 수 있었다.

따라서 한국을 비롯한 일부 국가에서 보듯이 세계화에 대한 감상적 이해와 맹목적 추종은 엄청난 대가를 지불할 것이라고 본다. 오히려 그것에 대한 냉정하고 비판적인 접근이 요구된다. 앞으로 사회의 여러 주체들이 이러한 균형 잡힌 안목을 가질 수 있다면 이 책은 하나의 의미 있는 소임을 수행했다고 하겠다.

세계화는 그간 言論(언론)에서 다분히 煽情的(선정적)인 이슈로 많이 취급되어 왔다. 그러나 이것은 이제 언론이 가볍게 다룰 수 있는 범주를 넘어서고 있다. 학문적 탐구의 대상이 된 것이다. 어느 특정 분야에서가 아니라 경제학, 정치학, 사회학, 역사학 등 인문사회과학을 망라하여 상호 연계적인 연구가 요청되고 있으며, 나아가서는 이것을 대학의 교과과정에도 반영할 필요가 있을 것 같다. 오늘의 대학생들이 내일에 가서 세계화의 수혜자 또는 피해자가 될 수 있기 때문이다.

책을 쓴다는 것은 즐거움일 수도 있겠지만 어쩌면 괴로움이 될 수도 있다는 생각이다. 이 엄청난 公害(공해)의 시대에는. 잘못하면 귀중한 자원의 낭비와 쓰레기의 양산으로 귀결될 수가 있기 때문이다. 이 책은 처음부터 이러한 염려와 주저 속에서 시작되었고 이와 같은 유보적 입장은 계속해서 저자를 지배하고 있다.

그동안 해외에서는 세계화에 대한 저서가 상당히 많이 간행되었고 이 중의 일부는 국내에서도 번역되어 출판되었다. 그러나 번역서가 가지는 한계를 고려할 때 누군가가 이 주제에 대하여 개괄적이거나 아니면 적어도 서론적인 정리라도 해야 한다는 필요성을 저버릴 수가 없었다. 왜냐하면 이 주제는 여유 속에서 즐길 수 있는 한가한 담론이 아니라 오늘의 현실 속에서 치열하게 대두되고 있는 심각한 과제들로 구성되어 있기 때문이다.

이 책이 나오기까지에는 여러 사람들의 관심과 도움이 수반되었다. 먼저 별로 시장성이 없는 이 책의 출간을 허락한 지문당의 용단에 감사를 드리지 않을 수 없다. 특히 지문당의 全正雅 선생은 산적한 기존업무에 추가하여 이 책의 편집을 맡았는데 방대한 업무량에도 불구하고 아무런 과오 없이 작업을 완성시켜 주었다. 그의 인내와 노고에 감사한다.

저자가 소속한 울산대학교는 일찍이 세계화에 부응하여 '글로벌 경영' 과정을 도입하였는데 이를 위하여 그간 많은 지원을 해준 동 대학교 경영대학의 여러 교수들과, 이 책의 원고정리를 도와준 울산대 졸업생 康周鉉 군, 재학생 嚴在旭 군에게 특별히 감사를 드린다. 또한 국제경제의 변동에 정통한 林重根 변호사와 金仁相 사장은 초고의 일부를 검토하여 주었는데 그 수고에 고마움을 전하고 싶다.

평소 저자는 학문과 인생의 길에서 여러 선배들로부터 많은 자문과 편달을 받아 왔다. 이번 출간에도 그들의 도움이 적지 않았다. 여기서 이들에 대한 負債(부채)를 다 열거할 수 없지만, 한양대 韓泰善 교수, 서울시립대 柳英均 교수, 울산매일 金炳吉 주필을 비롯하여, 과거 스탠다드-차타드 은행의 李泰星 부지점장, 한화 에너지의 朴敬燮 부장, LG증권의 裵輝植 지점장 그리고 현재 공주에서 대체의학을 탐구하고 있는 金原基 선생, 울산의 개업의 任永訓 원장, 상도경영아카데미 洪夏祥 대표 등에 대한 감사의 인사를 빠뜨릴 수가 없다.

제목이 암시하듯이 이 책에서는 다양한 견해들이 개진되고 있다. 어떠한 이슈에 대하여 의견의 일치를 보기란 언제나 쉽지 않은 법이다. 그것에 접근하는 개인들의 정치적 입장이나 종교적 신념 또는 경제적 이해

등에 따라서 결론이 나누어질 수밖에 없기 때문이다. 따라서 이 책에서 제시된 어떠한 해석이나 견해는 전적으로 저자만의 것이며 앞에서 언급된 누구와도 무관한 것이다. 또한 이 책의 내용에 어떤 오류나 문제가 있다면 그것은 오로지 저자의 몫이라고 하겠다.

庚寅年 (西紀 2010) 春三月

彦陽 寓居에서
盤泉의 白鷺를 바라보며

著者

차 례

제 3 부 세계화의 명암

제 4 부 세계화 - 역사적 이해

□ 표 목차 □

□ 그림 목차 □

제 1 부

세계화 – 원론적 접근

1 세계화란 무엇인가?

2 세계화는 왜 일어나는가?

3 세계화는 누가 주도하고 있는가?

4 세계화는 어떠한 결과를 가져오는가?

1 세계화란 무엇인가?

1) '세계화'의 개념

世界化(세계화, globalization)에 대한 본격적인 논의에 들어가기 전 '세계화'라는 말이 가지는 정확한 의미를 파악하는 것이 순서일 것 같다. 우선 많은 사람들이 세계화를 주로 '國際化(국제화, internationalization)'와 거의 같은 의미나 그것의 또 다른 표현으로 사용하고 있는 것 같다. 그러나 이것은 잘못된 인식이라고 하겠다. 왜냐하면 둘은 서로 다른 槪念(개념)이고 그 意味(의미)도 상이하기 때문이다. 또 다른 사람들은 세계화를 '多國籍化(다국적화, multinationalization)'와 비슷한 의미로 이해하는 경향이 있는가 하면, '地域化(지역화, regionalization)' 또는 '現地化(현지화, localization)'와 대칭되는 개념으로 판단하기도 하는데 이 또한 꼭 그러하지가 않다. 물론 이러한 개념들이 유사한 점이 있는 것은 사실이지만,

엄격한 의미에서 각각 차이가 있으며 따라서 실제에 있어서 잘 구별하여 사용할 필요가 있다고 본다. 적어도 세계화를 정확히 이해하기 위하여서는. 세계화와 유사한 개념을 가진 여러 말들을 비교하여 정리해보면 〈표 1-1〉과 같다.

표에서 열거된 것들은 모두 空間(공간)의 범위와 성격을 규정하고 있다 하겠다. 먼저 공간은 그 규모에 따라 地方(지방), 地域(지역), 國家(국가) 등으로 나누어지는데, 말할 것도 없이 이것들은 모두 부분적인 공간을 나타내고 있다. 이와 함께 공간과 공간 사이에서 일어나는 활동의 성격과 방향에 따라 '超國家的(초국가적, transnational)', '多國籍(다국적, multinational)', '國際的(국제적, international)' 등의 개념들이 등장하게 된다. 이 경우 모두 국가라는 단위가 그 기초가 되어 있고, 그 활동은 국경을 넘어오거나 넘어가면서 각각 독특한 방식으로 이루어지고 있다. 이에 비하여 '世界的(세계적, global)'이라는 개념은 국가와 국경을 초월하면서 지구촌 어느 부분이 아닌 전체를 그 대상의 공간으로 인식하고 있는데 이런 점에서 앞에서 언급한 모두와는 확연히 차별화되고 있는 것이다.

〈표 1-1〉 공간에 대한 인식의 범위

범위 / 성격	행동 / 추세	목표 / 이념
local	localization	localism
regional	regionalization	regionalism
national	nationalization	nationalism
regional	regionalization	regionalism
transnational	transnationalization	transnationalism
multinational	multinationalization	multinationalism
international	internationalization	internationalism
global	globalization	globalism

지금까지의 설명은 너무 추상적으로 흘러가버린 듯한 감을 지울 수가 없다. 이와 같은 접근으로서는 여러 개념들의 정확한 실체를 파악하고 구분하는 데 한계가 있는 것 같다. 따라서 이러한 경우는 관념적인 해설보다는 아래와 같이 실제적 사례로서 설명하는 것이 훨씬 효율적일 듯하다.

〈대전 지하철〉은 지방의(local) 공기업으로 출발하였으며, 〈화이트〉는 영남권에서 인기 있는 지역의(regional) 대표 소주로 알려져 있고, 〈분데스 리가〉는 독일에서 연중 거행되고 있는 국가적(national) 축구 경기이다. 또한 〈EU〉는 유럽 지역의(regional) 국가연합이며, 〈기아자동차〉가 몇 년 전 미국 조지아 주에 세운 생산 공장은 초국가적(transnational) 투자를 한 사례에 해당되고, 〈삼성물산〉은 국제적(international) 거래를 하는 무역회사로서 많은 활동을 해오고 있으며 〈Air Bus〉는 다국적(multinational) 기업의 모델로 알려져 있다. 그리고 〈WTO〉와 〈코카콜라〉가 세계적(global) 무역기구와 음료회사라는 데 아무도 이의를 제기하지 않을 것이다.

한편 공간에 대한 여러 개념들 사이의 차이는 각각이 보여주는 행동과 그것이 지향하는 이념에도 현저한 차이를 가져오고 있다 하겠다. 예를 들면 현지화(localization)와 세계화(globalization)는 꼭 상반된다고 할 수는 없지만 서로 다른 추세여서 그 진행 방향은 같을 수 없을 것이다. 그러나 이 둘의 공존이 전혀 불가능한 것만도 아니다(glocalization). 마찬가지로 民族主義(민족주의, nationalism)와 地域主義(지역주의, regionalism) 등은 世界主義(세계주의, globalism)와는 그 지향점이 다르며, 때에 따라서 이것들은 이념적으로 대립 또는 충돌할 수도 있다는 것을 많이 보아왔다. 그동안 앞에서 보는 여러 추세와 이념이 역사에 등장하여 문명의 진행에 적지 않은 영향을 미쳐왔는데 지난 20~30여 년 동안에는 세계화라는 조류가 나타나 과거 어느 때보다 강력한 문명의 변화를 주도하고 있는 것이다.

2) 경제의 세계적 통합

세계화로부터 야기되는 변화는 어느 한 분야에 국한되지 않고 매우 광범위하게 전개되고 있다고 하겠다. 이 중에서 가장 가시적이고 현저한 것은 경제적, 정치적, 사회적 영역이 아닌가 한다. 그리고 이들 중에서 변화의 선봉에 서 있는 것은 역시 경제가 아닌가 한다. 이런 점에서 보면 세계화란 어쩌면 '경제적 세계화(economic globalization)'라고 할 수도 있을 것 같다. 따라서 세계화 현상을 이해하기 위하여서는 우선 최근 급격하게 진행되고 있는 세계경제의 변화를 분석하여 볼 필요가 있는 것이다.

현재 세계경제에서는 본질적이고 구조적인 변화가 일어나고 있다 하겠다. 과거의 세계는 거리, 시간, 언어 등의 장벽에 의해 교역과 투자가 차단되어 있던 국가경제 중심의 체제였다. 그러나 지금의 세계는 통신과 운송의 발달로 거리가 좁아지고 소비문화가 유사해지며 교역과 투자에 대한 장벽이 낮아지면서 국가경제 중심의 체제가 무너지고 있는 것이다. 개별 국가경제들이 독립적으로 존재하는 것이 아니라 상호 의존적 체제로 바뀌고 있다 하겠다. 이것은 결국 경제구조가 세계적 차원으로 통합되어 가는 것을 의미한다고 볼 수가 있을 것 같다. 따라서 지금 일어나고 있는 현상을 한마디로 집약하자면 이것이 바로 세계화라고 말할 수가 있을 것이다.

한편 이와 같은 경제적 변화는 기업에 대하여 엄청난 기회를 제공하고 있다 하겠다. 과거와 달리 이제는 제품의 판매를 한 지방이나 한 국가나 아니면 몇 개의 국가나 지역에서가 아니라 전 세계로 확대할 수가 있고, 또한 생산을 원가가 싸고 유리한 곳이라면 어디든지 가져갈 수가 있기 때문이다. 이와 같은 광역성과 유연성은 과거 경험하지 못한 일이었다. 따라서 경제구조의 변화에서 본다면 세계화란 그 내용에 있어서 적어도 두 가지 현상을 반영하고 있다고 여겨진다. 즉 세계화란 '市場의 世界化(시장의 세계화)'와 '生産의 世界化(생산의 세계화)'를 의미하고 있는 것이다.

3) 세계화의 내용

(1) 시장의 세계화

시장의 세계화란 과거 국가별로 격리되어 있던 개별시장들이 거대한 하나의 시장으로 합쳐지는 현상을 지칭한다. 시장의 세계화를 가장 먼저 개념화한 것은 아마 마케팅을 전공한 경영학자인 레빗(Theodore Levitt) 교수가 아닌가 한다. 1983년 *Harvard Business Review*에 발표한 "시장의 세계화(The Globalization of Markets)"라는 논문에서 그는 그 당시로서는 매우 생소한 '세계화'라는 개념을 도입하여 시장의 구조적 변화를 설명했다. 그의 주장대로 어떻게 개별시장들이 세계시장으로 확대, 개편될 수가 있을까?

이러한 현상의 배경에는 국가 간 일어나는 거래, 즉 무역의 장벽이 낮아지는 것이 가장 중요한 요인으로 파악되고 있다. 그러나 이것 밖에도 많은 요인들이 있을 수 있다. 그중에서도 개별국가들에 산재해 있는 소비자들의 취향과 기호가 갈수록 비슷해져 간다는 점도 세계시장 형성에 큰 기여를 한다고 본다. 예를 들면 맥도널드(McDonald's)의 햄버거, 스타벅스(Starbucks)의 커피, 코카콜라(Coca Cola)의 음료수 등은 어느 나라에서나 같은 제품이 똑같이 소비자들의 애호를 받고 있는 것이다. 그들 회사는 세계적으로 규격화된 제품을 제공하면서 결국은 하나의 세계시장을 만들어 가는 것이다. 그런데 여기서 하나의 의문이 일어날 수가 있다. 이들 회사들이 세계시장에 집중한다는 것은 국가별 개별 시장을 포기한다는 것인가? 그것은 꼭 그렇게 할 필요는 없을 것이다.

모두가 잘 알고 있듯이 내수시장은 국가별로 많은 차이를 가지고 있다. 소비자의 취향과 기호는 물론이고 유통구조와 기업문화 등에 있어서 국가별 차이는 상당하며, 이것은 세계화의 진행에도 불구하고 쉽게 없어지지 않고 있다. 따라서 소비재를 주로 취급하는 세계적인 기업들은 이러한 차이를 인정하고 국가적 또는 현지의 특색들을 오히려 자기들의 영역에 적극적으로 반영하고 있는 것이다.

이런 점에서 보면 보다 세계적인 시장의 성격은 소비재 시장보다도 산업재와 원자재 시장에서 더 잘 파악되고 있는 것 같다. 예를 들면 석유, 알루미늄, 밀 같은 원자재나 DRAM, 컴퓨터 소프트웨어 등 산업재를 다루는 시장들에서는 고객의 기호나 취향에 관계없이 모든 제품이 규격화, 표준화되어 있어서 그야말로 동질적인 세계시장이 형성되고 있는 것이다. 상품의 동질성과 규격성의 견지에서 보면, 채권이나 선물 같은 금융상품을 거래하는 자본시장도 여기에 포함되는 것은 말할 것도 없다.

또한 어느 기업이 한 시장에서 성공을 거두게 되면 다른 시장으로 진출하려 하고 그럴 경우 그들이 한곳에서 성공한 브랜드와 전략 등을 다른 시장에도 똑같이 적용하려 할 것이다. 이렇게 되면 동일한 브랜드와 전략이 세계적으로 확대되게 되어 역시 동질적인 세계시장 형성에 기여를 하게 되는 것이다. 이것이 현실이라면 이제는 더 이상 '독일시장', '미국시장', '일본시장'을 특정해서 이야기하는 것은 의미가 없어지고, 기업들에게는 오직 '세계시장'만이 문제가 될 것이다.

(2) 생산의 세계화

토지, 노동, 자본 등 생산요소의 가격과 품질이 어디서나 같지가 않고 국가별 차이가 크다는 것은 이미 잘 알고 있는 사실이다. 기업들은 이러한 국가별 차이를 이용하여 세계 어디를 가더라도 가장 유리한 곳에서 생산을 하려고 하는 것이다. 제품의 전부를 해외생산으로 할 수도 있고 아니면 일부 부품을 해외에서 조달할 수도 있다. 과거에는 대부분의 기업들이 자국 내에서만 생산하는 것이 일반적이었는데 이렇게 해서는 더 이상 세계시장에서 경쟁할 수가 없다는 것을 터득하였기 때문이다.

항공기를 제작하고 있는 보잉(Boeing)사의 경우를 보면 제품들의 상당부분을 해외생산에 의존하고 있는 것을 알 수 있다. 이 회사의 최신모델인 777은 전체의 약 30%가 해외 여러 곳에서 생산된 부품을 사용하고 있으며, 차세대 여객기인 7E7에 있어서는 해외부품이 약 65%를 상회할 것으로 예상하고 있다. 만약 해외에서 생산되는 부품의 비율이 이렇게 갈수록 높아진다면 보잉이 만드는 항공기는 과연 미국 제품이라고 할 수 있을 것인가 하는 의문을 남기게 된다.

보잉사가 해외생산 또는 해외조달에 이렇게 적극적인 이유는 무엇일까? 물론 많은 부품이 해외에서 조달되면 원가를 엄청나게 절감할 수가 있을 것이다. 대부분의 나라들이 미국보다는 노동 같은 생산요소가 저렴할 것이기 때문이다. 그러나 이것이 이 회사가 해외조달을 확대하는 가장 큰 이유는 아니다. 더 중요한 것은 보잉사에 부품을 납품하는 외국회사들이 각자 그 분야에서는 세계최고의 지위를 가지고 있다는 사실이다. 보잉사로서는 많은 부품들을 외국에서 생산된 세계최고의 것으로 사용하면서, 비록 다른 부품보다 비싸더라도 결국은 자기제품을 세계최고의 것으로 만드는 것이다. 이것이 이 회사의 경쟁력이고 이렇게 하여 경쟁업체인 에어버스(Air Bus)와 싸우고 있는 것이다. 생산의 세계화가 아니고서는 보잉으로서는 경쟁력을 확보할 수가 없다고 하겠다.

그동안 해외생산이란 주로 제조업에서만 해당되는 일로 여겨져 왔다. 그러나 서비스업에서도 해외생산이 활발히 전개되고 있는 것을 결코 간과해서는 안 될 것이다. IT업계에서는 미국을 비롯한 많은 나라의 기업들이 자국의 인력을 대폭 감축하고 인도, 중국 등에서 현지 전문 인력을 이용하여 사업을 확장하고 있는 것은 별로 새로운 일이 아니다. 왜냐하면 인도 등에 있는 IT업종의 인력은 미국 등 선진국보다 인건비가 훨씬 저렴한 것은 말할 것도 없고 그들의 자질도 결코 뒤지지 않기 때문이다.

근래에 와서 어느 나라에서나 IT업계가 괄목할 만한 성장을 하고 있는 배경에는 생산의 세계화가 있다는 사실을 결코 과소평가해서는 안 될 것이다. 또한 모든 업종을 망라해서 많은 기업들—특히 세계적 규모의 대기업들—이 생산의 세계화로부터 엄청난 혜택을 보고 있는 것은 사실이지만, 거꾸로 이야기하면, 이들 기업들에 의해 생산의 세계화, 시장의 세계화가 역동적이면서 지속적으로 추진되고 있다는 사실도 주목해야 할 것이다.

2 세계화는 왜 일어나는가?

세계화를 초래하는 요인은 매우 다양하다고 여겨진다. 물론 각 분야에 특수한 요인들이 존재하고 있겠지만, 적어도 경제적 측면에서 본다면 세계화는 크게 두 가지 요인에 의해 일어나고 있다고 하겠다. 그 첫 번째는 어디서나 경제활동에 대한 규제가 점진적으로 축소되고 경쟁이 강화되는 자유화의 물결이고, 두 번째는 엄청난 속도로 나아가고 있는 기술의 개발과 그 발달로 파악된다.

1) 경제적 요인

먼저 경제적 요인으로서 자유화의 역할과 그 결과를 살펴보자. 경제의 자유화는 그간 오랫동안 점진적으로 지속되어 왔는데 이것은 크게 보아 무역, 투자, 금융 세 가지 부문에서 확인할 수 있다. 이들 중 가장 괄목할 성과를 보여주는 것은 무역의 자유화였다. 1차 세계대전이 끝나고부터 많은 나라들이 자국의 산업을 보호하기 위하여 높은 수입 관세를 부가함으로써 무역장벽을 쌓았는데 이것은 보호무역시대의 도래를 의미했고 보호무역주의는 결국 세계를 대공황으로 몰고 갔으며 경제 공황은 2차 대전으로 귀결되었다.

(1) 무역 자유화

2차 대전이 끝난 후 세계는 보호무역이 가져다 준 병폐에서 벗어나기 위하여 자유무역으로 방향을 바꾸고 이를 실천하기 위하여 선진국들을 중심으로 GATT(General Agreement on Tariffs and Trade)를 체결하였는데 그동안 GATT체제하에서 8차례나 되는 多者間 協商(다자간 협상)을 통하여 상품과 서비스의 국가 간 자유로운 이동을 막고 있던 장벽을 낮추는데 큰 성과를 도출하였다.

〈표 2-1〉에 의하면 1차 대전이 일어나기 직전 대부분 국가들이 20% 전후의 높은 관세율을 보였는데 이것이 2차 대

〈표 2-1〉 공산품에 대한 평균 관세율 (%)

	1913	1950	1990	2002
프랑스	21	18	5.9	4.0
스웨덴	20	9	4.4	4.0
독일	20	26	5.9	4.0
이탈리아	18	25	5.9	4.0
네덜란드	5	11	5.9	4.0
영국		23	5.9	4.0
일본	30		5.3	3.8
미국	44	14	4.8	4.0

자료: The Economist, 1995; WTO, 2003.

전 후 45년이 지난 1990년에 6% 선으로 크게 감소했으며 2002년에 들어와서는 4% 선으로 더욱 떨어졌다. 이것은 말할 것도 없이 2차 세계대전 후 많은 나라들의 적극적인 노력으로 무역의 자유화를 성취했다는 것이다. 물론 무역에 아직도 많은 문제가 남아 있고 이것들을 해결하기 위하여 GATT를 대신하는 새로운 기구인 WTO(World Trade Organization)가 1994년에 설립되기도 했지만, 자유무역은 세계경제의 분명한 추세이고 이것이 바로 시장의 세계화를 가져오는 데 가장 큰 역할을 하고 있다는 것을 부인할 수는 없을 것이다.

(2) 투자 자유화

그동안 많은 국가들은 무역뿐만 아니라 투자에 대한 제한도 계속 완화하여 왔다. 이러한 노력은 국가들 사이에서 해외직접 투자(FDI, Foreign Direct Investment)를 보장하기 위하여 체결하는 상호 투자협정의 건수가 그동안 폭발적으로 증가해 왔다는 사실이 입증하고 있다. UN의 통계에 의하면 1980년 상호 투자협정이 181개였는데 이것이 2002년에 와서 10배 이상 증가하여 160개국 이상이 2,099건의 협정을 맺고 있는 것이다.

이와 같이 과거보다 자유로운 투자환경은 기업들로 하여금 생산 활동의 지역을 전 세계로 확대할 수 있게 했다. 예를 들면 어떤 기업은 제품의 설계는 본국에서 하고, 부품의 생산은 해외의 두 곳에서 하고, 제품의 조립은 또 다른 외국에서 하며, 완제품을 전 세계로 수출하는 것이다. 이렇게 하면 이 기업은 매우 유리한 여건에서 다른 기업과 경쟁을 할 수가 있게 되고 그 경쟁업체도 비슷한 방법으로 생산을 하게 될 것이다.

이러한 배경으로 해외 직접투자의 세계 전체의 규모는 엄청나게 증가되어 1975년 250억 달러였던 것이 2000년에 와서 1조 3천억 달러로 늘어났다(UN통계). 그동안 각국이 노력해왔던 투자 장벽의 해소, 즉 투자의 자유화가 아니었으면 불가능한 결과라고 하겠다. 여하튼 이러한 투자 분야에서의 자유화 추세는 생산의 세계화를 가져오는 데 중추적인 역할을 수행했다고 판단된다.

(3) 금융자유화

무역과 투자(직접투자)에 이어 자유화가 추진되어 온 또 하나의 영역은 금융이다. 금융도 오랫동안 국가 간 장벽이 높은 산업이었는데 이 장벽이 점진적으로 무너져 왔다. 이러한 변화는 미국, 영국 등 선진국들이 주도하였는데 이들은 먼저 자국의 금융 시장을 개방하고 다른 나라들에게도 똑같은 개방을 지속적으로 요구했다. 이들의 개방 압력에 가세하여 IMF, IBRD 같은 국제 금융기관들도 같은 보조를 취한 것이다. 특히 이 두 기관은 그들로부터 많은 도움을 받고 있는 개발도상국들에 대하여 '金融自由化(금융자유화)'라는 정책적 권고를 함으로써 금융시장의 개방에 박차를 가했다.

금융시장의 개방에 대해서는 아직까지도 많은 논의가 계속되고 있다. 특히 그것의 마지막 단계인 資本自由化(자본자유화)를 IMF가 개도국에 강요하는 것이 바람직한가에 대해서 많은 비판이 일어나고 있다. 그러나 이러한 검증 없이 개도국을 포함한 많은 국가들, 거의 세계의 대부분 국가들이, 이미 자본시장을 개방한 상태여서 적어도 금융 분야에서는 세계적인 통합이 이루어진 상태라고 하겠다. 주식시장의 경우 이제 국가별 주식시장의 독자성은 상실되고, 온 세계의 주식시장이 하나의 시장으로 재편되어 同調化(동조화, synchronization)가 일어나고 있는 것이 현실이다. 즉 금융의 자유화가 시장의 세계화를 가져온 것이다.

2) 기술적 요인

세계화를 초래하는 데 있어서 여러 경제적 요인과 함께 기술의 발달도 매우 중요한 역할을 했다고 판단된다. 2차 대전 이후 많은 부문에 있어서 기존 기술의 진보와 신진 기술의 등장은 엄청났고, 이러한 기술의 발달은 그 규모와 속도에 있어 과거 어느 시기와 비교할 수 없는 가히 혁명적인 것이었다. 기술의 발달은 광범위하게 이루어졌지만, 그중에서도 통신과 운송 두 분야에서의 기술 혁신은 세계화를 촉진하는 기폭제가 되었다.

(1) 통신의 혁명

먼저 통신 분야를 살펴보면 그동안 기술혁신은 엄청난 것이었다. 19세기에 이미 전신이 등장하여 세계를 연결시켰지만 20세기 들어와 전화가 상용화되고 대중화된 것은 통신에 큰 변화를 가져왔다. 물론 처음에는 요금이 비싸 전화의 사용은 무척 제한적이었지만 갈수록 그 요금은 떨어져서 20세기 말에 와서는 일반 대중에게도 광범위하게 보급되었고 21세기에 와서는 그 보급이 더욱 확대되었다.

〈표 2-2〉를 보면 전화의 보급이 세계적으로 얼마나 광범위하게 이루어졌는가를 알 수가 있을 것이다. 전화보급이 가장 빠른 곳은 말할 것도 없이 선진국이다. 노르웨이와 스웨덴은 2002년에 와서 일반전화 가입자 수가 가장 많은 나

〈표 2-2〉 통신의 발달

(인구 100명당)

국가	일반전화 가입자		휴대전화 가입자		인터넷 이용자	
	1990	2002	1990	2002	1990	2002
선진국:						
노르웨이	50	73	4	84	0.7	50
스웨덴	68	73	5	88	0.5	57
캐나다	56	63	2	37	0.3	51
미국	54	64	2	48	0.8	55
네덜란드	46	61	0.5	74	0.3	50
일본	44	55	0.7	63	0	44
핀란드	53	52	5	86	0.4	50
프랑스	49	56	0.5	64	0	31
영국	44	59	1	84	0.1	42
독일	44	65	0.5	72	0.1	41
이탈리아	38	48	0.5	93	0	35
뉴질랜드	43	44	1	62	0	48
스페인	31	50	0.1	82	0	15
그리스	38	49	0	84	0	15
개도국:						
멕시코	6	14	0.1	25	0	9
러시아	14	24	0	12	0	4
타일랜드	2	10	0.1	26	0	7
필리핀	1	4	0	19	0	0
터키	12	28	0.1	34	0	7
중국	0.6	16	0	16	0	4
인도	0.6	4	0	1	0	1
저개발국:						
파키스탄	0.8	2	0	0.8	0	1
잠비아	0.9	0.8	0	1	0	0.4
말리	0.1	0.5	0	0.5	0	0.2

자료: 국제연합 개발사업(UNDP), 2004.

라가 되었는데 인구의 73%가 전화를 사용하고 있는 것이다. 스페인의 경우 이 비율이 1990년 31%에서 2002년 50%로 늘어났다.

전화 보급률의 증가는 개발도상국에서도 현저하게 나타나고 있다. 터키의 경우 1990년 12%로 저조하였는데 12년 후 두 배 이상 늘어나 28%가 되었으며 중국에서도 그 비율이 가파르게 상승하여 1990년 1%가 안 되던 것이 2002년 16%로 올라온 것이다. 심지어 저개발국에서도 이러한 추세는 일관되게 나타나고 있다. 물론 그 속도는 상당히 떨어지기는 하지만. 그런데 주목할 사실은 2000년대 들어와 일반전화보다 휴대전화가 훨씬 더 빠른 속도로 보급되고 있다는 사실이다.

통계를 보면 휴대전화의 보급이 선진국과 개발도상국에서 폭발하고 있다. 네덜란드는 그 비율이 1990년 0.5%였는데 12년 후 74%로 뛰어올랐고, 스웨덴은 같은 기간 5%에서 88%로 늘어났다. 가장 큰 상승은 이탈리아로 0.5%서 93%로 치솟았다. 대부분 개도국들에서 1990년에는 거의 휴대전화를 사용하지 않았는데 2002년에 와서 그 보급률이 10~20%에 이르고 있다.

일반용 유선전화를 대치하는 휴대용 무선전화가 폭발적으로 보급되고 있는 것은 무엇보다도 통신기술의 획기적 진보에 기인하고 있다고 하겠다. 그리고 이 기술 혁신의 중심에 컴퓨터가 자리하고 있으며 또한 컴퓨터의 발달에는 여러 종류의 반도체 개발이 결정적인 기여를 하고 있다. 이러한 반도체의 등장과 성능 확대로 이제는 일반인들조차도 엄청난 양의 정보를 생산하고 처리할 수 있게 된 것이다. 그것도 갈수록 빠른 속도와 저렴한 비용으로.

이러한 반도체 중에서 가장 핵심을 이루고 있는 것은 아마 마이크로 프로세서(microprocessor)일 것이고, 정보와 통신의 발달은 이 핵심 부품의 용량과 가격 변화에 크게 의존하고 있는 셈이다. 실제로 이 제품의 용량은 지속적으로 증가하고 있는 반면 그 가격은 계속 떨어지고 있는 것이다(무어의 법칙). 이것은 통신비용을 지속적으로 인하시키는 결과를 가져올 수가 있었다. 예를 들면 뉴욕과 런던 사이의 3분 통화 요금이 13달러 73센트($13.73) 하던 것이 1993년에는 1달러 78센트($1.78)가 되었고 이것은 1998년에 와서 36센트($0.36)로 떨어졌다. 이것은 무엇을 의미하는가. 말할 것도 없이 과거보다 더 많은 사람들이 더 싼 가격으로 국제전화를 이용하게 되어 국제적으로 거리와 시간을 단축시키고 있는 것이다. 즉 세계화에 중요한 기여를 하고 있는 것이다.

또한 마이크로 프로세서(microprocessor)의 등장은 정보통신의 혁명을 가져왔다. 이 기술 덕분으로 엄청난 양의 정보를 지역과 시간에 관계없이 서로 주고받을 수가 있게 된 것이다. 인터넷(internet)을 통하여 막대한 양의 정보가 저렴한 비용으로 전 세계적으로 이동할 수 있는 것이 바로 이 때문이다. 1990년대 이래 인터넷의 사용자는 엄청나게 빠른 속도로 늘어나고 있다.

앞의 표에서 보면 선진국에서 인터넷 사용은 거의 폭발적이다. 1990년 미국은 인구의 1% 미만이 인터넷을 사용하였지만 이 비율은 2002년 55%에 도달하였다. 이러한 추세는 노르웨이, 스웨덴, 영국 등 대부분의 선진국에서 비슷하게 나타나고 있으며 심지어 여러 개도국에서도 인터넷의 보급이 빨라지고 있다. 세계 전체로 보면 인터넷 사용자가 1995년 대략 5천만이었으나 2004년 약 10억에 도달하였고 2007년 약 15억 명에 육박한 것이다. 이러한 변화는 무엇을 말하고 있는가? 이것은 세계인구의 1/4이 접속되어 있다는 뜻이다(통계의 출처는 〈CyberAtlas〉. http://cyberatlas.internet.com/big_picture/). 세계는 인터넷을 통하여 빠르게 연결되고 있는 것이다.

또한 인터넷을 이용한 거래가 1994년만 해도 전혀 없었는데 이것이 2000년에 총 6,570억 달러를 기록하고 2004년에는 68,000억 달러에 도달한 것으로 조사되었다(www.forrester.com). 인터넷을 통하여 엄청난 양의 정보가 왕래하고, 거래가 일어나고 있는 것이다. 그런데 주목할 점은 정보의 이동과 거래의 발생 중 상당한 부분이 국경을 넘어가면서 이루어지고 있다는 것이다. 이것은 결국 인터넷과 통신기술의 발달로 많은 개별시장들이 거대한 하나의 시장으로 연결되고 있다는 것을 의미한다고 하겠다. 즉 시장의 세계화가 일어나고 있는 것이다.

(2) 운송의 혁신

기술혁신은 통신뿐만 아니라 운송 분야에서도 획기적이었다. 2차 대전 후 등장한 제트 여객기는 지역 간 이동 시간을 많이 줄였는데 이것은 결국 지구라는 거대한 공간을 크게 축소시키는 결과를 가져왔다. 여행 시간만을 기준으로 보면, 과거 미국 독립운동 당시 뉴욕에서 필라델피아로 가는 것보다 오늘날 뉴욕에서 동경을 가는 것이 더 빠른 것이다. 물론 전자는 마차로 이동하고 후자의 경우는 제트 여객기로 비행하겠지만. 수송에 있어서 가히 혁명적 사건이라 하겠다.

또한 컨테이너 박스의 출현과 이를 이용한 수송은 운송업의 형태와 성격을 완전히 바꾸어 놓았다. 과거 화물의 운송은 시간이 많이 걸리고 노동집약적이고 비용도 높았으나, 컨테이너를 이용하는 운송은 인력, 시간, 비용을 크게 줄이게 되었다. 그 결과 화물량도 현저하게 늘어나고 1980년 이래 컨테이너 선박은 4배로 증가했다. 해상과 육로 운송에서의 비용감소는 곧 세계의 무역량 증가로 이어지게 되었고 이것은 궁극적으로 생산의 세계화를 가져오는 데 중요한 역할을 담당했다고 본다.

육상, 해상, 항공에서 운송비의 지속적 하락과 정보의 신속한 이동과 통신비용의 획기적 하락은 기업으로 하여금 생산기지를 해외로 옮기는 것을 쉽게 하였을 뿐만 아니라 영업의 공간을 국내시장에서 해외시장으로 확대할 수 있게 하였다. 예를 들면 델 컴퓨터(Dell)는 인터넷을 이용하여 세계에 퍼져 있는 생산기지를 관리하고 역시 인터넷을 통하여 구매자의 주문을 받고 저렴한 항공편을 이용하여 제품을 배송하며 사후 고객 상담(after service)은 인도에서 전 세계를 커버하도록 하고 있는 것이다. 여러 경제적 요인들과 기술적 요인들로 인하여 시장의 세계화와 생산의 세계화는 이제 개념이 아니라 현실이 되어 버린 것이다.

3 세계화는 누가 주도하고 있는가?

세계화란 시장의 세계화이고 생산의 세계화라고 했을 때 이것은 결국 국경을 넘어가는 경제활동을 말하고 있는 것이다. 그런데 이러한 국가 간의 경제활동은 저절로 이루어지는 것이 아니라 누군가에 의하여 추진되고 관리되고 감시되어야 한다. 지난 반세기 동안 여러 형태의 국제적인 조직들이 등장하여 이와 같은 기능을 수행해온 것이다. 경제의 세계적 통합을 촉진해 온 국제적인 조직들은 크게 공공부문과 민간부문 두 영역으로 나누어서 살펴볼 수 있을 것 같다.

1) 국제기관

먼저 공공부문에서의 국제기구들을 보면 관세와 무역에 관한 일반 협정(GATT), 국제무역기구(WTO), 국제통화기금

(IMF), 세계은행(World Bank), 국제연합(UN) 등이 있는데 이들에 의하여 세계화는 속도를 낼 수 있었다.

(1) GATT / WTO

2차 대전이 끝나면서 파괴된 세계경제를 재건하기 위한 노력이 여러 분야에서 이루어졌다. 극심한 보호주의로 인하여 무너져 버린 세계무역을 다시 살리기 위한 노력은 1947년 19개국에 의하여 관세와 무역에 관한 일반 협정(GATT, General Agreement on Tariffs and Trade)을 체결하면서 시작되었다. GATT는 엄격한 의미에서 하나의 협약, 다자간 협정에 불과했다. 그러나 이것은 실제에 있어서 하나의 협정을 훨씬 능가하는 상설 국제기구나 다름이 없었다. 제네바에 사무국을 두고 여러 기능들을 조직적으로 수행하였다. 말할 것도 없이 GATT의 가장 중요한 기능은 높아져 있던 국가 간 무역장벽을 낮추는 것이었는데 이것은 단숨에 이룩할 수 있는 일이 아니라 오랜 시간을 두고 점진적으로 추진해야 하는 지속적 과제였다. 따라서 GATT는 이러한 목적을 수행하기 위하여 46년에 걸쳐 8차례의 다자간 협상을 주도한 것이다.

GATT가 추진한 다자간 협상은 주로 수입관세의 인하, 정부보조금의 축소 또는 폐지, 수입쿼터의 폐지, 그리고 비관세 장벽의 철폐 등을 그 목표로 하고 있었다. 이러한 협상은 모든 회원국들과 개별적으로 이루어졌기 때문에 엄청나게 많은 시간이 소요되었으며 때에 따라서는 교착상태에 빠지기도 했다. 그러나 협상회수가 늘어날 때마다 성과는 점진적으로 축적되어 갔고, 마지막이었던 제8차 다자간 협상인 우루과이 라운드(Uruguay Round, UR)는 장장 7년을 끌면서 가장 괄목할 성과를 거두게 되었다.

1986년에 시작하여 1993년에 종결된 우루과이 라운드(UR)는 역대 다자간 협상 중 가장 어려운 협상이 되었는데 그것은 이 협상이 가장 의욕적인 목표를 설정했기 때문이었다. 이 협상의 타결로 GATT 창설 이래 가장 획기적인 성과를 거두게 되었는데 UR 타결의 중요 내용을 살펴보면 다음과 같다.

- 40% 이상의 제조용품에 대한 관세철폐와 산업용품 관세의 3분의 1이상 인하
- 제조용품에 대한 선진국의 평균 관세율을 4% 이하로 인하 (역사상 가장 낮은 수준)
- 농산물 보조금의 축소
- 무역에 대한 GATT의 규정을 서비스에 대하여도 확대
- GATT의 규정을 지적 재산권에도 확대
- 섬유에 대한 무역장벽을 향후 10년간 상당한 수준으로 축소
- GATT협정을 이행하기 위하여 새로운 조직인 세계무역기구(WTO, World Trade Organization)를 출범

UR은 과거 협상과 달리 상품에 대한 무역장벽 축소에 머물지 않고 이것을 서비스부문에까지 확대시키고, 농업보조금 축소와 지적 재산권을 포함시킨 것은 획기적인 성과였다. UR의 성공적인 타결과 함께 GATT의 모든 기능은 1995년 새로 창설된 WTO로 확대, 계승되었다. 따라서 세계무역의 모든 과제는 앞으로 WTO가 해결하여야 할 임무를 맡게 된 것이다. 세계무역과 관련하여 모든 문제가 다 해결된 것은 아니지만, 이 시점에서 돌아볼 때 지난 50여 년간 무역의 장벽은 엄청나게 축소되어 왔고 그 결과 오늘날 유례 없는

자유무역을 구가하고 있다는 사실이다. 이러한 무역의 자유화는 GATT라는 조직의 견인 없이는 거의 불가능했다고 보아야 할 것이다.

(2) IMF / WB

2차 대전이 끝나기 직전인 1944년, 44개국의 대표가 미국 뉴햄프셔 주 브레턴우즈(Bretton Woods, New Hampshire)에서 모여 전후 국제금융체제를 논의하였는데 그것이 국제통화기금(IMF, International Monetary Fund)과 세계은행(WB, World Bank)의 창설로 구체화되었다. IMF의 설립목적은 국제통화체제의 질서를 유지하는 것이었고 WB는 경제개발을 지원하고 촉진하는 것이 주된 임무였다. 이 두 기관의 설립으로 세계경제는 금융부문에서 하나의 체제를 이룩하게 된 셈이었고 이러한 '브레턴우즈 체제'는 그 후 반세기 이상 세계금융의 질서를 형성하고 유지해오고 있는 것이다.

IMF에게 부과된 첫 번째 임무는 브레턴우즈 회의에서 결의한 固定換率制(고정환율제, fixed exchange rate system)를 관리하고 유지하는 것이었다. 고정환율제란 모든 국가들이 자국의 통화가치를 금과 관련시켜 고정시키는 제도이다. 그러나 그들의 통화를 금과 兌換(태환)할 의무는 부과하지 않았다. 다만 미국 통화인 달러만 금으로 태환할 수 있도록 하였다. 그렇게 되다 보니 결국 각국의 통화 가치는 달러와의 교환 비율로 나타나게 되었고, 이 비율을 각국이 미리 정해 놓고 운용하게 된 것이다. 이러한 고정 환율 제도는 과거 각국이 경쟁적으로 벌였던 자국통화의 평가절하를 방지하고 또한 금본위제도의 문제점들을 보완하여 국제통화체제의 새로운 질서를 수립할 것으로 기대되었다.

고정환율제는 상당기간 잘 운용되었다. 그러나 이 제도는 1960년대 후반부터 흔들리기 시작하였고 결국 1973년에 가서 무너지고 말았다. 문제는 이 제도에서 핵심적인 역할을 하는 기준통화인 미국의 달러였다. 미국의 극심한 물가상승과 무역수지의 적자전환 등으로 달러는 절하압력을 피할 수가 없었고, 1971년 닉슨대통령이 달러의 금태환포기를 선언한 후 유럽중앙은행들이 달러 평가 절하를 방지하려고 많은 노력을 했지만 결국 손을 들고 말았다. 고정환율제의 붕괴는 현실적으로 변동환율제의 시작을 의미했다. 따라서 1976년 자메이카에서 열린 IMF 회의에서는 변동환율제를 공식적으로 인정하고 이와 관련한 IMF의 역할을 조정하였으며, 이후부터 지금까지 세계통화제도는 변동환율제로서 운영되고 있는 것이다.

세계경제에서 IMF의 또 다른 역할은 회원국들의 필요시 긴급자금을 지원하는 일이라고 하겠다. 어느 나라든지 경제운용을 하다보면 예상하지 못한 어려움과 위기를 만날 수가 있는데 이럴 경우 각국들은 IMF에 손을 내밀게 되고 IMF는 이들 국가들에게 대출을 해주는 것이다. 흔히 일어나는 어려움에는 국제수지의 악화와 재정수지 악화가 일반적인데 이 경우 IMF의 지원이 없으면 해당국들은 자국통화의 평가절하를 할 수밖에 없는데 이렇게 되면 국제경제의 안정이 흔들리게 된다. 이것을 사전에 방지하기 위하여 IMF는 개입을 하는 것이다. 국제통화제도의 파수꾼 역할을 하면서 IMF는 세계경제의 안정을 도모하는 것이다.

브레턴우즈 합의에 의하여 IMF와 같이 출범한 또 하나의 국제기구는 세계은행(WB 또는 IBRD)이다. IMF가 통화체계와 단기금융에 주력했다면 WB는 경제개발과 장기금융에 치중하는 기관이라고 하겠다. WB는 원래 공식명칭인 IBRD

(International Bank for Reconstruction and Development)가 시사하는 바와 같이 2차 대전으로 무너져버린 유럽의 경제를 재건하는 목적으로 설립되었다. 그러나 이 목적은 자연히 유명무실하게 되어 버렸다. 왜냐하면 미국이 '마셜계획(Marshall Plan)'이란 이름 아래 전후 재건을 위한 막대한 자금을 서부유럽 국가들에게 지원해버렸기 때문이었다. 따라서 WB는 전후 재건을 위하여는 할 역할이 없어졌고 자연히 경제개발, 제3세계의 개발을 위한 금융지원 쪽으로 그 목표가 옮겨가게 된 것이다.

이렇게 하여 WB는 1950년대 저개발국가의 공공부문 사업에 치중하게 되어 발전설비, 도로건설과 교통망 확충 등의 사업을 적극 지원하였고 1960년대에 들어와서는 농업, 교육, 인구통제, 도시개발 방면으로 그 지원 대상을 확대하게 되었다. 말할 것도 없이 빈곤국가들의 경제개발을 촉진하는 것도 세계화로 가는 하나의 길이라고 하겠다. 그런데 여기서 하나 추가하여 지적할 것이 있다. 1970년대부터 WB는 개발 사업에 대한 借款(차관)을 제공할 때 해당 국가들에게 여러 가지 정책 권고를 하였는데 각국들은 이러한 권고를 무시할 수 없이 수용하여 그들의 경제정책에 반영하였다. 이와 같은 정책 중 대표적인 것이 금융자유화였다. WB는 IMF와 함께 개발도상국들에게 금융자유화를 적극 권유하여 많은 국가들이 이를 경제개혁의 일환으로 실시하였다. 이것은 세계화와 관련하여 어떠한 의미를 가지는가?

금융자유화는 결과적으로 보면 금융의 세계화였다. 개별국가들이 금융시장을 대외적으로 개방한다는 것은 다른 말로 하면 이들 개별 시장을 세계적으로 통합한다는 것이다. 실제로 지난 반세기는 개별국가들의 금융시장이 세계시장으로 통합되는 과정이었고, 이러한 과정을 주도한 것이 바로

IMF와 WB였다고 하겠다. 물론 금융의 세계적 통합이 어떠한 결과를 가져왔고 이것이 어떠한 부작용을 초래하였는가 하는 것은 매우 중요한 이슈로서 별도로 논의를 해야 할 필요가 있지만, 여기서 분명히 확인하고 가야 할 사항은 금융의 세계화를 이룩한 주도세력이 다름 아닌 IMF와 WB 등의 국제기구라는 사실이다.

(3) UN

1945년 설립된 國際聯合(국제연합, UN, United Nations)도 2차 대전 후 등장한 중요한 국제기구이다. 대부분의 사람들은 UN을 전쟁방지와 세계평화를 위한 하나의 정치기구로만 인식하려는 경향이 있다. 그러나 이것은 꼭 그렇지만은 않다. UN도 여러 가지의 경제적 기능을 가지고 있고 이러한 활동을 통하여 경제의 세계화에 적극적으로 기여하고 있는 것이다. 예를 들면 생활수준의 향상과 이를 위한 경제개발은 UN이 가지고 있는 중요한 임무이다.

이러한 목표를 구현하기 위하여 UN은 그 산하기관으로 ILO(International Labour Organization)와 WHO(World Health Organization)를 비롯하여 UNDP(United Nations Development Program), UNCTAD(United Nations Conference on Trade and Development), CIGS(United Nations Convention on Contracts for the International Sale of Goods) 등을 가지고 있다. 물론 이들 기관들은 나름대로 독자적으로 운영되고 있지만, 그 분야에 따라서 다른 국제기구들과 협조적인 관계를 가지면서 활동하고 있다. 예를 들면 무역과 관련하여 국제무역 개발회의(UNCTAD)는 과거에는 GATT, 현재로서는 WTO와 협력관계를 가지고 있으며, 국제연합 개발계획(UNDP)은 WB와 긴밀

히 협력하고 있는 것이다. 분명한 것은 UN도 IMF, WB들과 함께 세계화를 주도하고 있다는 사실이다.

2) 민간부문

(1) MNE

지금까지 논의한 국제기구들은 모두 다 공공부문에 속한 조직들이다. 그런데 세계화는 항상 공공부문에 의해서만 추진되는 것은 아니다. 민간부문도 이 대열에서 결코 빠지지 않는다. 민간부문에서 세계화를 주도하는 대표적인 세력은 말할 것도 없이 多國籍 企業(다국적 기업)이라고 하겠다. 다국적 기업(MNE, Multinational Enterprise)이 역사에 등장한 것은 19세기 말부터이지만, 이들이 적극적인 활동을 전개한 것은 아마 20세기 후반이 아닌가 한다. MNE의 빠른 증가와 이들 활동의 확대는 결과적으로 투자와 생산의 세계화를 가져왔다고 하겠다.

어떤 기업이든 海外 直接投資(해외 직접투자)를 하게 되면, 그 기업은 다국적기업(MNE)이 되는 것이다. FDI(Foreign Direct Investment)를 통하여 이 기업은 본국과 투자국 등 적어도 두 개 국가 또는 그 이상에 생산 근거를 가지기 때문이다. 세계경제에서 FDI가 빠르게 증가한 것은 20세기 후반이고 좀 더 구체적으로 보면 20세기의 마지막 25년이라고 하겠다. 연평균 해외 직접투자의 유출(yearly outflow of FDI)이 1975년 250억 달러였던 것이 2000년에 가서는 1조 3000억 달러로 늘어났다. 2000년 이후에는 그 수치가 일시적으로 떨어지기는 하였지만 이 25년 동안 유출로 본 FDI는 50배 이상 증가한 셈이다. 이것은 같은 기간 동안 세계무역과 세계경제의 성장속도보다 훨씬 빠른 기록이었다. 이것은 무엇을 말하고 있는가?

엄청나게 빠른 FDI의 증가는 생산의 세계화와 그에 따른 고용의 확대를 의미하고, 그것은 단순한 무역활동으로 얻어지는 것보다 훨씬 더 많은 부가가치를 창출하면서 세계경제의 성장을 주도하고 있는 것이다. 그렇다면 어떻게 하여 FDI는 이렇게 활발해질 수가 있었는가? 그것은 무엇보다 각 국가들의 인식변화와 그에 따른 경제정책, 특히 외국인 투자에 대한 규제의 완화에 기인한다고 보아야 할 것 같다. 과거에는 마치 무역장벽에서 보는 바와 같이 외국인의 국내 투자에 대하여도 많은 제한이 가해졌다. 그러나 각국 정부들은 고용확대와 경제성장을 위하여 외국인 투자의 필요성을 인정하고 한걸음 더 나아가 이를 적극적으로 유치하게 된 것이다. 이리하여 많은 나라들이 외국인 투자에 대한 제약들을 점진적으로 축소 또는 해소해 나가기 시작하였던 것이다. 무역의 자유화와 함께 투자의 자유화가 일어난 셈이다.

FDI의 활성화를 위하여 환경을 개선한 것이 정부라면 FDI 확대의 주체는 어디까지나 기업이었고, 그 기업이 바로 다국적 기업(MNE)이었다. 따라서 MNE가 없이는 FDI의 폭발적 증가는 생각할 수 없는 일이라고 하겠다. 통계를 보면 2차 대전 이후 FDI를 가장 많이 한 나라는 미국이고, 그 뒤로 영국, 네덜란드, 프랑스, 독일, 일본 등이 따르고 있다. 한편 2002년의 자료를 보면 세계 100대 MNE 중 미국이 26%, 일본이 17%, 프랑스와 독일이 각각 12%, 영국이 10%를 차지하고 있다. 이 통계는 무엇을 말하고 있는가?

이것은 대부분의 FDI는 자본이 풍부한 선진국들—미국, 영국, 프랑스, 독일, 일본—이 주도하고 있으며, 그것의 주체는 역시 선진국의 기업들, MNE라는 점이다. 미국, 일본, 독일 등의 MNE가 FDI를 주도하고 있다는 것이다. 그렇다면 우리는 여기서 하나의 결론에 도달할 수 있을 것 같다. 세계화가 시장의 세계화와 생산의 세계화라고 한다면, 생산의 세계화는 FDI에 의하여 이루어지고, FDI는 대부분 MNE에 의해 주도되고 있다는 점이다. 이것을 종합하면 세계화는, 적어도 생산의 세계화는 MNE에 의해 견인되고 있다고 볼 수 있을 것 같다.

(2) ICC

MNE와 더불어 민간부문에서 세계화를 촉진하고 있는 또 하나의 주체는 국제 상공회의소(ICC, International Chamber of Commerce)라고 할 수 있을 것 같다. 어떤 사람들은 ICC의 기능을 과소평가하기도 하지만 이 민간 조직의 역할도 결코 무시할 수가 없을 것이다. 비록 소극적인 기능이기는 하지만 국제교역을 위한 규칙과 절차를 설정하고 국제거래에서 발생하는 분규를 해결하는 조직으로서의 그 기능은 결코 무의미한 것이 아니다. 국제거래의 규범을 설정한다는 것은 국제교역을 표준화하는 것이고 이러한 표준화는 결과적으로 세계화를 가져오기 때문이다.

ICC는 무역과 투자, 시장개방, 자본이동을 촉진하기 위한 민간기구로서 1919년 창설되었다. 이 기구는 현재 130개국 이상에 걸쳐서 수많은 기업들이 회원으로 참가하는 방대한 조직을 가지고 있다. 아마 민간 차원에서 보면 세계에서 가장 크고, 가장 대표적인 비지니스 조직일 것이다.

파리에 사무국을 두고 있는 ICC는 UN에서 상임 옵서버 자격을 가지고 있으며 WTO 등 다른 국제적 기구와도 밀접한 관계를 유지하고 있다. 이들 국제기구에서 기업의 입장을 대변하고 있는 것이다. 그러나 이러한 대외적인 역할보다 ICC의 가장 의미 있는 임무는 상업거래의 절차와 규칙을 제정하면서 국제거래의 표준화를 위한 지속적인 활동이라고 하겠다.

ICC는 1936년 '무역거래 조건의 해석에 관한 국제 규칙(International Rules for the Interpretation of Trade Terms)'을 제정하였다. 이 규칙은 그 후 '정형 거래조건(Incoterms, International Commercial Terms)'으로 불리게 되었는데 거래 당사자들 간에 발생할 수 있는 분쟁을 예방하고 거래조건의 해석에 대한 불확실성을 제거하거나 최소화시켜 국제거래의 확대와 안정을 도모하는 데 큰 기여를 했다고 여겨진다.

또한 1933년 제정한 '상업 신용장에 대한 통일 규칙 및 관례(Uniform Customs and Practice for Commercial Documentary Credits)'는 무역대금 결제의 주요수단인 신용장의 거래관습을 국제적으로 정착시켰다. 이 신용장 통일 규칙은 그 후 6차례에 걸쳐 개정되었는데 2007년의 제6차 개정판이 가장 최근의 것으로 'UCP 600'으로 통용되고 있다. 이것은 현재 170여 개국에서 채택하고 있는 국제규범으로 자리를 잡았고 이 분야에서의 분쟁예방과 무역결제를 위한 기본적인 도구로서의 역할을 수행하고 있는 셈이다.

국내거래도 그렇지만 국제거래에서도 분쟁이 발생하는 것을 막을 길이 없다. 물론 분쟁 예방을 위한 여러 조치들이 있지만 분쟁을 원천적으로 예방할 수는 없다. 1923년 ICC가 설립한 국제 상사중재 재판소(International Court of Arbitration)는 세계은행 산하기구인 ICSID(International Center for Settlement of Investment Disputes), UN 산하기관인 UNCITRAL (United Nations Commission on International Trade Law)과 함께

세계 3대 국제 중재기관으로서 분쟁 처리에 많은 공헌을 해오고 있다. 갈수록 이러한 분쟁의 양은 늘어나고 있으며 이러한 수요에 부응하여 ICC는 분쟁조정 서비스(Dispute Resolution Service)를 확대해가고 있는 것이다. 1999년 이래 이러한 분쟁이 매년 500건 이상 ICC의 중재재판소를 통하여 처리되고 있다.

ICC의 여러 가지 활동을 살펴보면 대부분이 국제거래의 활성화를 위한 인프라의 구축이나 이것의 유지에 초점이 맞추어져 있다고 하겠다. 그리고 그 활동은 주로 일정한 규칙을 설정하거나 관례를 정착시킴으로써 국제거래의 표준화를 유도하고 있다. 이와 같은 표준화는 결국 세계화를 가져온다는 것은 굳이 강조할 필요가 없다. 또한 국제거래에서 발생하는 분쟁을 사전에 예방하거나 사후에 조정하는 것도 따지고 보면 거래를 활성화하고 안정시키게 되는데 이것 역시 시장의 확대를 통한 시장의 세계화로 귀결된다고 하겠다.

일부의 식자들은 세계화가 자연스럽게 이루어진 현상이라고 생각하는 듯하다. 그러나 지금까지의 분석들을 정리해보면 세계화란 저절로 일어난 현상이 아니라는 것이 분명하다. 이 현상에는 여러 가지 원인들이 있으며 이러한 원인들이 가지고 온 결과인 세계화도 그것을 주도한 세력이 존재한다. 그 주도세력이란 공공부문에서는 GATT와 WTO를 비롯하여 IMF, WB, UN 등의 국제기구들이고 민간부문에서는 MNE와 ICC 등이 큰 공헌을 하고 있다 하겠다.

4 세계화는 어떠한 결과를 가져오는가?

시장의 세계화와 생산의 세계화가 계속된다면 어떠한 결과가 일어날 것인가? 선진국과 개도국(개발도상국) 간 차이는 있겠지만, 이것은 세계경제에 대하여 광범위한 영향을 미칠 것으로 판단된다. 특히 경제성장, 거시적 안정, 소득 불균형, 감시구조의 네 가지 분야에서 그 영향이 클 것으로 여겨진다.

1) 경제성장

이론적으로 보면 경제성장, 특히 경제의 장기적 성장은 무엇보다도 생산성의 향상과 기술혁신에 의해 가능하다고 하겠다. 그런데 이 두 요인은 결국 시장의 규모와 범위에 달려 있는 것이다. 즉 시장이 세계시장으로 확대되면 기업들은 적극적으로 기술혁신을 추구하게 되고, 또한 생산성을 높이기 위하여 생산규모를 높여 고정비용을 커버하려고 할 것이기 때문이다. 이러한 측면에서 보면, 무역장벽을 높여 자국의 산업을 보호하려는 소극적인 국가들보다 개방적인 수출주도형 국가들의 성장 속도가 훨씬 빠르다는 것이다(Warner / Sachs, 1995). 즉 세계화를 적극적으로 따라가는 나라들이 그 추세를 거부하는 나라들보다 빨리 성장을 했다는 것이다. 지난 수십 년간 많은 개도국들이 상대적으로 높은 성장률을 기록한 것이 바로 그 증거라고 하겠다.

과거나 현재나 미국은 세계 최고의 경제 대국이다. 그러나 〈표 4-1〉을 보면 미국의 세계 전체 생산 비중은 1963년 40% 선에서 2003년 21% 선으로 그 절반으로 떨어졌다. 미국뿐만이 아니라 독일, 영국, 프랑스, 캐나다 등 소위 선진국들이 세계경제에서 차지하는 비중이 지난 40여 년 사이 거의 절반으로 축소되었다. 이것은 무엇을 의미하는가?

선진국들이 경제적으로 후퇴했다는 것은 그들의 경제가 절대적 기준에서 후퇴했다는 것은 아니다. 그들의 경제는

〈표 4-1〉 세계경제의 구성비 (%)

국가	세계 총 생산 (1963)	세계 총 생산 (2003)	세계 총 수출 (2003)
미국	40.3	21.1	11.0
독일	9.7	4.5	9.6
영국	6.5	3.2	4.7
프랑스	6.3	3.2	5.7
이탈리아	3.4	3.0	4.1
캐나다	3.0	1.9	3.6
일본	5.5	7.0	5.7
중국		12.6	5.0

자료: IMF 등.

계속 성장하여 왔기 때문이다. 다만 그들의 후퇴는 세계경제에서 차지하는 상대적 비중이 계속 떨어지고 있다는 것이다. 이것은 선진국들보다 더 빠른 속도로 경제가 성장하고 있는 국가들이 많이 생겼다는 것을 의미한다. 예를 들면 일본과 아시아의 여러 개도국들이 매우 빠른 속도로 성장하고 있어 세계경제에서 차지하는 비중이 늘어나고 있다는 것이다. 중국의 경우 표에서 보는 바와 같이 전체 세계생산의 12.6%를 차지하면서 미국을 따라가고 있다. 그러면 어떻게 개도국들은 선진국들보다 빠른 속도로 성장할 수 있는가? 가장 큰 이유는 그들은 내수 중심이 아닌 수출 중심의 성장 전략을 채택하고 있기 때문이라고 하겠다.

물론 선진국들도 매년 수출량이 늘어나고 있지만 그 증가 속도가 개도국들만큼 빠르지가 않다. 최대 수출국인 미국은 1960년대 세계 전체 수출의 약 20%를 차지했는데 2000년대 들어와 그 비중이 그의 절반으로 떨어졌다(표 4-1). 이와는 대조적으로 중국 등 개도국들의 수출 비중은 갈수록 높아가고 있는 것이다. 이러한 추세가 계속되면 앞으로 세계경제의 성장은 개도국들이 주도하리라고 예측된다. 그것은 그들이 내수 중심의 구조를 가진 선진국들과 달리 수출주도형 성장 전략을 추구하고 있기 때문이다. 이것은 결국 세계시장의 확대, 즉 세계화가 더 빠른 경제성장으로 귀결된다는 사실을 말해주고 있는 것이다.

2) 경제적 안정

경제성장 다음으로 살펴볼 것은 세계화가 혹시 거시경제의 안정을 훼손하는 것은 아닌가 하는 점이다. 경제이론에 의하면 국제적인 금융거래는 국가 간의 무역거래와 같이 해당국가들 모두에게 혜택을 제공한다고 한다. 그러나 현실적인 경험은 이와 같은 이론과 꼭 일치하지 않고 있다. 1994년 멕시코의 외환위기와 1997년 아시아의 금융위기에서 보듯이 자유로운 국제적 자본이동, 특히 선진국에서 개도국으로의 자금의 이동은 엄청난 재앙과 경제적 불안을 야기시킬 수 있다는 것이다.

그동안 선진국과 IMF, IBRD 등 국제 기관들은 금융자유화를 무역자유화와 같은 정책과제로 채택하고 이것의 실천을 주도해 왔고, 실제 많은 나라들—특히 개도국들—이 이를 받아들여 금융시장을 개방해 왔다. 그러나 그 결과는 곳곳에서 빈번하게 일어나는 금융불안으로 금융자유화와 자본자유화라는 기본정책에 많은 회의를 가지게 되었고, 이것은 결국 세계화에 대한 심각한 문제점으로 인식되었다. 즉 세계화는 금융부문을 중심으로 국가경제의 안정을 해칠 수도 있다고 보는 것이다.

3) 소득분배

지금까지 세계화의 문제점으로 지적되어 온 것 가운데 가장 크게 부각된 것은 아마 소득분배가 아닌가 한다. 대부분의 주장들은 선진국이나 개도국이나 할 것 없이 소득불균형을 가져오는 주범이 바로 세계화라는 것이다. 과연 그런 것인가?

국제무역이란 크게 보아서 業種 內 貿易(업종 내 무역, intra-industry trade)과 業種 間 貿易(업종 간 무역, inter-industry trade)으로 나누어진다. 업종 내 무역이란 같은 제품을 생산하는 여러 나라 사이에서 일어나는 교역으로서 미국이 자국에서 생산한 자동차를 유럽에 팔고 유럽의 차를 수입하는 경우에 해당한다. 무역이론은 국제적 분업에 기초한 업종 내 무역은 '윈－윈(win-win)'게임이라고 본다. 왜냐하면 위의 경우에서와 같이 미국과 유럽의 소비자들은 광범위하게 제품을 선택할 수 있고 또한 아무도 자기의 소득이 줄어들지 않기 때문인 것이다. 문제는 업종 간 무역에 있는 것 같다.

업종 간 무역이란 예를 들면 미국 같은 나라가 고도의 기술관련 제품을 아시아에 수출하고 그 대신 그곳으로부터 노동집약적 제품을 수입하는 것이다. 이론적인 설명은 두 지역은 원칙적으로 이런 형태의 무역을 통하여 득을 보지만 양쪽 지역에 있는 노동자들은 피해를 볼 수 있다는 것이다. 예를 들면 미국에서 신발이나 섬유업계에 소속된 비숙련 노동자들은 저임금에 기반을 둔 값싼 아시아 제품의 수입으로 일자리를 잃어버릴 수가 있는 것이다. 마찬가지로 아시아에 있는 숙련 노동자들은 미국에서 수입되는 기술집약적 제품으로 피해를 볼 수도 있는 것이다(Heckscher-Ohlin-Samuelson 이론).

그런데 이러한 결과가 과연 세계화 때문에 빚어지고 있는가에 대하여 아직도 의견은 나누어지고 있는 편이다. 세계화가 매우 활발하게 진행되었던 1980년대와 1990년대는 미국에서 소득불균형이 크게 나타나는 시기였다. 그러나 비숙련 노동자들의 감소가 다만 무역과 투자의 자유화 때문만으로 일어나는가에 대해서는 논의의 여지가 많다. 물론 무역이 중요한 요인이기는 하지만 이것 밖에 다른 요인들도 작용을 하였을 수도 있는 것이다. 예컨대 컴퓨터에서 보듯이 기술의 발달은 비숙련 노동자보다 숙련 노동자들에게 유리하게 작용했고 이러한 것이 소득불균형을 심화시켰다고 볼 수가 있기 때문이다. 따라서 많은 사람들이 지적하듯이 소득불균형의 확대는 여러 가지 요인의 복합적 작용에 의해 발생한다고 보는 것이 타당할 것 같고 일부 학자들은 여러 요인 중 무역보다 기술에 더 큰 비중을 두고 있는 것이다(Krugman / Lawrence, 1994).

여기서 하나 주목할 사실은 소득불균형의 심화는 선진국만이 아니라 개도국에서도 문제가 된다는 것이다. 그동안 세계화는 주로 선진국과 개도국 사이의 게임으로 이해하는 경향이 많았는데 여러 연구를 종합해보면 이것은 국가 대 국가의 문제만이 아닌 것 같다. 오히려 국가 전체의 이해관계를 떠나서 특정한 사회계층 사이의 이해가 더 첨예하게 대립되고 있는 듯하다. 따라서 세계화와 소득분배의 문제는 단순한 무역이론만으로 접근하기보다 사회적, 정치적 고려도 포함하여 포괄적으로 검토되어야 할 것 같다. 향후 이 분야에 많은 연구와 논의가 예상된다.

4) 경제활동의 감시와 견제

말할 것도 없이 세계화는 경제뿐만 아니라 정치적 고유 영역에까지 지대한 영향을 미치고 있다. 하여 지방정부, 중앙정부 할 것 없이 그동안 해왔던 행정의 성격과 범위에 많은 변화가 일어나고 이러한 변화에 어떻게 대응해야 할 것인가 하는 과제에 고민하고 있다. 변화의 중심에는 무엇보다 시장이 자리하고 있다. 시장이란 그동안 국경으로 차단되어 있어서 항상 국내시장 중심의 구조를 가지고 있었다. 그러나 이제는 국내시장만으로 모든 경제활동을 다 감당하기는 불가능하다는 사실을 거의 모든 사람들이 인정하고 있다. 이것은 갈수록 해외시장이 확대되어 가고 있으며 그 중요성도 국내 시장에서 해외시장 또는 세계시장으로 옮겨가고 있다는 것을 의미한다.

시장에서의 이러한 변화는 정부의 역할에 있어서도 상응한 변화를 요구하고 있다 하겠다. 정부의 역할 가운데서도 중앙정부의 역할이 변화의 중심에 서게 되었다. 그동안 중앙 정부는 자국의 모든 경제활동을 보호하고 감독해 왔지만, 세계시장의 중요성이 증대됨에 따라 그 감독 기능이 갈수록 세계적 기구로 넘어가고 있는 것이다.[1] WTO, IMF 같은 기구의 역할이 경제주체들의 활동에 대한 개별국가의 감독기능을 대체해 나가는 추세가 바로 그것이다.

또한 중앙정부는 지방정부나 여러 지역의 기관들로부터도 압박을 받고 있다. 이것은 지방자치의 결과로서 일어나는 현상으로 여러 지방조직들은 갈수록 정치적, 문화적 自治(자치)를 추구하고 있는 것이다. 왜냐하면 세계화가 진행됨에 따라 중앙정부가 더 이상 자국의 경제활동을 대외적으로 보호할 수 없다는 것이 판명되었기 때문이다. 각 지방기관들은 이 점을 이용하여 그들의 자치영역의 확대를 추구하고 있는 것이다. 이리하여 중앙정부는 대외적으로나 대내적으로 궁지에 몰리게 되어 향후 그 역할에 많은 변화가 예상된다.

세계화는 확실히 여러 政體(정체)들 사이에 많은 대립, 경쟁, 갈등을 야기시키기 시작했고 앞으로 이러한 과정이 어

1) 경제활동에 대한 감시와 견제(economic governance)는 매우 중요한 이슈인데 한국의 경우 번역상의 문제로 그 개념이 잘 전달되지 않고 있다. 어떤 사회학자는 많은 고심 끝에 'governance'를 公治(공치)라고 번역했으나 통용되지 못했다. 한편 'corporate governance'는 일반적으로 '기업지배 구조'로 통용되고 있는데 이는 일본서 한 번역을 그대로 가지고 온 것인데 본래의 개념과는 상당한 차이가 있기 때문에 문제가 있다고 본다. 누군가 "번역은 반역"이라고 했듯이 번역은 역시 어려운 작업인 것 같다. 필자도 'governance'에 적합한 표현을 찾지 못하고 'economic governance'를 그저 '경제활동에 대한 감시와 견제'라고 긴 설명으로 대신하고 있는 것이다.

떠한 결과를 가져올지 두고 볼 일이다. 예를 들면 조세권, 기업과 금융에 대한 규제 등 여러 중요한 사항에 대한 권한을 중앙정부가 계속 행사할 것인가 아니면 부분적으로 이러한 권한이 지방이나 지역기관들 또는 다국적 기관들이나 국제적 지역기관들에게도 이전될 수도 있을 것인가? 만약 그렇게 된다면, 특히 경제활동에 대한 감독 권한이 대외적 기관들에게 이전된다면 이러한 국제적 기관들은 어떻게 견제될 수 있을 것인가? 이것과 관련하여 앞으로 민주주의적 절차는 축소될 것인가 아니면 확대될 것인가? 또한 앞으로 경제성장의 축이 계속 개도국으로 기운다면 개도국과 선진국 사이의 역학관계는 어떻게 변할 것인가? 이와 같은 많은 의문들은 지금으로서는 생소하겠지만 앞으로 매우 현실적이고 시급한 것들로 우리들에게 다가올 것으로 보인다.

제 2 부

세계화 논쟁

5 논쟁의 주역들과 그 배경

역사적으로 세계화만큼 광범위하고 극단적으로 나누어진 論爭(논쟁)이 있었던가 하는 생각을 하게 된다. 먼저 이 논쟁은 아직도 진행형이다. 시작된 지가 20여 년이 지났지만 논쟁은 계속 되고 있으며 앞으로도 쉽게 끝날 것 같지가 않다. 어쩌면 영원히 끝나지 않을지도 모른다. 왜 그럴까?

논쟁이 계속되는 것은 여러 이유가 있는데 우선 이것이 커버하는 내용이 간단하지 않고 무척 광범위하다는 점이다. 사람들은 흔히 세계화를 경제적 논쟁으로 국한해서 생각하지만 그렇지가 않다. 물론 경제적인 이슈가 큰 몫을 차지하는 것은 사실이지만 이 중 상당부분이 사회적 이슈로 연결되어 있고, 이들이 또한 문화적, 종교적 이슈로도 물려 있으며, 나아가서는 정치적 이슈로도 파악되기 때문이다.

다양한 분야의 많은 이슈들을 개괄적으로 접근하다 보면 논쟁이 이데올로기적인 특성을 나타내는 것이 보통이다.

따라서 세계화도 매우 이념적인 논쟁이라는 사실을 인정할 필요가 있다. 어떠한 사안에 대하여 그것이 '맞느냐' 또는 '틀리느냐' 하는 토론이 있겠지만 이것이 전부가 아니라는 뜻이다. 이것과 함께 그것이 '바람직 하느냐' 또는 '바람직하지 않느냐' 하는 것도 논쟁에 포함되고 있다는 것이다. 다른 말로 하면 세계화 논쟁은 객관적 사안들에 대한 價値中立的(가치중립적)인 접근만이 아니라 개인과 집단들의 이해와 관련된 價値指向的(가치지향적) 담론이라는 것이다.

논쟁이 이데올로기적이라면 여기에 가담하는 주체들의 이념적 성향을 먼저 파악하는 것이 필요하다. 이것은 왜 그들의 주장이 쉽게 조정되거나 합의되지 않고 계속 첨예하게 대립되는가 하는 의문을 풀 수 있는 중요한 단서가 되기 때문이다. 물론 모든 것을 이념적으로만 접근할 수 없지만 이 논쟁에서는 이러한 고려가 매우 중요한 부분을 차지한다고 하겠다. 이렇게 보면 세계화 논쟁에 가담하고 있는 개인과 집단들은 크게 세 그룹으로 나누어져 있다고 하겠다. 세계화를 적극적으로 찬성하거나 지지하는 측과 세계화를 비판하거나 반대하는 세력과, 양측에 소속되지 않으면서 또 다른 제3의 입장을 가지고 있는 자들이다. 이 세 그룹에 속하는 사람들은 곳곳에 散在(산재)해 있는데 이들의 분포를 파악하기 위해서는 각 분야별로 나누어 접근하는 것이 편리할지 모른다.

1) 경제학계

먼저 경제학계를 살펴보는 것이 순서일 것 같다. 왜냐하면 세계화에 대하여 정치학자들이나 사회학자들이 미온적이거나 유보적인 데 비하여 경제학자들은 매우 적극적이고 이론적 확신에 차 있기 때문이다. 경제학계에서 세계화 지지론을 주도하고 있는 것은 무엇보다 主流經濟學者(주류경제학자, mainstream economists)들이다. 여기서 主流經濟學(주류경제학)이라고 함은 말할 것도 없이 아담 스미스(Adam Smith)로부터 시작하는 古典主義 經濟學(고전주의 경제학, classical economics)과 19세기 후반의 新古典主義 經濟學(신고전주의 경제학, neo-classical economics)의 전통을 중심으로 하고 있는 오늘날의 주된 경제학의 체계를 말한다.

어떠한 사람들은 시장의 역할을 강조하는 밀톤 프리드만(Milton Friedman)을 중심으로 하는 소위 '시카고 학파'의 경제학이 바로 주류 경제학이라고 생각하는 경향이 있는데 꼭 그런 것은 아니다. 물론 시카고 학파가 주류 경제학에 들어가는 것은 사실이지만 그들뿐만 아니라 그들과 다른 입장에서 있는 '케인즈 학파(또는 신 케인즈 학파)'도 모두 주류 경제학에 포함되고 있고 이들 중 많은 학자들도 세계화를 지지하고 있다는 점을 간과해서는 안 될 것이다. 그런데 여기서 하나 유의할 것은 모든 경제학자들이 예외 없이 다 세계화 지지론자는 아니라는 사실이다.

대부분의 주류 경제학자들이 세계화 지지론자들이지만 이들 중 일부는 세계화에 대해 매우 비판적이거나 회의적이기도 하다. 예를 들면 하버드 대학교의 로드릭(Dani Rodrik) 교수는 어떤 면에서 보나 주류 경제학자임에 틀림없다. 그러나 여러 부문에서 획기적인 연구 성과를 내고 있는 이 중견학자가 예리한 논지로 세계화 비판론의 선두에 서 있다는 사실을 아무도 부정하지 않는다. 또한 2002년 노벨 경제학상을 수상한 컬럼비아 대학교의 스티글리츠(Joseph Stiglitz) 교수도 누가 보나 주류 경제학자이다. 그는 기본적으로 세계화를 인정하지만 현재 진행되고 있는 여러 세계화 현상에 대하여 비판적이다. 어쩌면 그는 세계화에 대한 제3의 입장을 펴고 있는지도 모른다. 스타 경제학자인 컬럼비아 대학교의 삭스(Jeffrey Sachs) 교수도 주류 경제학자임에 분명하지만 세계화의 여러 문제에 대하여 비판적이거나 때로는 유보적 입장을 취하고 있다.

이들 주류 경제학자들과는 대조적으로 政治經濟學(정치경제학, political economy)이나 開發經濟學(개발경제학, development economics)[1)]의 분야에 속하는 상당히 많은 수의 학자들은 더욱 노골적으로 세계화를 비판하고 있다. 이렇게 보면 세계화의 담론은 경제학계 내에서도 상당히 분열된 양상을 나타내고 있다 하겠다.

2) 언론계

경제학계보다 言論界(언론계, the press)가 세계화에 대하여 더 호의적 입장을 보이고 있다 하겠다. 이것은 심층적 분석을 중요시하는 학계와 달리 단편적인 時流(시류)에 편승하고 충동을 불러일으키려는 여러 매체들의 속성에 기인하는 것인지도 모른다. 이런 점에서 보면 뉴욕타임즈(NYT, New York Times) 프리드먼(Thomas Friedman) 기자는 세계화 담론을 세계화시키는 데 큰 촉매제 역할을 했다고 하겠다. 1992년에

1) 일부학자들은 'development economics'를 '發展經濟學(발전경제학)'이라고 하는데 이것은 'economic development'를 經濟發展(경제발전)으로 풀이한 일본의 번역을 그대로 받아들인 결과이다. 완전한 번역이란 불가능한 일이지만 誤譯(오역)에서 오는 혼란을 막는 것도 학계의 중요한 임무가 아닐까 한다. 대체로 본다면 'development'는 開發(개발) 또는 發達(발달), 그리고 'developments'는 發展(발전)으로 구별하여 사용하는 것이 어떨까 한다. 왜냐하면 이 두 가지는 서로 다른 개념이기 때문에.

출판한 『렉서스와 올리브 나무(*The Lexus and the Olive Tree*)』와 그 후 2005년에 나온 『세계는 평평하다(*The World is Flat*)』는 세계화 논쟁을 가속시켰다.

언론계에서 이보다 훨씬 더 노골적인 세계화 지지론자는 울프(Martin Wolf)가 아닌가 한다. 그는 뉴욕타임즈와는 대조적으로 보수적인 논조를 견지하고 있는 영국의 경제신문 파이낸셜 타임즈(FT, Financial Times)의 경제담당 전문기자 겸 편집부국장으로 2004년 단행본 『세계화는 왜 가능한가(*Why Globalization Works*)』를 발표했다. 자신이 경제학도였던 그는 이 저서에서 세계화 비판론을 비판하면서 시장경제의 원리가 세계시장으로 확대되어 작동될 수 있다고 주장하였다. 이리하여 논쟁을 더욱 가열시켰던 것은 말할 것도 없고.

3) 정치계

세계화 논쟁이 갈수록 치열해지는 것은 이론적인 측면도 있지만 어떤 면에서 보면 앞에서도 지적했듯이 개인과 집단의 정치적 이해관계와 무관하지 않는 것이다. 따라서 현실 정치도 이 논쟁으로부터 결코 자유로울 수 없다고 하겠다. 나라에 따라서 정도의 차이가 있겠지만 어디서나 보수적인 노선을 가지고 있는 정당들은 세계화에 대해 적극적인 반면 진보적이거나 개혁적인 정책을 표방하는 정당들은 세계화에 대하여 매우 조심스러워하고 때때로 유보적인 자세를 취하고 있는 것이 하나의 추세라고 할 수 있을 것 같다.

미국의 경우 전통적으로 자유무역을 지지하고 '작은 정부'를 표방했던 共和党(공화당, Republican Party)은 세계화에 대하여 대체적으로 찬성하는 입장이고 집권 시 그들의 정책들이 세계화를 가속시키는 효과를 나타내고 있다. 이에 비해 民主党(민주당, Democratic Party)은 노동자인 중산층을 지지 기반으로 하기 때문에 세계화에 대하여 비판적 입장을 견지하고 있다. 영국도 상황은 비슷하다. 기본적으로 세계화에 대하여 保守党(보수당, Tory)은 적극적이고 勞動党(노동당, Labour Party)은 미온적인 노선을 가져왔다. 이러한 二元構造(이원구조)는 어느 나라에서나 비슷하게 관찰될 수 있을 것이다. 그러나 재미있는 일은 이와 같은 공식이 1990년대 들어와서 크게 흔들려 버린 것이다. 무슨 이유가 있었을까?

우선 미국에서는 1993년 빌 클린턴(Bill Clinton)의 대통령 당선으로 오랜만에 민주당이 집권하였는데 놀랍게도 정책적 변화가 크게 일어나지 않았다. 전임 대통령인 공화당의 로널드 레이건(Ronald Reagan)과 조지 부시(George Bush)가 취했던 경제정책의 노선을 클린턴이 거의 계승하고 있었다. 즉 80년대의 新自由主義(신자유주의)가 90년대 들어와 민주당 정부하에서 그대로 지속되는 것은 참으로 이해하기가 힘든 현상이었다.

비슷한 현상이 영국에서도 일어났다. 오랜 보수당 정권에서 벗어나 집권에 성공한 토니 블레어(Tony Blair)의 노동당은 80년대 보수당의 마거릿 대처(Magaret Thatcher) 수상이 추구했던 신자유주의 노선을 90년대 와서도 그대로 답습하는 것이 아닌가. 여기에 너무나도 비슷한 또 하나의 예를 추가하면, 1998년 등장한 한국의 진보정권 金大中(김대중) 정부가 그의 전임자인 金泳三(김영삼) 정부가 취했던 신자유주의 노선에 박차를 가한 것은 많은 사람들을 놀라게 했다.

미국, 영국, 한국에서 일어난 이와 같은 예외적인 현상에 대해 앞으로 더 다각적인 연구가 수반될 것으로 본다. 현 시점에서 제시할 수 있는 하나의, 어쩌면 유일한, 설명은

1980년대 세계를 풍미하던 신자유주의의 물결을 1990년대 들어와 어디서나 단순한 정권교체로 그 추세를 돌리기는 힘들지 않았나 하는 점이다. 또한 지적할 것은 신자유주의적 경제정책이 어디서나 상당한 효과를 가져와 여러 나라들의 경제가 호전되어 성장세를 보이게 됨에 따라 어느 나라에서나 진보적 정당들도 그 추세에 반하는 정책을 펴기가 어려웠을 것으로 본다. 그러한 정책 덕분에 장기집권을 한 미국의 공화당과 영국의 보수당을 누르고 오랜만에 집권에 성공한 미국의 민주당과 영국의 노동당이 과거의 성공적인 경제정책을 포기하는 것은 결코 쉬운 일이 아니었다. 비록 그것이 자기들의 기본노선과 배치된다고 하더라도.

한국의 경우는 이들 국가들과 상황이 달랐는데 1997년 외환위기로 인하여 국제 통화기금(IMF, International Monetary Fund)으로부터 구제금융을 받는 조건으로 제시된 신자유주의적 경제정책에 저항하기보다는 이를 적극적으로 수용했다. 이리하여 김대중 정권은 김영삼 대통령이 시작한 세계화 정책을 아무런 비판 없이 그대로 계승하고 오히려 더 강도 높게 추진한 것은 참으로 아이러니가 아닐 수 없다. 평소 서로를 이념적으로 차별화한 두 정치인들로서는. 여하튼 어디서나 중요한 사안은 80년대를 풍미하던 신자유주의가 90년대 들어와서도 각 정당의 노선과 관계없이 계속되었고 이것은 결국 세계화를 촉진하는 결과를 가져왔다고 하겠다.

4) 산업계

사실 세계화에 대한 입장은 정치세력 간에서보다 민간부문의 여러 주체들 사이에서 더 극명하게 나누어지고 있는 것 같다. 어느 나라에서나 기업들은 대체로 세계화를 지지하고 노동계는 이를 반대하는 것이 일반적인 추세라고 하겠다. 그러나 현실적으로 보면 이러한 추세가 항상 적용되기보다는 樣相(양상)이 생각보다는 훨씬 복잡하게 전개되고 있다고 여겨진다. 각 국가와 각 업종(industry)에 따라 이해관계가 복잡하게 교차하고 있어서 세계화에 대한 입장들이 고정적이기보다는 매우 가변적이라고 보는 것이 타당할 듯하다.

기업들, 특히 多國籍 企業(다국적 기업, MNCs, multinational corporations)을 중심으로 하는 대기업들이 세계화에 대하여 매우 능동적이고 적극적인 입장을 가지는 것은 충분히 이해가 된다. 그들의 활동 범위가 내수시장에 국한되어 있지 않고 해외시장, 더 나아가서 세계시장으로 확대되어 있다든가, 또한 원가를 낮추고 품질을 높이기 위하여 전 세계로 외주(global outsourcing)의 범위를 넓히는가 하면 활발한 직접투자(FDI)를 통하여 세계적인 생산기지를 구축하고 있는 기업들로서는 세계화가 그들의 존립과 직결되어 있는 것이다. 그들은 세계화의 수혜자임과 동시에 세계화를 추진하고 있는 주체이기도 하다. 그러나 모든 대기업들의 입장이 다 같은 것은 아니다.

다국적 기업이라 하더라도 그 업종에 따라서 이야기는 달라질 수가 있다. 예를 들면 미국의 농업과 축산업계는 세계화에 대하여 비판적 입장을 유지하고 있다. 그들이 자국의 농축산물의 해외 수출에는 적극적이지만 외국 농산물이 미국으로 들어오는 것은 결사적으로 방지하고 있는 것이다. 자기들의 노력만으로 안 될 경우 주저 없이 국가에 도움을 청하고 그러면 미국 정부와 의회는 여러 가지 방법을 동원하여 해당 생산물의 수입을 제한하고 있는 것이다. 농산물에 대한 보호무역 기조는 비단 미국만의 일이 아니고, EU와 일본 등 대부분의 선진국이 취하고 있는 정책으로서 무역자유화를 실현하기 위한 큰 걸림돌이 되고 있는 것은 이미 잘 알려진 바다.

마찬가지로 미국의 철강업계도 항상 세계화에 대하여 비판적인 입장을 고수하여 왔다. 왜냐하면 그들은 갈수록 경쟁력을 잃고 있어 해외시장의 공략보다 내수시장의 방어가 더 심각한 과제가 되어 있고 이를 위하여 홍수처럼 밀려들어 오는 값싼 수입제품과의 싸움에서 계속 밀리고 있기 때문이다. 이리하여 이들 업계는 자기들의 힘만으로서는 살아남기 힘들다는 판단 아래 관계기관에 엄청난 로비를 하고 있으며, 정부와 의회는 이들의 압력으로 미국 철강업계를 보호하기 위한 여러 가지 조치들을 끊임없이 내놓고 있는 것이다. 철강수입에 대한 미국의 반 덤핑규제(anti-dumping laws)가 이러한 배경에서 나오고 있는 것이다. 그러고 보면 미국 철강업계는 결국 노동계의 反世界化(반세계화) 대열에 합류한 셈이 된다.

5) 노동계 / 시민사회

세계화에 대하여 노동계가 기본적으로 반대하고 있다는 것은 이미 잘 알려진 일이다. 그러나 이것은 나라에 따라 사정이 동일하지가 않다. 노동계의 반세계화는 주로 개도국이 아닌 선진국에서의 현상이라고 하겠다. 이것의 가장 근본적인 이유는 제조업에 있어서 선진국이 개도국에 대하여 갈수록 경쟁력을 잃어가고 있다는 데 있다. 이리하여 선진국들의 노동조합들은 세계화에 대하여 조직적이고 체계적인 반대운동을 펴 오고 있는 것이다. 미국의 최대노조인

AFL-CIO(American Federation of Labor and Congress of Industrial Organizations)의 경우 각 산별노조가 개별적인 저항운동을 전개하고 있는 것은 말할 것도 없고 노조본부의 지도부는 의회에 대하여 조직적인 로비를 하고 정당들에 압력을 가하고 있는 것이다.

노조와 함께 여러 시민단체들이 반세계화 대열에 가담하고 있는 것은 새삼스러운 일이 아니다. 시민운동의 측면에서 보았을 때 세계화에 대한 입장은 나라에 관계없이 일관된 모습을 보여주고 있다. 즉 어느 나라에서나 시민들에게는 세계화에 대한 영향이 긍정적인 것보다 부정적인 것이 더 크다는 것이다. 예를 들면 다국적 기업이 개도국 어린이들의 노동을 착취하는 것은 세계화 때문에 가능한 일이고 이것을 방지하기 위해서는 인권단체들이 다국적 기업에 항의하기보다 세계화 자체를 반대해야 한다는 것이다. 또한 소비자단체들이 상품의 안전을 확보하기 위하여 세계화를 반대한다든지, 해외투자(FDI)의 자유화로 공해산업이 선진국에서 개도국으로 이전되고 있는 것을 좌시하지 않는 환경단체들이 세계화를 거부하고 있는 것 등에서 보듯이 비정부기구(NGOs, non-governmental organizations)나 시민단체(civic organizations)들의 입장은 어느 나라에서나 차이가 없다고 여겨진다.

지금까지 살펴본 바와 같이 학계, 언론계, 정계를 비롯한 각 분야에서 세계화에 대한 입장이 매우 복잡하게 나타나고 있는 것은 여러 가지 이유를 수반하고 있기 때문이다. 각 분야의 이해관계가 중요한 요인이 되겠지만 그것과 함께 각 조직과 단체가 가지고 있는 이념적 지향 또한 매우 중요한 배경이 되고 있다는 것은 이미 지적한 바 있다. 그러나 어떠한 상황이든지 간에 무시할 수 없는 것은 각 분야에서 일어나고 있는 세계화에 대한 논의는 항상 상당한 이론적 배경을 가지고 진행되고 있다는 사실이다. 그러면 세계화를 찬성하는 이론적 바탕은 무엇이고 또한 그것을 반대하는 논리적 근거는 무엇일까?

6 세계화 지지론

세계화를 지지하는 사람들은 대개 다음과 같이 주장한다. 세계화는 국제무역과 해외투자를 확대하고 이것은 상품과 서비스의 가격을 내리게 하여 수요를 진작시켜서 경제성장을 가져오게 하고 그렇게 되면 소득이 올라가며 일자리가 늘어난다는 것이다. 요약하면 세계화는 시장을 국내에서 세계로 확장시켜 이에 따라 생산이 증대되어 경제가 성장한다는 주장이다. 즉 시장의 확대를 위한 자유무역이 그 출발점인 것이다. 이렇게 보면 세계화 지지론은 결국 자유무역 이론에서 시작하고 있다고 하겠다.

1) 무역이론

자유무역을 옹호하기 위한 이론적 배경은 18세기 후반으로 거슬러 올라가게 되는데 좀 더 구체적으로 말하면 1776년 아담 스미스(Adam Smith)가 그의 저서 『國富論』(국부론, *An Inquiry into the Nature and Causes of the Wealth of Nations*)에서 무역의 효과를 설명한 것이 그 효시라고 하겠다. 그는 국부론의 핵심인 分業(분업, division of labour)의 理論(이론)을 國內交易(국내교역)에 국한하지 않고 국가 간의 교역에도 적용하여 왜 貿易(무역)이 발생하는가를 설명하였다. 그의 설명에 의하면 같은 商品(상품)이라도 국가에 따라 生産費(생산비)에 차이가 나기 때문에 해당 상품 생산의 特化(특화), 즉 國際的 分業(국제적 분업)이 일어나고 이것으로 무역이 발생한다는 것이다.

(1) 절대우위론

〈표 6-1〉의 예에서 보면, 생선과 오렌지 두 가지 상품을 아이슬란드와 미국 두 나라에서 각각 생산을 하는데 그 생산에 소요되는 시간, 즉 비용에 있어서 상당한 차이를 보이고 있다. 생산비용을 절대적으로 비교해보면 생선 1톤의 생산에 있어서 아이슬란드(100)는 미국(180)에 비하여 그 비용이 많이 낮아 절대적으로 유리하고, 오렌지의 경우는 미국(130)이 아이슬란드(400)에 비하여 절대적 우위에 있는 것이다.

따라서 두 나라가 두 상품을 다 생산할 것이 아니라, 아이슬란드는 생선에 전념하고 미국은 오렌지에 집중하여 각각 싸게 생산할 수 있는 품목만 생산하여 서로 수출, 수입한

〈표 6-1〉 생산비의 비교: 미국과 아이슬란드

상품	아이슬란드	미국
생선(1톤)	100(시간)	180(시간)
오렌지(1톤)	400(시간)	130(시간)

다면 이러한 무역활동으로 두 국가가 다 혜택을 보게 되는 것이다. 18세기 당시 영국은 섬유를, 프랑스는 포도주를 특화 생산하고 그것들을 각각 상대방 국가에 수출한 것은 바로 아담 스미스의 絶對優位論(절대우위론, Theory of Absolute Advantage) 또는 絶對生産費說(절대생산비설)로서 설명될 수 있을 것이다. 그러나 이것은 완벽한 이론이 아니었다. 왜냐하면 많은 문제점을 가지고 있었기 때문에.

절대우위론의 가장 큰 문제점은 한 나라가 두 상품 모두에서 절대우위를 가질 경우이다. 앞의 예에서 만약 아이슬란드가 생선과 오렌지의 생산에서 모두 미국보다 절대우위를 가지고, 미국은 두 상품에서 모두 絶對劣位(절대열위)를 가질 경우라면 무역은 발생할 것인가? 아담 스미스의 절대우위론에 의하면 무역은 발생하지 않을 것이다. 그러나 현실적으로 이 경우에도 무역은 발생하는 것이다. 어떻게 해서 이것이 가능한 것인가. 이것을 설명하기 위하여 새로운 이론이 필요하였고, 여기에서 比較優位論(비교우위론, Theory of Comparative Advantage) 또는 比較生産費說(비교생산비설)이 등장하게 된 것이다.

(2) 비교우위론

비교우위론은 데이비드 리카도(David Ricardo, 1772-1823)가 1817년 출간한 그의 저서 『정치경제학 원론』(*Principles of Political Economy*)에서 제시한 무역이론이다. 이 이론의 핵심은 두 나라 중에서 한 나라가 두 가지 상품의 생산에 절대우위를 가지고 나머지 나라는 두 가지 상품의 생산에 절대열위를 가지고 있는 경우에도 무역은 발생한다는 것이다. 즉 두 가지 상품에 절대열위를 가진 나라가 아담 스미스의 설명처럼 아무것도 생산하지 않는 것이 아니라 두 상품 중 그래도 비교적으로 우위에 있는 상품을 생산한다는 주장이다. 이 이론을 좀 더 구체적으로 검증해 볼 필요가 있다.

〈표 6-2〉는 한국과 중국 두 나라에서 한 명의 노동자가 1달 동안 일해서 두 가지 상품, 자동차와 자전거를 생산한 양과 그것을 생산하기 위한 비용을 비교한 것이다. 먼저 자동차의 경우를 보면 1달 동안 한국은 10대를 생산한 데 비해 중국은 3대만 생산하였는데 이것은 한국이 중국에 비해 절대적으로 유리하다는 것을 의미한다. 왜냐하면 자동차에 있어서 생산량에 기초한 절대 생산비가 중국은 한국의 3.3배나 되기 때문이다. 마찬가지로 자전거에 있어서도 중국은 한국에 비해 절대생산비가 1.7배로 높다. 따라서 절대우위론에 따르면, 한국은 자동차와 자전거 두 상품을 모두 다 생산하게 되고, 중국은 아무 것도 생산할 것이 없게 되어 결국 무역은 발생하지 않는다는 것이다. 그러나 이것이 꼭 그렇게 되지 않는다는 것이 비교우위론의 주장이다. 왜냐하면 생산비용을 비교할 때 절대생산비를 가지고 하는 것보다 비교생산비를 기준으로 하는 것이 더 현실적이고 합리적이라는 것

〈표 6-2〉 생산량과 생산비의 비교: 한국과 중국

		자동차	자전거
생산량:			
	한국	10	10
	중국	3	6
기회비용:			
	한국	자전거 1	
	중국	자전거 2	
	한국		자동차 1
	중국		자동차 0.5

이다.

비교생산비를 나타내는 것으로는 機會費用(기회비용, opportunity cost)이 있는데 이것을 가지고 무역을 설명하는 것이 매우 적절하다고 여겨진다. 기회비용이란 어떤 한 상품을 생산하기 위한 비용은 그 상품을 생산하기 위하여 다른 상품의 생산을 포기한 대가를 말한다. 표에서 보면 한국은 자동차 1대를 생산하기 위하여서는 자전거 1대의 생산을 포기하였는데 이것이 바로 자동차의 기회비용, 즉 자동차의 비교생산비가 되는 것이다. 중국은 자동차 1대를 생산하기 위하여 자전거 2대의 생산을 줄였으므로 자동차의 비교생산비는 자전거 2대가 된다.

마찬가지로 자전거의 경우 한국의 비교생산비는 1, 중국의 비교생산비는 0.5가 될 것이다. 그렇다면 비교생산비를 기준으로 두 나라의 경쟁력을 비교해보면, 자동차의 경우 한국이 중국보다 우위(1 : 2)에 있고, 자전거의 경우 중국이 한국보다 우위(0.5 : 1)에 있다는 결론에 도달하게 된다. 이것은 무엇을 말하고 있는가?

〈표 6-2〉가 보여주고 있는 것은 비교적 간단하다. 절대적 생산비로 보면 한국은 중국에 비해 자동차와 자전거 두 상품의 생산에 있어서 모두 우위에 있다. 따라서 절대우위론에 따르면 한국만 두 상품의 생산을 해야 하고 중국은 아무것도 생산할 수가 없게 되어 양국 사이 무역이 발생하지 않는다는 결론에 도달한다. 그러나 절대생산비가 아닌 비교생산비(기회비용)의 기준에서 보면 결론은 달라진다는 것이다. 자동차는 한국이 비교우위를 가지고 있지만 자전거는 중국이 비교우위를 가지고 있음으로 중국은 아무 것도 안 하는 것이 아니라 자전거의 생산에 특화하게 되어 이것을 한국에 수출하게 되고 이렇게 되면 결과적으로 두 나라—나아가서

는 전 세계—모두가 혜택을 보게 된다는 것이다.

비교우위론은 확실히 절대우위론보다 진일보한 무역이론이라는 사실에 아무도 이의를 제기할 사람은 없을 것이다. 그러나 이 이론은 오늘의 관점에서 보면 많은 문제점을 가지고 있다는 것도 부정할 수가 없다. 앞의 예에서 두 나라와 두 가지 상품을 가지고 무역을 설명하였는데 이것은 매우 단순하고 어쩌면 비현실적인 가정이라고 하겠다. 왜냐하면 실제로 세계에는 많은 나라와 많은 상품이 존재하기 때문이다. 또한 이 이론은 무역이 발생할 경우 국가 사이의 운송비용을 전혀 고려하지 않은 것도 문제점이라면 문제점이라 하겠다.

이와 같이 너무나 단순한 가정에서 자유무역이 국가들 사이에 상호이익을 가져다준다는 비교우위론은 수많은 국가, 수많은 상품, 운송비용, 환율 등의 복잡한 현실적 여건 속에서도 확대 적용될 수 있는가라는 것은 결코 간단한 문제가 아니다. 그러나 분명한 것은 각 나라들이 자기들이 비교적으로 효율적인 생산을 할 수 있는 상품을 생산하고 수출한다는 명제의 이론적 근거를 가져다준 것은 역시 비교우위론이라 하겠다.

어쩌면 고전적 무역이론들이 오늘의 현실과 부합되지 않는 것은 당연한 일인지도 모른다. 절대우위론이 등장한 18세기 후반과 비교우위론이 나온 19세기 초반은 국가경제와 세계경제의 구조가 오늘날보다 훨씬 단순하였을 것이고 그러한 환경에서는 고전이론이 수용될 수 있었다고 하겠다. 그러나 20세기에 들어와서 경제의 양상과 구도가 무척이나 복잡하고 다양해진 여건에서는 이들의 이론이 그대로 적용되기에는 한계가 있다고 보아야 할 것이다. 따라서 고전이론이 수정되든가 아니면 새로운 이론이 요구되었다. 이러한 배경에서 등장한 要素賦存理論(요소부존이론, Theory of Factor Endowments)은 20세기의 무역을 설명하는 역할을 담당하게 되었다.

(3) 요소부존이론

요소부존이론은 두 명의 스웨덴 경제학자들에 의하여 제시되었는데 헥셔(Eli Heckscher)는 1919년, 올린(Bertil Ohlin)은 1933년 같은 주장을 발표하여 이 이론은 헥셔-올린 이론으로도 알려져 있다. 이들은 기본적으로 비교우위론에서 출발하여 한 걸음 더 나아갔는데 왜 비교우위가 발생하는가 하는 이유를 규명하는 데 초점을 맞추었다.

그들에 의하면 각 나라마다 부존되어 있는 生産要素(생산요소)가 같지 않고 이러한 차이로 인하여 비교우위가 일어난다는 것이다. 좀 더 구체적으로 설명하면 나라마다 생산요소의 차이가 존재한다는 것은 생산요소의 비용에 차이가 발생한다는 점이다. 즉 어떠한 생산요소가 풍부하면 그 요소의 비용은 저렴할 것이고 반대로 다른 생산요소가 희귀하면 그 비용은 비싸게 된다는 것이다.

이렇게 되면 생산요소의 비용이 저렴한 상품은 가격경쟁력이 생겨 수출하게 되고, 생산요소의 비용이 높은 상품은 수입을 하게 되는 결과가 일어난다고 본다. 예를 들어보면 한국은 미국보다 노동이 풍부하여 노동 비용이 상대적으로 저렴하여 자전거 같은 노동집약적 상품을 생산하여 수출하고, 자본이 풍부한 미국은 저렴한 자본비용으로 항공기 같은 자본집약적 제품을 생산, 수출한다는 설명이다.

헥셔-올린 이론의 결론은 리카도의 비교우위론과 같이 자유무역은 해당국가 모두에게 혜택을 준다는 것이다.

다만 둘 사이에 차이가 있다면, 후자는 비교우위가 발생하는 것은 노동비용, 즉 노동생산성의 차이에 기인한다고 보았고, 전자는 그것은 노동뿐만 아니라 모든 부존요소의 차이에서 비롯된다고 주장한 것이다. 오늘날의 시각으로 보면 요소부존이론이 비교우위론보다 진일보한 주장으로 현대의 무역을 설명하기에 더 적절한 이론으로 여겨진다. 그러나 이 이론이 그 타당성에 있어서 엄청난 도전을 받았던 것도 숨길 수 없는 사실이었다. 소련 태생으로 미국으로 귀화한 경제학자 레온티예프(Wassily Leontief, 1973년 노벨 경제학상 수상)가 1953년 헥셔-올린 이론에 심각한 의문을 제기하였기 때문이었다.

헥셔-올린 이론에 따르면 미국은 다른 나라에 비하여 자본이 풍부함으로 자본집약적 상품의 수출국이 되고 노동집약적 상품의 수입국이 되어야 할 것이다. 그러나 레온티예프가 실시한 조사의 결과를 보면 미국은 실제로 자본집약적 상품에 대하여 수출보다 수입을 더 많이 하였고 또한 노동집약적 상품을 더 많이 수출한 것으로 확인되었다. 이것은 헥셔-올린 이론과는 정반대의 결과로서 미국이 다른 나라에 비해 자본이 상대적으로 풍부하다든가 노동이 상대적으로 부족하다는 일반적 견해는 잘못된 것이라고 지적된 것이다(레온티예프의 逆說, The Leontief Paradox).

레온티예프의 역설은 헥셔-올린 이론을 궁지로 몰아넣었으며, 경제학계는 이 딜레마를 풀지 못하여 오랫동안 어려움을 겪었다. 결국 상당한 시간이 지나간 후 후대의 학자들은 두 가지 점을 들어 이 문제에 대한 해법을 제시하였다. 그 첫 번째의 논점은 헥셔-올린 이론은 국가들 사이에 기술의 차이가 없다는 가정에서 이루어졌다는 것이다. 그러나 이것은 매우 비현실적이라는 것이다. 오늘날의 관점에서 보면 국가들 사이에서 기술의 차이는 매우 중요한 사안이고 이러한 차이가 생산성의 차이를 가져오고 이것이 결국 무역 형태를 결정한다는 것이다. 과거 자본이 그렇게 풍부하지 못했던 일본이 자동차를 수출할 수 있었던 것은 혁신적인 생산 기술로 인하여 생산성을 높일 수 있었기에 가능했다는 지적이다. 따라서 기술이라는 변수를 제외하면 헥셔－올린 이론은 작동할 수 있다고 보는 것이다.

두 번째의 논점은 이 이론이 생산요소 중의 하나인 노동에 대하여 이를 구분하고 있지 않다는 것이다. 과거에는 모든 노동을 동일하게 인식하였지만, 오늘날 노동은 크게 미숙련 노동과 숙련 노동으로 나누어서 보아야 한다는 주장이다. 실제로 미국에서는 숙련 노동에 기반한 노동집약적 상품의 생산에 비교우위가 있고 이들의 수출이 수입을 능가하고 있다는 점이다. 따라서 이와 같이 두 가지 결점만 보완되면 헥셔－올린 이론은 오늘날도 유효한 무역이론이 될 수 있다고 본다.

(4) 기타 이론

그 후에도 새로운 무역이론은 계속하여 등장하고 있다. 1960년대 중반 버논(Raymond Vernon)이 주장한 PLC이론(The Product Life Cycle Theory)에 이어 新貿易理論(신무역이론, New Trade Theory)이라든가 포터(Michael Porter)의 國家競爭力理論(국가경쟁력이론, Determinants of National Competitive Advantage) 등은 최근의 무역이론으로서 다양한 관점에서 오늘날의 무역현상을 설명하고 있다. 비록 이들 이론들이 완전하지 못하고 여러 가지 문제점을 수반하고 있지만 모든 무역이론들이 공통적으로 주장하는 것은 자유무역은 결국 세계화를 가져오고 이렇게 되면 모든 국가가 혜택을 보게 된다는 것이다. 무역이론이 세계화 지지론의 가장 중요한 근거가 되고 있는 것을 부정할 수가 없다.

2) 경제성장

경제적인 측면에서 보면 세계화란 자유화를 의미하며 이는 구체적으로 무역의 자유화, 투자의 자유화, 금융의 자유화라고 말할 수 있을 것이다. 그런데 무역, 투자, 금융을 자유화하는 것이 어떻게 모든 국가들과 국민들에 혜택을 주고 번영을 가져오게 하는 것인가에 대하여는 좀 더 추가적인 논의가 필요할 것 같다. 세계화 지지론자들은 주장한다. 국가 사이의 무역장벽이 낮아져서 무역의 자유화가 진행되면 무역량이 늘어나게 되는데 이것은 여러 가지 경제적 효과를 발생시킨다. 먼저 수출의 증가는 생산의 증가를 가져오게 되고 생산의 증가는 고용의 증대를 가져오며 이것은 소득의 증가와 소비의 증대를 초래하며 소비의 증대는 다시 생산의 증가를 가져오는 善循換(선순환, virtuous circle)을 통하여 결국 경제성장으로 귀결되며 소득이 증가하게 된다는 것이다. 또한 수입의 증대는 상품과 서비스 가격의 하락을 유도하고 그렇게 되면 소비가 늘어나고 이는 생산의 증가를 가져오고 결국은 경제성장과 소득증대로 간다는 것이다.

투자의 자유화도 거의 비슷한 경제적 효과를 가져온다고 본다. 국가 간 투자에 대한 제한이 축소되면 해외 직접투자(FDI)가 늘어나게 되고 이것은 생산의 증가를 의미하게 되며 생산의 증가는 고용의 증대를 가져오며 그것은 소비의 증가를 초래하여 다시 생산의 증가로 가는 선순환 구조로 들어가 경제성장과 소득상승으로 귀결되는 것이다. 또한 금융의 자유화로 국가 간 자유로운 자본의 이동으로 금융비용의 절감과 투자재원의 다각화로 투자의 증대를 가져와 경제성장으로 연결된다는 것이다.

무역, 투자, 금융에 있어서 자유화가 주는 경제적 효과의 핵심은 시장의 확대에 있다고 보아야 할 것 같다. 최근 나오는 여러 가지 이론들을 보면 경제성장은 장기적으로 볼 때 생산성의 향상과 기술혁신에 달려 있는데 이 두 가지는 결국 시장의 규모에 달려 있다는 것이다. 누구든지 큰 세계시장으로 진출하려면 기술혁신을 추진해야 하고 또한 생산성의 향상을 구현하기 위하여서는 생산의 고정비를 낮추기 위한 대량생산이 필요하고 이것은 더 큰 시장을 전제로 하는 것이다. 따라서 어떠한 국가도 경제성장을 위하여서는 자국 시장을 개방하고 더 큰 시장으로 나아가야 한다는 것이다.

이러한 자유화—세계화—는 아담 스미스가 분업의 원칙에서 설명하듯이 모두에게 혜택이 돌아오기 때문이라는 것이다. 선진국이나 개도국이나. 선진국은 기술혁신을 위하여 더 큰 시장으로 나가면서, 또한 개도국은 다국적 기업들의 해외 직접투자에 의한 생산에 동참함으로 각각 세계화의 혜택을 볼 수 있다는 점이다. 국제적 분업을 통하여 모두가 다 혜택을 본다는 것이 세계화 지지론의 핵심이라고 할 수 있을 것 같다.

7 세계화 비판론

1) 반세계화 운동

물론 세계화에 대하여 학자들 사이에서 먼저 비판이 제기된 것은 사실이지만, 이것의 공론화, 세력화에 있어서 市民運動(시민운동)이 결정적인 역할을 했다고 할 수 있을 것 같다. 새천년의 전야부터 시작된 反世界化運動(반세계화운동)은 점점 세계화되고 있으며 그 규모와 기세는 앞으로 더욱 확대될 것으로 전망된다.

— 1999년 12월. 미국 시애틀

WTO(세계무역기구, World Trade Organization) 총회의 개최를 저지하기 위하여 약 40,000명이 도심을 점거하고 경찰과 대치하여 격렬한 가두시위를 함. 시위대는 WTO가 세계화를 추진하는 선두에 서 있다고 판단하고 이 조직의

회의를 무산시키려 함.

이들의 항의는 세계화가 진행되면 무역의 확대로 선진국에 일자리가 없어지고 노동임금이 하락하며 도처에서 환경이 훼손된다는 것이었다.

— 2000년 2월. 스위스 다보스

세계경제포럼(World Economic Forum) 연차총회에서 범세계적 자본주의(global capitalism)에 항의하는 시위가 발생함.

— 2000년 9월. 체코 프라하

2000년 4월에 이어 세계은행(World Bank)과 국제통화기금(IMF, International Monetary Fund)의 연차총회 저지를 위하여 약 12,000명이 시위에 참가함.

— 2001년 4월. 캐나다 퀘벡

美洲頂上會議(미주정상회의, Summit of the Americas)에서 시위대와 대치한 경찰이 최루탄과 물대포를 사용함.

— 2001년 6월. 스웨덴 예테보리

EU 정상회의(European Union Summit)를 방해하기 위하여 40,000명이 참가한 반세계화 시위가 벌어짐.

— 2001년 7월. 이탈리아 제노아

선진경제국 8개의 정상이 참가하는 G8 회의 중 격렬한 반세계화 시위가 벌어져 시위자 한 명이 사망하는 불상사가 일어남.

•

•

— 2009년 4월. 영국 런던
G20 정상회의 개최를 방해하기 위한 대규모의 반세계화 시위가 벌어져 시위대 중 한 명이 사망함.

•
•
•
•

일부에서는 반세계화 시위를 일종의 무정부주의자들의 일탈이라고 가볍게 생각하고 있기도 하지만, 갈수록 조직화되고 정례화되어 가는 그들의 운동을 그저 무시하기는 어려울 것 같다. 많은 계층으로부터 지지를 받고 있기 때문이다. 그들은 세계화가 진행되면 될수록 그들의 생활수준이 위협받고 환경이 훼손되어 간다고 믿고 있는 것이다. 이러한 생각들이 이론과 실제에 있어서 과연 검증된 것인지 아닌지는 차치하더라도.

2) 주요논점

(1) 일자리

세계화를 반대하는 가장 큰 이유 중 하나는 일자리가 없어진다는 것이다. 세계화 반대론자들은 주장한다. 세계화가 진행되면, 즉 무역과 투자의 자유화가 진전되면 상품의 수입이 늘어나게 되고 동일제품을 생산하는 국내업체가 그 생산을 축소하든지, 중지하든지 아니면 임금이 낮은 해외로 생산기지를 이동하게 되는데 이것은 결국 국내의 일자리가 사라지는 결과를 가져온다는 것이다. 이렇게 되면 세계화로 인하여 개도국은 혜택을 보고 선진국은 피해를 보게 되는데 이 문제는 주로 제조업, 더 구체적으로는 노동집약적 산업에서 심각하게 나타나고 있다.

1996년 실시한 조사에 따르면, 미국의 한 섬유업체는 그간 노동자들에 시간당 9달러를 지급하였는데 개도국에서 수입되는 동일제품과의 경쟁을 감당하지 못하여 결국 미국 내 생산을 포기, 온두라스로 생산기지를 이전하였고 이곳에서는 시간당 임금을 0.48달러밖에 지급하지 않았다(Bartlett / Steele, 1996). 이와 같은 생산의 국제적 이동은 국내의 일자리를 없애는 것뿐만 아니라 국내 기존업체의 임금도 낮추는 결과를 가져오는 것이다.

세계화로 일자리가 없어지고 임금이 낮아지는 것은 제조업에 국한된 현상만이 아니다. Dell, IBM, Citigroup 등은 그간 미국 내에서 해오던 서비스 업무의 일부분을 인도, 필리핀 등의 개도국으로 이전하였는데 이것은 미국 내의 일자리를 개도국으로 '수출'하는 결과를 가져왔고 결국 미국 내의 실업률을 증가시키게 된 것이다. 이러한 현상을 방지하기 위하여 미국의 일부 정치인들은 의회가 입법조치를 취하여야 한다고까지 주장하고 있는 것이다.

미국과 같은 선진국에서 세계화로 인하여 일자리가 없어져가는 현상은 생각보다 심각하고 이것은 비단 경제적 문제뿐만 아니라 사회적, 정치적 이슈로 비화되어 가고 있는 것이다. 한국과 대만 등의 개도국으로부터 밀려들어 오는 값싼 제품으로 RCA, Zenith 같은 미국의 전자업계는 거의 전멸했고, 일본과 한국으로부터 수입되는 자동차로 미국의 GM과 Ford는 계속해서 공장의 문을 닫아가고 있으며 노동자를 해고하고 있는 것이다. 이렇게 해고된 노동자들과 노동계가 또는 미국의 자동차와 전자 등 주요 업계가 세계화를 찬성할 리가 없는 것이다. 이들은 합세하여 세계화를 반대하는 대열에 가담하고 미국 정부와 의회를 압박하게 되는 것이다.

(2) 사회적 갈등

세계화의 가장 심각한 경제적 결과는 선진국에서 일자리가 점점 사라지는 것이다. 한편 이와 같은 경제적 효과는 사회적 영향을 수반하고 있는데 그것이 바로 非對稱(비대칭, asymmetry)의 문제이다. 세계화가 진행되면 사회구조는 크게 두 개의 집단으로 분화되게 마련이다. 그 첫 번째 집단은 자본을 가진 기업주, 기술을 가진 숙련 노동자, 변호사, 회계사 등 전문직 종사자들인데 이들로서는 세계화의 진행으로써 결코 손해볼 일이 없다. 기업의 생산기지가 해외로 이동하게 되면 이들도 같이 해외로 이동할 수 있기 때문이다.

그런데 이들 집단과 달리 기업이 해외로 이전할 때 같이 이동하지 못하는 집단이 있는 것이다. 이 두 번째 집단에 들어가는 것은 노동자 중 특별한 기술이 없는 일용직 근로자와 같은 비숙련 노동자, 기업의 중간관리자 등인데 이들은 기업을 따라 쉽게 국경을 넘어갈 수 없는 것이다.

세계화가 진행되면 두 번째 집단에 속한 사람들에 대한 노동의 수요가 첫 번째 집단의 노동수요에 비해 훨씬 더 彈力的(탄력적, elastic)이 된다. 이것은 두 번째 집단에 속한 자들의 노동은 외국의 다른 노동자들에 의해 쉽게 대체될 수 있기 때문이다. 따라서 이들 노동에 대한 代替可能性(대체가능성, substitutability)이 높아지게 되고 이것은 국내에서의 勞使協商(노사협상)에서 이들에게 불리하게 작용될 것이며 결국은 이들의 노임이 내려가게 될 것이다. 말할 것도 없이 이것은 노사 간에 사회적 긴장을 조성할 수밖에 없게 된다.

또한 세계화는 두 번째 집단에 속한 노동자들의 失業手當(실업수당) 등을 제공하는 정부에게도 많은 어려움을 주고 있다. 세계화로 인하여 자본의 이동이 활발하게 일어나면 정부로서는 이로 인한 稅源(세원)을 잃어버리게 될 것이고 이것을 보충하기 위하여 하는 수 없이 근로소득에 대한 稅率(세율)을 올릴 수밖에 없는 것이다. 말할 것도 없이 이것은 노동자들의 불만을 살 것이지만 정부로서는 늘어나는 社會安全網(사회안전망, social safety net)에 대한 수요를 감당할 다른 방안이 없게 되는 것이다. 여하튼 정부로서는 社會保障(사회보장) 정책을 세우는 데 노동계와 긴장관계를 가질 수밖에 없고, 만약 이러한 긴장이 적절하게 조정되지 않으면 결국 保護貿易(보호무역)으로 선회할 가능성을 가지게 된다고 볼 수 있다.

세계화로 인한 노동의 비대칭화는 결국 사회적 분열을 가져온다는 것은 다시 말할 필요가 없다. 각 사회계층은 양분화가 될 수밖에 없는 것이다. 세계화로 혜택을 보는 계층과 그렇지 못하는 계층, 세계화의 이념을 지지하는 계층과 반대하는 계층, 세계화로부터 일어나는 위험을 피할 수 있는 계층과 그렇게 하지 못하는 계층. 따라서 세계화는 국제적으로 보면 經濟的 統合(경제적 통합, international economic integration)을 달성할지 모르지만, 국내적으로 보면 社會的 分列(사회적 분열, domestic social disintegration)의 대가를 치르고 있는 것이다.

(3) 소득의 양극화

세계화 비판론자들은 세계화가 진행되면 부자 나라와 가난한 나라 사이의 소득 격차가 갈수록 확대된다고 주장한다.

무역의 자유화와 투자의 자유화로 예상되는 세계화의 혜택에도 불구하고 지난 100년 이상 국가 간의 빈부격차는 더 크게 벌어졌다는 것이다. 〈표 7-1〉은 지난 100여 년 사이 부자 국가들과 가난한 국가들 사이의 국민소득을 비교한 결과이다. 구체적으로 살펴보면 1870년 세계 전체의 17대 부자 국가들의 1인당 국민소득 평균이 나머지 국가들의 1인당 국민소득 평균의 2.4배에 불과했는데 1990년 그 비율이 4.5배로 증가한 것이다. 부자 나라들과 가난한 나라들 사이의 소득격차가 지난 120년간 그의 두 배로 늘어났다는 것이다. 세계화의 진행에도 불구하고. 따라서 이 결과는 세계화가 국가들 간의 빈부 격차를 확대하고 있다는 것을 보여주고 있다.

〈표 7-1〉 1세기 동안 국가 간 빈부 격차의 변화

	세계 17대 부자 국가들의 1인당 국민소득 평균/ 나머지 국가들의 1인당 국민 소득 평균
1870	2.4배
1990	4.5배

자료: Pritchett, 1997.

다른 연구도 이와 같은 결과를 뒷받침하고 있다. 말레이시아, 태국, 한국 등 동아시아에 있는 일부 국가들이 근래 매우 빠른 경제성장을 이룩하고 있지만 아직도 많은 나라들이 가난으로부터 벗어나지 못하고 있는 것이다. 1960년 1인당 국민소득이 1,000달러도 못되는 나라들 중 4분의 1이 1960년부터 1995년까지 35년간 마이너스 성장을 하였고, 이들 중 3분의 1은 그 성장률이 0.05%에도 미치지 못한 것이다 (Pritchett, 1997). 만약 세계화가 바람직한 일이라면 국가들 사이의 이러한 빈부 격차의 확대는 이해하기가 어렵다고 본다.

어떤 사람들은 빈곤의 문제는 세계화와 무관하게 각 나라마다의 고유한 사정에 기인한다고 지적하기도 한다. 예를 들면 세계의 많은 빈국들은 엄청난 外債(외채)를 가지고 있는데 이러한 나라들은 구조적으로 경제가 성장할 수 없고 빈곤으로부터 벗어날 수가 없다고 본다. 왜냐하면 이들 나라들은 만기가 도래한 외채를 상환한다든가 그 이자를 지급하다보면 국가재원이 부족하여 도로, 전력 등 사회간접자본투자와 교육, 보건 등 공공투자가 이루어지지 않아 경제성장을 이룰 수가 없고, 외채와 빈곤의 바퀴에서 빠져나올 수가 없다는 것이다. 이러한 나라들에게 무역의 자유화가 무슨 큰 도움을 줄 수가 있겠는가라는 의문이 제기된다.

세계의 빈곤 국가들에게는 다른 무엇보다 그들이 지고 있는 엄청난 규모의 외채를 일부라도 탕감해주어서 그들의 경제가 다시 출발하여 성장할 수 있도록 하는 것이 더 현실적인 조치라는 주장도 제기되었다. 이러한 주장은 1990년대 후반 부국들의 호응을 얻게 되었고, 미국은 2000년 과도한 외채로 고생하고 있는 빈국들의 채무를 감면하기 위하여 4억 3천 5백만 달러를 배정하는 법률을 의회에서 통과시켰다. 미국의 주도한 빈곤국의 외채탕감은 그 후 IMF와 세계은행으로 파급되어 제도적인 노력으로 확대되었다. 외채가 빈곤국가들의 성장에 장애물이 되고 있는 것은 분명해 보이지만, 빈곤 문제에 대하여 세계화가 전혀 도움을 주지 못하고 있다는 세계화 비판론도 무시하기가 어려워 보인다.

(4) 환경파괴

무역과 투자의 자유화가 진행되면 이것은 결국 공해의 발생, 환경의 오염, 환경의 훼손 등을 가져올 수밖에 없다는 것이 세계화 비판론에서 지적하는 또 하나의 논점이다. 선진국의 경우 환경기준이 비교적 엄격하게 적용되고 있으므로 이를 준수해야 하는 기업들로서는 이로 인한 원가상승이 불가피하고 이것은 세계시장에서 그들의 경쟁력을 약화시키는 결과를 가져오게 된다. 특히 개도국의 기업들과의 경쟁에 있어서는. 왜냐하면 개도국에서는 그렇게 엄격한 환경기준을 따르지 않아도 되기 때문에. 이런 경우 선진국 기업들의 해법은 불리한 원가구조를 극복하기 위하여 엄격한 환경규정이 없는 개도국으로 그들의 생산기지를 이동하는 것이다. 이렇게 되면 선진국기업의 진입으로 개도국의 환경은 쉽게 훼손된다는 것이다.

자동차 타이어 같은 엄청난 공해산업이 미국을 떠나 한국 같은 개도국으로 옮겨오고 다시 한국에서 동남아시아의 저개발국으로 이동하고 있는 추세는 나라마다 다른 환경기준에 그 원인이 있다고 하겠다. 실제로 환경훼손은 1994년의 북미 자유무역협정(NAFTA, North American Free Trade Agreement)을 반대하는 측에서 제시한 중요한 이슈 중의 하나였다. 그들의 논거는 NAFTA가 체결되면 엄청나게 많은 미국기업들이 멕시코로 이동하여 갈 것이고 그곳에서 그들은 아무런 제약 없이 공해를 배출하고 환경을 훼손할 것이라는 점이다. 이 모든 것이 오직 高收益(고수익)이란 이름으로. 개도국에서 일어나는 이와 같은 환경훼손은 이산화탄소(CO_2) 발생을 증가시켜 지구온난화(global warming)을 가져오게 되는데 이것이 바로 세계화가 가져다주는 결과물이라는 것이다.

(5) 국가주권

세계화가 던지는 또 다른 문제는 앞으로 국가의 역할에 변화가 일어날 수밖에 없다는 것이다. 그동안 각 나라가 가지고 있었던 主權(주권, sovereignty)이 침해되고 각 국가가 자기들의 운명을 결정하지 못하는 일이 발생할 수도 있다는 설명이다. 세계화가 진행되면 국가의 기능이 축소되는 등 과거에 상상도 할 수 없었던 일들이 현실화된다는 것이다. 어떻게 이러한 일들이 가능할까.

문제의 핵심은 권력의 이동에 있다고 보아야 할 것 같다. 세계화가 지속되면 과거 독자적으로 존재한 각국의 경제가 상호의존적인 세계경제로 통합되게 되는데 이럴 경우 세계경제를 이끌어 갈 조직과 기구들의 권한이 갈수록 커져서 개별국가의 권한을 능가할 수밖에 없게 된다. 이것은 개별국가 권한의 축소와 超國家的 機關(초국가적 기관, supra-national organizations)이 가지는 권한의 대폭적인 확대를 의미한다.

이러한 변화는 어쩌면 하나의 모순을 제공한 셈이 된다. 그동안 각국의 정부는 민주적 방식에 따라 국민들이 선출한 정부로서 합법적인 기능을 수행해 왔는데 WTO와 UN 같은 초국가기관은 어느 나라 국민들로부터도 委任(위임)받지 않은 조직으로 어떻게 그 正統性(정통성)을 인정받을 수가 있겠는가 하는 점이다. 만약 어떤 나라가 WTO로부터 제재를 받는다면 그 나라의 국민들이 선출하지도 않은 초국가기관의 관료의 지시를 받게 되는데 이것은 모순이 아닌가 하는 의문이 생기는 것이다. 또한 여러 초국가기관들의 권한이 갈수록 비대해지면 이것을 어떻게 견제할 것이며 모든 나라의 국민들이 이것을 환영할까 하는 의문도 남는다.

초국가기관에 의한 개별국가의 주권침해는 앞으로 심각한 문제로 대두될 것으로 전망되며, 여기에 대하여 미국의 환경 보호론자이며 소비자운동의 선구자인 네이더(Ralph Nader, 1996)가 세계화와 관련하여 가지고 있는 우려는 경청

할 만하다:

…… 새로운 체제(세계화 체제)하에서는 수많은 사람들에게 영향을 주는 많은 결정들이 더 이상 개별국가의 지방정부나 중앙정부 선에서 이루어지지 않는다. 만약 한 WTO 회원국이 이의를 제기하게 되면 그것에 대한 결정은 제네바(WTO 본부 소재지)로 가서 그곳에서 어느 나라 국민들도 선출한 바 없는 초국가기관의 관리들이 문을 걸어 잠그고 하게 된다. 예를 들면 이 관리들은 그곳에서 미국 캘리포니아에 사는 사람들이 원시림의 훼손을 방지할 수 있을 것인가 또는 그들이 발암성 물질인 살충제(carcinogenic pesticides)가 들어간 음식물을 먹지 못하게 할 것인가 또는 유럽 국가들이 축산물에 들어 있는 위험한 호르몬 성분을 금지할 권한이 있는가 하는 문제들을 결정할 수가 있는 것이다. ……

…… 민주주의 기초가 흔들리고 있으며 새로운 체제 안에서 책임을 질 수 있는 의사결정이 과연 가능할까 하는 위험이 도사리고 있다. ……

8 세계화 비판론에 대한 반론

여러 분야로 나누어서 정교하게 전개된 세계화 비판론에 대하여 세계화 지지론자들은 침묵하지 않는다. 그들도 조목조목 나누어서 세계화의 비판에 답하고 있는 것이다. 그들의 반론은 일자리의 문제, 소득의 양극화, 환경파괴, 국가주권의 문제 등에 집중되고 있으며, 이렇게 하여 세계화 논쟁은 계속되고 있는 것이다.

1) 주요논점

(1) 일자리

세계화 비판론은 세계화로 인하여 일자리가 없어져 불이익을 본다고 하지만 세계화 지지론자들은 동의하지 않는다. 세계화로 인하여 일자리가 사라진다는 것은 문제의 근본을 잘못보고 있다는 것이다. 자유무역은 전체적으로 볼 때 그 혜택이 그 비용보다 크다고 그들은 지적한다. 자유무역의 이론대로 하면 각 나라들은 자기들이 가장 효율적으로 생산하는 상품과 서비스에 특화하여 이를 수출하고 그들이 효율적으로 산출할 수 없는 상품과 서비스를 수입한다. 이러한 과정에서 일부 국가의 경우 생산의 국제적 이동이 일어나는 것은 불가피한 것이다. 제7장의 예에서 본 바와 같이 미국의 한 섬유업체가 온두라스로 이전하고 시티은행의 콜센터가 인도로 이동함으로 미국 내 일자리가 소멸하는 것은 사실이다. 그러나 이 현상을 전체적인 시각에서 보아야 할 것이다. 이러한 국제적인 생산의 이동으로 인하여 오히려 미국경제는 훨씬 나아지고 있다는 점이다.

이론적으로 볼 때 섬유제품이 중국에서 훨씬 싸게 생산되고 있는데 미국이 이것을 생산할 필요가 없다. 중국의 값싼 섬유제품을 수입하면 미국은 자국 내 의류가격의 인하를 가져오고 이것은 소비자들이 남는 돈으로 다른 상품을 구매하게 되어 소비를 진작시키는 효과를 가져온다.

동시에 중국의 입장에서 보면 섬유제품의 수출로 돈을 벌게 되니까 중국의 소득을 끌어올리게 되고, 이것은 중국이 보잉사가 만든 여객기, MS사의 소프트웨어, 인텔사의 컴퓨터 부품 같은 미국이 생산한 제품을 더 많이 구매할 수 있게 되는 것이다. Dell이 콜센터를 인도로 옮길 경우에도 똑같은 긍정적 효과가 미국과 인도 두 나라 경제에서 발생한다. 이러한 관점에서 보면 자유무역으로 인한 세계화는 해당 국가들 모두에게 혜택을 가져다주게 된다. 세계화를 반대할 이유가 없다는 것이다.

일자리와 관련된 다른 논점 중 하나는 세계화가 진행되

면 국내 임금, 특히 비숙련 노동자의 임금이 내려가느냐 하는 것이다. 세계화 비판론자들은 생산의 해외이전으로 비숙련 노동에 대한 수요가 줄어들어 당연히 비숙련 노동자의 임금이 하락한다고 본다. 그러나 세계화 지지론자들의 생각은 다르다. 그들은 비숙련 노동자들의 임금하락은 선진국에서 일어나고 있는 기술혁신에 의한 변화에 기인한다고 본다. 구체적으로 말하자면 선진국 경제에서는 급격한 기술 변화로 비숙련 노동은 공급과잉이 되고 기술에 바탕을 둔 숙련 노동은 공급부족으로 나타나고 있으며 이것은 구조적으로 소득불균형을 초래한다는 지적이다. 이러한 지적대로라면 비숙련 노동의 임금하락에 대한 대책은 자유무역, 즉 세계화를 제지할 것이 아니라 교육에 대한 투자들을 통해 비숙련 노동자의 공급과잉을 줄이는 것이라는 주장이다.

(2) 소득의 양극화

세계화론자들은 국가 간 빈부의 격차는 기본적으로 세계화와 무관하다고 보고 있다. 소득이 올라가지 않는 것은 다양한 원인이 있는데 이것들 중 어느 것도 무역과 투자의 자유화와 관련이 없다는 것이다. 세계의 많은 빈곤국가들은 잘못된 경제정책, 사유재산보호의 미흡, 독재정권, 전쟁 등으로 빈곤에 시달리고 있다는 것이다. 예를 들면 아프가니스탄, 캄보디아, 쿠바, 리비아, 나이지리아, 수단 등에서 소득이 올라가지 않는 것은 그의 다 그들 자신의 문제에 기인하고 있다고 진단한다.

일부의 학자들은 세계적으로 빈곤의 정도가 점점 감소하며 소득 불평등은 줄어들고 있다고 주장하기도 한다. 〈표 8-1〉에 따르면 세계은행이 설정한 빈곤 소득인 연 495달러

이하의 소득자가 1970년 세계 전체의 15.4%였는데 이것이 1985년 그의 절반으로 줄었고 다시 2000년에 와서는 5.7%로 떨어진 것으로 보고되어 있다. 연소득 570달러(또는 하루소득 1.5달러) 이하의 소득자도 비슷한 추세로 감소하고 있다. 인구는 절대적으로 증가하고 있는데 빈곤 소득자의 수는 감소하고 있다는 사실은 빈곤의 정도가 감소한다는 것을 의미한다고 하겠다.

〈표 8-1〉 세계의 극빈층 비율

	1970	1985	2000
연소득 495달러 이하	15.4%	8.8%	5.7%
연소득 570달러 이하	20.2	12.1	7.0
세계인구	34억	45억	56억
연소득 495달러 이하	5.3	4.0	3.2

자료: Sala-I-Martin, 2006.

또한 소득불평등을 나타내는 지니계수(gini coefficient)의 변화에 근거하여 소득의 양극화는 갈수록 축소되고 있다는 주장도 제기된다. 즉 1970년 전 세계의 지니계수가 0.653이었다가 1979년 0.662로서 큰 변화가 없었는데 이것이 2000년에 0.637로 내려가 20년 만에 약 4%로 떨어졌다는 것이다(Sala-I-Martin, 2006). 다른 말로 하면 세계적으로 소득불평등이 상당히 완화되었다는 것이다.

이와 같은 주장들은 제7장에서 지적된 소득의 양극화가 더욱 심화되었다는 것과는 정반대의 입장이다. 왜 이러한 상반된 주장들이 나오게 되는 것인가. 여러 가지 이유가 있을 수 있을 것 같다. 세계 소득에 대한 통계자료가 어느 정도 정확하며 연구자들이 같은 자료를 사용하고 있는가 하는 점,

연구자들이 사용하는 분석 방법의 차이, 그리고 연구자들이 각각 가지고 있는 선입견(bias) 등에 따라서 결과는 크게 달라질 수 있을 것으로 본다. 여하튼 이 부문은 향후 더욱 규명되어야 할 사안으로서 현재로서는 어느 쪽의 주장이 타당하다고 속단하기는 어려울 것 같다.

(3) 환경파괴

세계화가 환경파괴를 가져온다는 비판에 대하여서도 세계화 지지론자들의 생각은 다르다. 그들의 기본적 입장에 따르면 환경기준이란 경제성장과 비례하고 있다는 것이다. 즉 어느 나라든지 경제가 성장하면 그 나라의 환경기준이 더욱 엄격해진다고 본다. 따라서 무역과 투자의 자유화로 선진국의 생산이 개도국으로 이동하게 되면 개도국의 경제는 성장하고 소득도 상승하여 결국 그 개도국도 환경기준을 강화하게 된다고 보는 것이다.

여기서 세계화 지지론자들은 한 걸음 더 나아가고 있다. 세계화가 환경을 더 많이 훼손하는 것이 아니라 덜 훼손하게 될 것이라는 것이다. 시장경제와 자유무역체제는 기업들로 하여금 기술혁신을 유도하게 되어 환경파괴 문제에 더 효과적으로 대처할 수 있다고 본다. 이러한 전망은 개도국에서는 아직 적용되고 있지 않지만 선진국에서는 유효한 것으로 보인다.

지속적으로 경제 성장을 한 미국의 경우 1978년부터 1997년까지 20년 동안 대기권에서 이산화탄소와 납의 집중도가 각각 60%, 98%씩 감소한 것으로 나타났다. 이러한 결과는 여러 연구에 의하여 뒷받침되고 있는데 그동안의 연구 성과를 종합해 보면 소득수준과 오염수준 사이에는 〈그림

8-1〉과 같은 관계가 형성되고 있다는 판단이다.

경제가 성장하고 소득이 올라가면 우선 오염수준도 상승한다. 그러나 어느 시점을 지나면 소득향상으로 환경보호의 강화에 대한 요구가 일어나고, 이때부터는 공해 수준이 내려가게 된다는 것이다. 그러면 이러한 전환이 일어나는 시점은 언제가 될까? 유력한 견해는 이 전환점은 1인당 소득이 8천 달러에 도달하는 시기라고 본다(Grossman / Krueger, 1995).

〈그림 8-1〉은 소득과 오염수준의 관계를 잘 보여주고 있다. 그런데 여기서 말하는 오염물질이란 납, 다이옥신 등과 같은 광범위한 것들을 포함하고 있는데 여기에 한 가지 중요한 예외가 있다. 그것은 이산화탄소(CO_2)로서 소득에 상관없이 지속적으로 상승하고 있는 것이다. 이산화탄소의 집중도가 높아지면 지구온난화(global warming)가 지속된다는 것은 이미 잘 알려진 사실인데 이것이 큰 문제가 되고 있는 것이다. 그러면 이 문제에 대한 해결책은 무엇일까. 세계화 비판론자들은 어쩌면 경제의 성장을 가져온다는 무역 자유

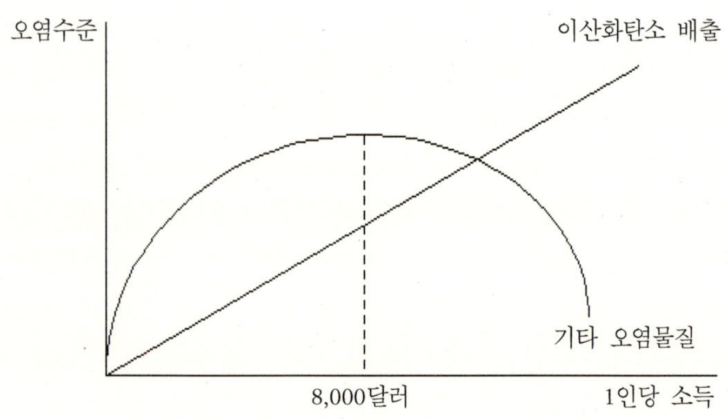

자료: Grossman / Krueger, 1995.

〈그림 8-1〉 소득수준과 환경오염

화를 재고하여야 한다고 주장할지 모른다. 그러나 이것이 결코 방안이 될 수 없을 것이다. 이것은 세계화와 관계없는 사안으로 모든 국가들이 탄소배출을 제한하는 강력한 규제를 따르도록 하는 것 외에 다른 대안이 없다고 세계화 지지론자들은 보고 있다.

(4) 국가주권

세계화가 국가주권의 훼손 내지 축소를 가져온다는 비판론자들의 염려에 대하여 지지론자들은 그것은 杞憂(기우)에 지나지 않는다고 본다. 많은 정치인들과 경제학자들은 WTO 같은 초국가적 기관이 가지는 권한은 무한한 것이 아니라 그 회원국들이 부여하기로 합의한 수준에 국한된다고 지적한다. 더 나아가서 이러한 세계적 기관들의 존재 이유는 회원국들의 집단적 이익을 구현하는 데 있지 그들의 이해관계를 훼손하는 데 있는 것이 아니라는 점이다. 만약 이들 기관들이 회원국의 집단적 이해관계를 구현하지 못한다면 회원국들은 그 기관들을 지원하지 않을 것이고 그렇게 되면 초국가적 기관들은 곧 무너지고 말 것이라고 보고 있다.

권력은, 아니 주권은, 초국가기관들로 이전되는 것이 아니라 여전히 개별국가들에게 달려 있다는 설명이다. 이것은 세계화가 국가주권에 아무런 영향을 주지 않는다는 세계화 지지론자로서 할 수 있는 매우 원론적인 주장이라고 하겠다. 그러나 이러한 주장이 과연 현실적이냐에 대하여는 추가적 논의의 여지를 두고 있으며 향후 세계화 비판론자들로부터의 반박이 예상된다.

9 또 다른 입장들

세계화 논쟁에서 지금까지는 주로 그것에 대한 지지론과 비판론, 즉 두 가지 상반되는 입장을 중심으로 살펴보았다. 그러나 이 논쟁에서 두 가지 입장만 있는 것이 아니다. 이 두 가지 범주에 들어가지 않는 다른 견해들도 존재하고 있는 것이다. 먼저 오늘날 과연 세계화가 이루어졌는가 하는 가장 초보적인 질문에 대하여 모두가 다 이것을 긍정하는 것만도 아니다. 일부에서는 이에 대하여 회의적이거나 부정적인 견해를 나타내고 있다.

또한 세계화의 찬반에 있어서도 제3의 입장도 있는 것이다. 즉 원칙적으로는 세계화를 지지하면서 현실적으로는 세계화를 비판하는 견해가 있는가 하면, 세계화 지지론과 세계화 비판론 모두를 반박하는 주장도 있다. 이것은 무엇을 말하고 있는가. 세계화가 그 어떠한 화두보다도 複雜(복잡)하고 難澁(난삽)한 주제이기 때문에 일어나는 혼란이 아닌가 한다.

1) 세계화 존부론

세계화와 관련하여 가장 먼저 제기되는 질문은 이 시대에서 과연 세계화는 이루어졌는가 하는 것이다. 만약 세계화가 이루어졌다면 어느 정도 진행되었느냐 하는 것이다. 이와 같은 사실관계를 두고 논자들은 대립하고 있는데 말할 것도 없이 다수는 이러한 存否論(존부론)에 대하여 긍정적인 입장을 취하고 있다 하겠다.

(1) 세계화 긍정론: 프리드만

많은 식자들이 이 시대를 세계화의 시대라고 인식하고 있는 가운데 이들을 대표하는 논객이 있다면 그는 아마 언론인 프리드만(Thomas Friedman)이 아닌가 한다. 그는 우리가 사는 이 시대가 이미 세계화된 공간이라고 규정하면서 어떻게 하여 세계가 평평하게 되었는가에 대하여 10가지의 요인을 들고 있다(Freidman, 2005).

먼저 그는 1989년 베를린장벽 붕괴를 세계화 진행의 중요한 기폭제로 파악하고 있다. 이것은 과거 이념과 체제로서 분리되었던 세계가 무너져서 하나의 단일화되고 통합된 세계로 이행되는 상징적 사건으로 인식되고 있기 때문이다. 이 과정으로 위는 낮아지고 아래는 높아지게 되었는데 이것은 결국 세계를 평평하게 만드는 효과를 가져왔다는 것이 그의 설명이다. 실제적으로 장벽의 붕괴는 유럽연합(EU) 결성을 촉진하여 그 회원국이 15에서 25개국으로 증가되고 공

〈표 9-1〉 세계를 평평하게 하는 동력

베를린장벽 붕괴와 윈도즈의 출현
넷스케이프의 출시
워크플로 소프트웨어
오픈 소싱
아웃 소싱
오프 쇼어링
공급사슬
인 소싱
인 포밍
스테로이드

출처: Friedman, 2005.

동통화인 유로를 출범시키면서 동서로 분리되어 있었던 유럽을 단일 경제권으로 형성하여 세계화에 기여했다는 것이다. 그러면 어떻게 베를린장벽의 붕괴는 가능하였던가.

여러 가지 원인이 있겠지만 그는 1980년대 중반 시작된 정보혁명에 주목한다. 좀 더 구체적으로 보면 PC의 엄청난 보급과 또한 PC를 작동시키는 운영체제인 윈도즈(Windows)가 도입된 것이 중요한 역할을 하였다고 보는 것이다. 왜냐하면 이러한 정보와 통신 매체의 발달은 과거 사회주의 체제에서의 수직적 커뮤니케이션 양식을 허물고 그 대신 수평적 커뮤니케이션을 비약적으로 증가시킬 수가 있었기 때문이다.

윈도즈 운영체제는 1985년 출범했는데 PC를 실질적으로 대중화시킨 그것의 세 번째 버전(Windows 3.0)의 출시가 장벽붕괴와 거의 비슷한 시기에 이루어졌다는 것은 큰 의미를 가지고 있다고 보는 것이다. 이와 같은 정보혁명 없이 어떻게 소련을 중심으로 하는 수직적 질서가 무너지고 수평적 세계로 이동될 수가 있었겠는가 하는 점이다. 이러한 점에서 보면 윈도즈의 출범은 세계화를 가져온 중요한 동력이라고 하겠다.

윈도즈의 출범과 함께 1990년대 들어와 등장한 넷스케이프(Netscape)는 세계화의 속도를 내게 한 또 하나의 동력이었다. 1995년 주식시장에 공개된 이 벤처회사는 일반이 사용하는 PC에 처음으로 브라우저(browser)를 공급했는데 이것으로 PC들이 세계적으로 연결되는 인터넷(Internet)의 세상이 도래하게 된 것이다. 말할 것도 없이 이것은 가히 혁명적인 사건이었다. 이 기술을 통하여 많은 사람들이 세계적으로 접속되었기 때문이었다. 인적 연결뿐만 아니라 여러 워크플로 소프트웨어(workflow software)의 개발을 통하여 디지털화된 콘텐츠가 이동하고 이것으로 거래가 일어나서 새로운 양식의 비지니스가 생성되게 된 것이다.

이와 같은 혁신적인 정보통신 환경의 등장은 여러 가지의 새로운 協業(협업)의 형태를 가져왔다. 먼저 오픈 소싱(open-sourcing)을 통하여 전 세계에 있는 수천, 수만의 사람들이 온라인상에서 지식과 기술을 공유하게 되었다. 즉 특정 기업이나 집단이 소스 코드(source code)를 온라인에서 공개하면 누구나 그 프로그램의 개선에 참여할 수 있고 그 결과를 수백만 명이 동시에 무료로 내려받아 사용할 수 있는 것이다. 사용자들이 계속 내용을 보강해 가는 온라인 백과사전 위키피디아(www.wikipedia.com)가 바로 그것의 대표적 사례이다.

아웃 소싱(out-sourcing)도 하나의 새로운 협업 양태로서 평평한 세계를 구축하는 동력으로 주목받고 있다. 이것은 기업이나 기관의 일부 기능을 다른 기업이나 기관으로 이관함으로써 전체업무의 효율성을 높이는 활동을 말한다. 그런데 중요한 점은 이러한 이관 활동이 국내에서도 일어나겠지만 국경을 넘어가고 있다는 것이다. 또한 일부 기능이 아니라

업무 전부가 해외로 이전될 수도 있는데 이것을 오프 쇼어링(off-shoring)이라고 한다.

아웃 소싱과 오프 쇼어링은 더 많은 상품을 더 싼 값으로 생산하게 되고 더 많이 팔리게 될 것이다. 그런데 이러한 과정이 잘 작동되기 위해서는 효율적인 공급망이 있어야 할 것이다. 이것이 바로 공급사슬(supply chain)이다. 공급사슬은 공급자, 판매자, 소비자가 함께 수평적으로 참여해서 가치를 창출하는 체제이다. 예를 들면 월 마트(Wal-Mart)는 세계에서 가장 큰 할인 매장이지만 자체적으로 생산하는 제품은 하나도 없다. 대신 이 회사의 모든 제품은 직접 관리하는 공급사슬을 통하여 싼 가격으로 또한 대량으로 조달된다. 이렇게 하여 전 세계에 있는 많은 생산자와 소비자가 수평으로 연결되는 현실이 가능해지는 것이다.

공급사슬의 등장과 함께 그것의 관리도 중요한 과제로 등장하였다. 공급사슬의 관리를 위하여서는 누군가가 그 기업이나 조직의 사업영역으로 들어가 제조, 포장, 배달의 과정을 분석하고 그것을 상황에 맞게 조정해 주어야 할 것이다. 이것을 인 소싱(in-soucing)이라고 하는데 앞에서 설명한 아웃 소싱과는 대비가 되는 개념이라고 하겠다. UPS 같은 회사가 배달만 하는 것이 아니라 이러한 인 소싱의 역할을 할 수 있는 것이다.

또 하나의 평평화 동력은 인 포밍(in-forming)인데 이것은 인터넷을 통하여 지식이나 정보를 취득하는 활동을 말한다. 어떻게 보면 인 포밍은 오픈 소싱, 아웃 소싱, 인 소싱, 오프 쇼어링, 공급사슬을 구축할 수 있는 능력이라고도 하겠다. 따라서 검색엔진을 운영하는 사람이든 그것을 사용하는 사람이든 모두 평등하며 아무런 차별이 없게 되는데 인 포밍이 세계를 평평하게 만들고 있기 때문이다.

지금까지 9개의 평평화 동력을 살펴보았는데 이것들 자체가 어떻게 가능할 수 있었는가 하는 질문을 던지지 않을 수가 없다. 그것에 대한 해답은 한마디로 하면 바로 신기술이라고 하겠다. 정보와 통신 분야에서 계속 신기술이 개발되지 않는다면 어떠한 평평화 동력도 제대로 작동할 수가 없을 것이다. 프리드만은 이것을 마지막 평평화 동력인 스테로이드(the Steroids)라고 부르고 있다. 스테로이드가 근육을 강화하는 것처럼 신기술들이 세계를 평평하게 하는 동력들을 더욱 강화하고 통합하는 데 매우 중요한 기여를 하고 있다고 본다.

그의 주장대로 하면 앞에서 설명한 10가지의 동력으로 오늘날의 세계는 과거 어느 때보다 더 평평해졌다는 것이다. 즉 과거의 수직적이고 권위적인 체제는 사라지고 그 자리를 대신하여 수평적이고 민주적인 질서가 들어서게 되었고, 지역과 국경을 넘어가는 인적, 물적 교류를 통하여 하나의 세계가 형성되었다는 것이다. 이미 세계화가 도래하였다는 것이 그의 주장이다.

(2) 세계화 회의론: 스믹

프리드만의 세계화 긍정론은 다양한 반응을 가져왔다. 말할 것도 없이 많은 식자들이 그의 분석에 동의를 하였다. 그러나 모두가 다 그의 인식을 지지하는 것은 아니었다. 반론도 만만치 않게 제기되었다. 일부에서는 그의 주장을 전면적으로 부정하는가 하면, 다른 쪽에서는 그의 견해를 수용하면서도 부분적으로 비판하는 입장을 보이기도 하였다. 오랫동안 워싱턴에서 국제경제에 관한 컨설팅을 해오고 있는 스믹(David Smick)은 후자에 속하는 논객이라 하겠다.

그는 우선 프리드만의 주장을 전면적으로 거부하지는 않는다. 그는 지구가 상당히 평평해졌으며 이것으로 인하여 긍정적인 효과가 일어났다는 것을 인정하고 있다. 그러나 그는 아직도 적지 않은 영역에서 세계는 여전히 둥글고 일부에서는 위험할 정도로 그러하다고 보는 것이다(Smick, 2008).

그가 세계는 평평하지 않고 여전히 구부러져 있다고 보는 대표적 분야는 금융산업이다. 세계의 금융시장이 확실성보다는 불확실성의 지배를 받아왔고 이러한 불확실성이 줄어들기는커녕 갈수록 확대되고 있어서 앞으로 시장의 불안은 계속 커질 수밖에 없다고 보는 것이다. 이러한 측면에서 보면 2008년 미국에서 서브프라임 모기지(sub-prime mortgages)와 관련하여 일어난 금융위기는 글로벌 경제의 몰락을 가져오는 신호탄이 되었는지도 모를 일이다.

서브프라임 모기지란 非優良(비우량) 住宅擔保債權(주택담보채권)을 말하는데 신용이 낮은 사람들이 주택을 구입하기 위하여 대출을 받는 수단으로 사용되는 제도이다. 이것은 신용도가 낮을수록 대출 금리는 높아지는 구조여서, 만약 고객이 대출금을 제대로 갚을 경우 투자자에게 높은 수익이 보장되는 것이다. 2004년 이후 세계적으로 집값이 상승하는 추세를 타고 미국에서도 주택가격이 올라가서 신용이 낮은 사람들도 주택시장에 뛰어들게 되었고 그 결과 서브프라임 모기지의 규모는 엄청나게 커져버렸다.

이러한 서브프라임 모기지는 경제가 호황일 때는 아무런 문제가 될 수 없는 것이다. 왜냐하면 집값이 계속 올라가면 누구나 대출을 상환하는 데 문제가 없기 때문이다. 그러나 2007년을 전후하여 미국경제가 침체에 들어가자 주택구입자들이 대출을 갚지 못하게 되었으며, 그 후 이러한 비우량 대출을 제공한 금융회사가 위험에 처하게 되었고, 이와 같은 부실채권에 투자한 미국과 각국의 은행들이 자금을 회수하려는 과정에서 위기가 발생해버린 것이다.

스믹은 2008년 미국 발 금융위기의 문제의 핵심을 정보의 부족과 신뢰의 붕괴에서 찾고 있다. 왜 정보가 잘못되고 신뢰가 무너졌는가? 그동안 금융자유화로 금융시장이 엄청나게 확장되었는데 정보를 검증하고 시장을 감시할 시스템은 별로 업그레이드되지 못했던 것이다. 따라서 시장참가자들 사이 신뢰가 약화되어 서로가 서로를 의심하면서 자금을 회수하게 되고 이것으로 금융시장의 유동성 문제를 유발했다는 설명이다.

그렇다면 오늘의 금융시장 현실은 무엇을 말하고 있는 것인가. 그것은 한마디로 안과 밖이 같지가 않고 너무 다르다는 것이다. 표면적으로 보면 금융시장은 엄청나게 성장하여 왔다. 세계화의 한 축인 금융자유화라는 과정을 통하여서. 따라서 금융시장은 프리드만의 지적대로 평평해진 것이다.

그러나 이것이 전부가 아닌 것이다. 내부적으로 들어가보면 금융시장은 결코 평평하지가 않다고 여겨진다. 시장에서 충분한 정보가 교환되지 않고 있으며, 시장의 동태를 예측하기가 갈수록 불확실하며, 시장참가자들 사이의 신뢰는 갈수록 추락하고 있는 것이다. 이것은 결국 시장이 아직도 구부러져 있다는 것을 입증하고 있다 하겠다.

외면적으로는 평평하게 보이지만 내면적으로 들여다보면 아직도 구부러져 있는 것이 굳이 금융업계에만 국한된 것은 아닐 것이다. 스믹은 이러한 현상이 다른 경제적 분야와 나아가서는 사회, 문화부문에까지 만연할 것이라고 진단한다. 예를 들어 세계화가 진행됨에 따라 개발도상국은 경이로운 경제성장을 하고 있지만 세계적으로는 많은 빈곤 국가들이 생기고 있는 것이다.

그리고 세계화와 함께 자원과 농산물 가격이 폭등하는 것은 경제적 확실성은 감소하고 불확실성이 지배하는 영역이 확대되고 있다는 것을 의미한다고 보아야 할 것 같다. 또한 세계화로 다원주의가 확산되고 있지만 지구의 다른 한편에서는 이슬람 국가들과 서방의 충돌로 종교에 따른 문화적 경계가 더 뚜렷해지고 있는 것도 사실이다.

앞에서 열거한 여러 현상들을 종합해보면 무엇을 말할 수 있을 것인가. 세계는 평평하게 되었다고 하지만 사실은 과거보다 더 심하게 구부러져 있다는 점이다. 이것이 스믹으로서는 아직도 평평한 세계에 대한 회의론자로 남게 되는 이유인 것 같다.

(3) 세계화 부정론: 게마와트

10가지의 평평화 동력을 근거로 세계화의 顯在化(현재화)를 주장하는 프리드만에 대하여 경영학자인 게마와트(Pankaj Ghemawat)는 정면으로 도전하고 있다. 게마와트 교수는 진정한 의미에서 세계화는 아직 오지 않았고 세계화를 향하여 갈 길이 멀다고 본다. 현재 시점에서 말하자면 세계는 결코 평평하지 않다는 것이 그의 결론이다(Ghemawat, 2007). 이것은 프리드만의 주장을 정면으로 반박한 셈이다.

게마와트의 반론은 실증적 근거에 기반을 두고 있다. 물론 그 증거가 객관적이고 정확한가는 더욱 검증받아 보아야 하겠지만. 그의 통계대로라면 세계는 결코 평평하지 않다는 것이다. 따라서 프리드만의 주장은 사실과 전혀 부합하지 않고 비현실적인 공론에 불과하다는 것이다. 실로 엄청난 공격이 아닐 수 없다. 그의 반론을 좀 더 구체적으로 살펴볼 필요가 있을 것 같다.

〈그림 9-1〉은 여러 분야별로 세계화의 정도를 나타내는 비율을 표시한 것이다. 이 그림으로 보면 국제적인 증권투자는 10%를 넘었지만 15%에는 미치지 못하는 것으로 나와 있다. 이 통계가 사실이라면 이것을 두고 세계화가 이루어졌는가 하는 반문이 나올 수밖에 없다. 그의 지적에 의하면 오늘날 국제적 금융활동의 대부분은 프랑크푸르트, 홍콩, 런던, 뉴욕 등 불과 몇 개 도시에 국한되어 있으며, 대부분의 경제활동은 국제적이라기보다 아직도 국내시장 중심으로 이루어지고 있다는 것이다.

프리드만은 오프 쇼어링이 세계화의 중요한 동력이라고 주장한다. 그러나 2003년에서 2005년 사이 3년간 세계 전체의 자본축적에서 해외 직접투자(FDI)는 10%도 기여하지 못했다는 것이 〈그림 9-1〉에서 나타난다. 이것은 다른 말로 하면 세계경제에서 고정자산 투자의 90% 이상이 아직도 국내투자로 이루어지고 있다는 사실이다. 물론 기업의 인수합

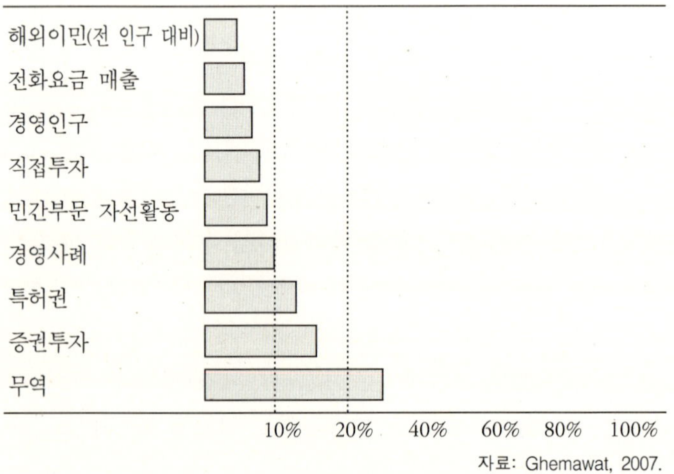

〈그림 9-1〉 10%의 추정: 세계화의 정도

병(M&As)을 고려하면 FDI의 비중이 더 확대될 수도 있겠지만 그렇다고 해도 그 비율이 20%를 넘지 않을 것이라고 보는 것이다. 마찬가지로 국제무역의 비중이 20%(그림 9-1)를 넘지만 아직도 교역의 상당부분은 국내시장과 지역시장에서 일어나고 있다고 본다.

또한 정보와 통신 기술의 발달로 윈도즈와 브라우즈의 출시에 의한 인터넷의 활용으로 세계가 연결되었다는 주장도 다시 검증해 볼 필요가 있다는 것이다. 그의 조사에 따르면 인터넷의 사용이 국가 간이나 지역 간에서보다 국내나 지역 내에서 더 활발하게 이루어지는데 이것을 세계화의 추세라고 할 수 있느냐는 것이다. 갈수록 많은 사람들이 인터넷을 통하여 접속하고 있지만, 그 활동의 내용으로 보면 그것은 결코 세계적이 아니라는 점이다.

무역을 제외한 국제이민, 전화요금 매출, 특허권 등록 등 그 밖의 다른 기준들로 보면 세계화의 정도는 10% 수준에 머물고 있다는 것을 〈그림 9-1〉이 보여주고 있다 하겠다. 이 그림대로라면 세계화의 정도는 100%가 아닌 불과 10% 선이라고밖에 할 수 없을 것 같다. 이것은 세계화 옹호론자들의 주장이 전혀 사실과 합치되고 있지 않다는 것을 말한다.

그리고 세계화로 인하여 국경과 국가주권의 의미가 갈수록 퇴색할 것이라는 일반적 주장도 현실과 거리가 있다고 지적된다. 통신과 운송기술의 혁신으로 국가 간 장벽이 없어질 것이라 하지만, 앞으로도 국경은 건재할 것이고 각국은 각각의 주권행사를 포기하지 않을 것이라고 그는 전망한다. 왜냐하면 많은 선진국들에서는 다시 보호주의 물결이 일어나고 있으며 도하협상의 결렬에서 보듯이 이러한 추세를 선진국 정부들이 막을 수가 없는 것이 정치적 현실이라는 것이다.

게마와트의 반론은 앞으로 많은 논란을 예고하고 있다. 왜냐하면 그가 제시하는 여러 자료들은 충분한 검증과 분석을 필요로 하기 때문이다. 그러나 분명한 것은 그의 반론이 세계화 논쟁에 하나의 의미 있는 공헌을 한 것은 부인할 수가 없다. 지금까지 많은 식자들이 아무런 검증 없이 세계화의 진행을 너무나도 당연하게 수용하여 왔는데 적어도 이에 대한 점검의 기회를 그가 제공했다고 여겨진다.

2) 세계화 양면론: 삭스

여러 국제적인 문제들에 直言(직언)을 해오는 스타 경제학자 삭스(Jeffrey Sachs)의 세계화에 대한 입장은 매우 신중하고 유보적이다. 그는 일관되게 세계화를 지지한다든가 반대한다든가 하는 분명한 자세를 보이지 않는다. 세계화에 대하여 총론적으로 논하기보다 여러 이슈에 대하여 각론적인 접근을 시도하고 있는 것이 특징이다. 그는 우선 자유무역이 아담 스미스가 말하는 분업, 정확하게 말하면 일종의 국제적 분업이라고 인식하고 그것이 세계경제에 주는 긍정적 효과를 인정한다. 이런 점에서 보면 그는 보호무역을 반대하고 자유무역을 주장하는 전형적인 세계화 지지론자로 보인다. 그러나 그는 자유무역만이 개별국가들과 세계경제의 번영을 가져오는 것이 아니라고 본다. 오늘의 경제구조를 고려할 때 어느 국가든지 수출증대만이 아니라 과학, 기술, 교육에 큰 투자를 해야 성공한다고 분석한다.

또한 그는 자유무역이 경제성장을 주도한다는 이론에 예외도 많다고 지적한다. 지리적, 기후적 조건들이 그것들이다(Sachs, 1998). 만약 어떤 국가나 그 경제가 지리적으로 고립되어 있다면 또는 열대지방처럼 기후조건이 열악하다면 자유무역이란 것도 별로 도움이 안 된다는 것이다. 예를 들면 안데스 산맥 속에 있는 볼리비아, 히말라야 산맥의 네팔, 아프리카 내륙에 있는 르완다 같은 나라들의 경제는 세계시장과 활발한 교역이 어렵다. 따라서 이들 나라들에게는 자유무역의 혜택이란 아무런 의미가 없다고 하겠다. 세계화가 전혀 도움을 주지 못한다는 말이다.

한편 세계화가 소득의 양극화를 가져온다는 세계화 비판론에 대하여 삭스는 회의적이다. 세계화가 활발히 진행된 1980년대와 1990년대 미국에서 소득 격차가 확대된 사실은 인정하면서 그것의 주된 요인이 꼭 무역과 투자의 자유화만인가라고 반문하고 있다. 무역이 하나의 요인이 되겠지만 그것 외 다른 요인들도 고려해 보아야 하는데 이들 중 기술의 변화가 매우 중요하다고 판단한다. 왜냐하면 기술의 발달로 숙련 노동이 선호되고 비숙련 노동이 밀려나게 되어 소득의 양극화가 심화된다는 것이다. 이러한 점에서 그는 양극화의 주범으로 무역보다 기술에 무게를 두는 크루그먼(Paul Krugman)의 입장에 가담하고 있다 하겠다.

세계화로 인한 개별국가 주권의 침해에 대해서는 그는 분명한 입장을 보이지 않고 있다. 이 문제는 경제학자, 정치학자, 사회학자들의 연구와 토론을 더 지켜 보아야겠다는 것이다. 과거 많은 개도국들의 성장전략과 소련 위성국들의 경제전환에 대하여 자문을 해온 그가 세계화에 대하여 일관된 찬반입장을 표시하지 않고 계속 유보적 자세를 취하고 있는 것은 그의 열렬 독자들에게 실망을 줄 것으로 보인다. 그러나 이것이 그 자신의 문제라기보다, 세계화란 담론이 가지고 있는 복합성에 기인하고 있다고 이해하는 것이 오히려 바람직하지 않나 하고 여겨진다.

3) 세계금융 불안론: 바그와티

누가 무엇이라 해도 바그와티(Jagdish Bhagwati)는 대표적인 세계화 지지론자 중의 한 사람임에 분명하다. 그러나 그가 무역 자유화의 강력한 옹호자이기는 하지만 금융자유화에 대해서는 매우 회의적인 자세를 취하고 있는 것은 주의를 요하고 있다. 왜 그는 세계화에 대하여 이러한 二分法的(이분법적) 접근을 하고 있는 것인가.

그동안 경제학자들은 무역의 자유화와 금융의 자유화를 같은 성격의 사안으로 파악하고 후자를 전자의 연장선에서 추진해야 할 정책과제로 주장해왔다. 그러나 그는 이러한 판단이 오류라고 본다. 비용－편익 분석(cost-benefit analysis)에서 볼 때 이들은 결코 동질적이 아니라는 것이다. 무역자유화는 일반적으로 비용보다도 혜택이 큰 것이 사실이지만, 금융자유화는 꼭 그렇지가 않다고 본다. 금융자유화에서는 오히려 치루어야 할 대가가 얻을 수 있는 혜택을 훨씬 능가할 수 있을 것이라는 판단이다.

좀 더 구체적으로 살펴보면 금융의 자유화에서 그가 문제로 삼고 있는 것은 經常去來 計定 自由化(경상거래 계정 자유화, current account convertibility)가 아니라 資本去來 計定 自由化(자본거래 계정 자유화, capital account convertibility)이다. 전자는 무역거래와 관련하여 일어나는 자금의 이동으로서 일반적으로 말하는 外換自由化(외환자유화)에 해당된다. 이것은 상품과 서비스의 국제적 거래를 위한 필수적인 장치로서 그 당위성을 가지고 있으며 어느 나라든지 자유무역을 지향하는 한 불가결한 정책이다. 그러나 후자는 성격이 다르다. 이것은 무역과는 연계 없이 자본이 그 자체의 투자(때에 따라서는 투기)를 위하여 아무런 제약 없이 국경을 넘어 들어가고 나오게 할 수 있도록 하자는 소위 資本自由化(자본자유화)로서 많은 문제들을 수반하고 있는 것이다. 이와 같은 국제적인 자본이동은 엄청난 혼란과 광풍을 수반할 수 있기 때문이다.

오랫동안 외환자유화를 추진해온 국제 통화기금(IMF)은 1997년 9월 자본자유화를 회원국들에 대한 정책과제로 추가할 것을 고려한다고 발표하였다. IMF의 이러한 움직임에 대하여 대부분의 경제학자들이 지지를 보냈으며 일부는 우려를 나타내었다. 말할 것도 없이 바그와티는 우려를 표명한 소수에 포함되어 있다. 자본자유화는 得(득)보다 失(실)이 많고, 이것 자체가 경제위기를 가져올 수도 있다는 것이다. 보기에 따라서는 1980년대 남미의 외채위기, 1994년 멕시코의 금융위기, 1997년의 아시아 금융위기가 모두 자본자유화와 관련이 있다고 그는 보고 있다.

많은 경제학자들과 금융인들이 자본자유화의 경제적 효과를 주장하지만 바그와티는 그러한 주장이 현실과 부합되지 않는다고 본다. 그들의 주장은 이론적이기보다는 이념적이고, 객관적이기보다는 주관적이라는 것이다. 자본자유화란 특정 국가와 특정 그룹의 집단적 이해관계에 그 실체가 있지 않나 하는 의문도 있다는 것이다. 엄청난 재정적자와 무역적자를 관리하려고 동분서주하는 미국정부와 높은 수익률을 올리기 위하여 온 세계를 누비는 국제적인 금융세력들에게는 자본자유화가 절대적으로 필요할 것이라는 점이다. 즉 자본자유화란 어쩌면 국제 금융계와 미국정부가 연합(Wall Street-Treasury Complex)하여 밀어붙이고 있는 그들만의 게임으로서 매우 위험한 일일 수도 있다는 것이다. 이렇게 보면 자본자유화란 매우 불안한 세계화이고 이러한 세계화는 곤란하다는 것이 그의 판단이다.

4) 세계화 개혁론: 스티글리츠

오랜 기간 동안 대학에 있으면서 스티글리츠는 연구와 저술을 통하여 엄청난 학문적 성과를 이루어낸 세계 정상급 경제학자 중 한 명이다. 그는 다양한 분야에 걸쳐 학문적 관심을 가지고 있었는데 그의 연구는 주로 금융경제학과 개발경제학에 집중되었다고 말할 수 있을 것 같다. 특히 그가 제기한 情報(정보)의 非對稱(비대칭)(asymmetric information) 문제와 이것이 금융시장에 미치는 영향에 대한 연구는 획기적인 것이었으며 이것을 통하여 많은 사람들이 과거에 생각하지 못했던 시장의 불완전성에 대하여 눈을 뜨는 계기가 되었을 것이다. 아마 이런 업적으로, 좀 늦었지만 2001년 노벨 경제학상이 그에게 수여되었는지도 모른다. 그러나 이러한 학문적 성과보다 더 중요하게 평가되는 것은 그의 현실참여, 그리고 이를 통하여 그가 세계화에 대한 자신의 비판적 입장을 가지게 된 것이 아닌가 한다.

1993년 그는 대학을 떠나 백악관으로 가서 빌 클린턴 대통령의 경제보좌관(정확하게는 경제자문위원회 의장)이 되었고, 1997년에는 세계은행으로 자리를 옮겨 2000년까지 부총재 겸 수석 이코노미스트로 일했다. 그러니까 7년 동안 워싱턴에서 체류하면서 세계경제에 영향을 주는 정책 결정 과정에 참여하게 되었는데 이 기간 중 그는 매우 귀중한 경험을 하게 된다. 아마 그는 이론과 현실 사이의 엄청난 괴리에 놀랐을 것이고 때때로 중요한 정책 결정이 특정한 이해집단의 로비로 정치적으로 이루어지는 것을 보고 허탈해 하기도 했을지 모른다.

워싱턴 생활의 후반기 그는 세계은행에서 일하면서 많은 것을 목격하게 된다. 세계화를 주도하고 있는 두 초국가

기관인 세계은행과 IMF가 수행하는 여러 정책과제들과 그것들이 입안되고 결정되는 방식에 실망을 하지 않을 수가 없었다. 그러한 정책들이 개도국을 위한 것이라고 했지만 그것들이 종종 선진국의 이념과 이해관계 중심으로 이루어졌기 때문에 오히려 개도국에 피해를 주는 일이 많았다.

예를 들면 IMF는 그간 아시아 금융위기와 같은 세계적인 경제위기 때마다 소방수 역할을 해왔는데 이 기관이 처방한 정책들이 사려 깊게 토의하고 분석하여 나온 것이 아니고 그것들이 해당국가 국민들에게 미칠 영향 등을 전혀 고려하지 않은 부적절한 것들이었지만 많은 국가들은 이의 없이 수용해야만 했다는 것이다. 따라서 개도국 국민들은 IMF의 구조조정 때문에 필요 이상의 고통을 겪어야 하는 일이 많았고 그 정책들은 더욱 빈익빈 부익부를 초래했으며 이것은 결국 세계화에 대한 반발로 나타나지 않을 수가 없었다는 점이다(Stiglitz, 2002).

이러한 현실을 목격한 그는 초국가기관들이 주도하는 방식의 세계화에 대하여 비판적인 입장을 가지게 된 것이다. 그의 비판은 그가 세계은행을 떠난 후 공개적으로 이루어졌지만 이러한 비판은 누군가가 쉽게 할 수 있는 것이 아니다. 따라서 그의 비판은 매우 이례적이고, 용기 있는 일로 받아들여졌으며, 일부 언론이 그를 '워싱턴의 양심'이라고 불렀던 이유가 여기에 있다고 하겠다.

스티글리츠는 원칙적으로 세계화 지지론자이다. 그러나 현실적으로 그는 현재 진행되고 있는 방향과 방식에 있어서 세계화를 비판하고 있다. 앞으로 세계화가 제대로 되기 위해서는 지금의 여러 문제들을 해결하고 그 방식과 방향을 수정해야 하며 그 대안을 모색해야 한다고 주장한다. 그리고 그는 자신이 생각하는 여러 가지 대안들—개도국 외채 해결,

다국적 기업들의 사회적 책임, 지구온난화 해결, 공정한 무역, 지적 재산권의 균형—을 제시하고 있다.

바그와티, 삭스, 스티글리츠는 각각 나름대로의 세계화론을 주장하고 있다. 이들의 주장은 단순히 지지론과 비판론에 의해 나누어지고 있는 것이 아니다. 어쩌면 그것은 이분법적 구분을 넘어서는 제3의 입장이라고 할 수 있을 것이다. 그러나 이들은 비록 서로가 다른 주장을 하고 있지만 하나의 공통점을 가지고 있다고 보아야 할 것 같다. 원칙적으로 그들은 모두 세계화 지지론자들이다. 그런데 현실적으로 그들은 세계화 비판론자들인 것이다. 그렇다면 어쩌면 그들은 세계화에 대한 비판적 지지론을 가지고 있다고 할 수 있을 것 같다.

제 3 부

세계화의 명암

10 기로에 선 세계무역

1) 전후의 무역환경

(1) 보호주의에서 자유주의로

지금까지 세계화를 견인하여 온 가장 결정적인 요소는 무엇보다도 자유무역이라고 하겠다. 2차 세계대전 후 꾸준히 지속되어 온 무역자유화로 시장은 전 세계로 확장되고 경제는 세계적으로 통합되어 가는 결과를 가져온 것이다. 많은 나라들이 관세율을 계속 낮추었으며 그 결과 무역량은 증가되었고 이것은 개별국가와 전 세계의 경제성장을 유도했다고 하겠다.

1953년부터 1963년까지 10년간 세계무역은 매년 약 6.1%씩 늘어 갔으며 이에 힘입어 세계경제는 같은 기간 동안 매년 4.3%씩 성장했는데 1차 대전과 2차 대전을 겪은 세계경제가 이렇게 호황을 구가한 것은 유례가 없었다. 1963년부터 1973년까지 그 다음 10년의 성과는 더욱 빛났다. 세계무역은 이 기간 동안 매년 8.9%씩 확장되었고 세계경제는 5.1%의 성장을 구가한 것이다. 그러나 이러한 호황은 곧 벽에 부딪히게 되었다. 1980년대에 들어오면서 여러 지역에서 보호무역의 징조들이 나타났기 때문이다.

1980년대에 등장한 보호주의의 물결은 몇 가지의 구조적 배경에 기인하고 있었다. 먼저 세계경제에서 갑작스러운 일본의 부상은 많은 나라들을 긴장시켰다. 1980년대 초반 일본은 세계 최대 수출국으로 떠올랐으며 그 경제규모가 세계에서 두 번째가 된 것이다. 자동차, 반도체 등에서 일본의 석권은 세계를 놀라게 했는데 서방국가들은 일본이 수출에만 주력하고 국내시장을 쉽게 개방하지 않고 있다는 점에 주목하고 이것은 결코 공정한 무역(fair trade)이 아니라고 보았다.

다음 문제는 세계 최대 경제대국인 미국에 있었다. 일본이 엄청난 무역흑자를 보이고 있는 것과는 대조적으로 미국은 계속하여 무역적자를 기록하였던 것이다. 1987년 미국은 1,700억 달러라는 사상 최대의 무역적자를 기록했고 1992년까지 매년 평균 무역적자가 800억 달러에 달했다. 그런데 재미있는 것은 미국의 무역적자 중 절반 정도가 일본으로부터 발생했다는 사실이었고 이것은 일본이 공정한 무역을 수행하지 않은 결과라고 미국은 믿었다. 어떻게 되었든 미국은 만성적인 무역적자로 자동차, 기계, 반도체, 철강, 섬유 등 주요 산업에서 구조조정을 겪어야 했다. 그 결과로 인한 실업률의 증가는 수입으로부터 국내 산업을 보호해야 한다는 여론을 형성시켰고 이러한 여론이 미국 의회를 압박하여 여러 가지 보호주의적 입법을 초래한 것이다. 그러나 이와 같은 일시적인 보호무역의 추세는 지속되지 못하고 1990년대에 들어와서 다시 자유무역으로 회귀할 수밖에 없었다.

(2) GATT에서 WTO로

미국을 비롯한 여러 나라들이 보호주의적 조치를 취했던 것은 세계무역으로서는 위기라면 위기였다. 이러한 위기 국면을 돌파하기 위하여 GATT는 1986년 8번째의 多者間 協商(다자간 협상, multilateral trade negotiations)인 우루과이 라운드(Uruguay Round)를 개시하였는데 이것은 세계무역 사상 가장 의욕적인 협상이었고 따라서 가장 어려운 협상이었다. 왜냐하면 과거의 다자간 협상과 달리 우루과이 라운드는 논의 대상을 상품교역에서 서비스교역으로 확대하고, 지적 재산권과 농업보조금 등 새로운 중요과제들을 포함시켰기 때문이었다. 그리고 협의기구에 머물고 있는 GATT를 대신하여 무역 분쟁을 효율적으로 조정하고 제재할 수 있는 권한을 가진 새로운 조직인 세계무역기구(WTO)의 설립을 결의한 획기적 협상이었다. 따라서 세계무역의 남은 과제들은 1995년에 발족한 WTO로 넘어갔다.

큰 기대와 의욕을 가지고 출범한 WTO가 앞으로 국제무역을 더욱 확대하고 신장시켜 세계화를 가속시킬 것인지에 대해서 어떠한 판단을 내린다는 것은 지금으로서는 어렵다. 그러나 분명한 사실은 WTO가 현재 대내적으로나 대외적으로 많은 문제를 안고 있는데 이러한 문제들이 단시일 내에 해결될 수 있는 것들이 아니라는 점이다. 물론 시간이 걸리더라도 이것들을 WTO가 해결해 낼 수 있다면 세계화는 계속 진행되고 세계경제는 밝은 미래를 가질 수 있겠지만, 그렇지 못할 경우 세계화는 말할 것도 없고 세계무역은 험난한 길로 들어설 수밖에 없을 것이다.

WTO가 현재 가지고 있는 문제들은 과거 GATT가 해결하지 못하고 넘겨준 것들과 출범 후 새롭게 등장한 문제들이 합쳐져 있는 셈인데 이것들 중 두 가지가 가장 핵심적인 이슈라고 하겠다. 첫째는 과거부터 계속되어 온 선진국과 개도국 사이의 갈등을 어떻게 조정해 나갈 것인가 하는 것이고, 둘째로는 세계무역에서 갈수록 顯在化(현재화)되고 있는 多者主義(다자주의, multilateralism)와 地域主義(지역주의, regionalism)의 대결 구도에 어떻게 대처할 것인가 하는 과제이다.

2) 세계무역의 주요 현안

WTO가 아직 풀지 못한 협상과제가 많이 있지만 그중에서 가장 핵심적인 것이 있다면 아마 반덤핑 조치, 농업보조금, 지적 재산권 등일 것이다. 이 세 가지에 대하여 그동안 많은 협의를 해보았지만 쉽게 의견의 일치를 보기가 어려웠다. 합의 도출이 쉽지 않은 것은 이들 과제에 대하여 선진국들과 개도국들 사이에 이해관계가 첨예하게 대립하고 있기 때문이었다. 즉 이것은 어떠한 개별국가 사이의 문제가 아니라 WTO를 구성하고 있는 두 집단들 사이의 대립으로서 어쩌면 구조적인 문제로 등장하고 있는 것이다. 이 과제들의 해결을 위하여 WTO는 2001년 카타르의 도하(Doha)에서 새로운 다자협상(DDA, Doha Development Agenda)을 개시하였다.

(1) 반덤핑 관세

WTO는 외국 상품들이 수입될 경우 그 상품이 생산국에서

보다 싸게 팔린다든가 또는 생산원가보다 낮게 팔릴 때 이것으로 인하여 수입국의 관련 업체가 피해를 입었을 경우에 한하여 기본적으로 반덤핑 관세(anti-dumping duty)의 부과를 허용하고 있다. 그런데 문제는 무엇이 '덤핑'에 해당될 것인가를 정하는 것이 매우 모호한 해석에 달려 있다 보니 많은 국가들이 이것을 자기들의 보호무역의 수단으로 악용하고 있는 것이 현실이다.

WTO가 창설된 1995년부터 2003년 사이 총 2,416건의 반덤핑 조치가 보고되었는데 이것은 과거 GATT시대와는 비교가 안 되는 엄청난 양이다. 이 중 인도가 379건, 미국이 329건 EU가 274건 등인데 이것은 인도를 제외한 미국과 EU라는 선진국들이 반덤핑 조치를 주도하고 있다는 것을 잘 보여주고 있다. 또한 보고된 사례를 업종별로 구분하여 보면 철강과 알루미늄으로 대표되는 금속업계가 전체의 30%를 차지하고 화학업계가 약 20%, 전기 및 기계가 10%로 그 뒤를 따르고 있다.

이들 업계는 모두 세계적으로 과잉생산과 과잉경쟁으로 가격과 수익이 하락하는 분야인데 말할 것도 없이 이 경쟁에서 더욱 큰 어려움에 처한 것은 선진국의 산업계라고 할 수 있겠다. 따라서 선진국의 업계는 홍수처럼 밀려들어오는 수입을 막아 국내 일자리를 살리기 위하여 정부에 로비를 할 것이고 정부는 이러한 요구를 정치적으로 고려하여 반덤핑 조치를 취함으로 수입억제에 협조한다는 가정이 가능해지는 것이다.

(2) 농업보조금

반덤핑 조치의 남발보다 더 풀기 어려운 과제는 아마 농업에 대한 보호무역인지도 모른다. 일반적으로 농산물에 대한 관세는 공산품이나 서비스에 대한 관세보다 훨씬 높다. 2002년의 경우 농산물이 아닌 일반 상품에 대한 평균 관세율을 살펴보면, 캐나다가 4.2%, EU가 3.8%, 일본이 3.9%, 미국이 4.4%였다. 그러나 이들 나라의 농산물에 대한 평균 관세율은 각각 22.2%, 15.9%, 18.6%, 10.3%로 나타났다. 농산물 관세율이 일반 상품의 관세율보다 4, 5배가 높은 것이다. 이것은 무엇을 의미하는 것인가. 이들 나라의 소비자들은 외국으로부터 수입되는 농산물에 대하여 필요 이상의 높은 가격을 지불하고 있으며 이것으로 인하여 다른 상품이나 서비스에 대한 소비가 지장을 받고 있는 것이다.

말할 것도 없이 농산물에 대하여 높은 관세율을 유지하는 것은 국가가 자국의 농업을 국제적 경쟁에서 보호하려는 의지의 표현이라고 하겠다. 그런데 이러한 보호무역 조치는 관세에만 국한되고 있는 것이 아니다. 여러 국가들은 높은 관세와는 별도로 농업인들에게 엄청난 보조금을 지급하고 있는 것이다. OECD의 조사에 의하면 많은 나라들이 농산물 원가의 상당한 부분을 지원하고 있는데 2002년의 예를 보면 그 비중이 캐나다가 17%, 미국이 21%, EU가 35%며 일본은 그의 60%에 육박하고 있었다(WTO, 2003). 절대금액으로 보면 OECD국가들은 2002년 총 3,000억 달러를 농업보조금으로 지불한 셈이다.

높은 관세를 부과하고 그것도 모자라 엄청난 보조금을 제공하는 것은 농산물의 생산과 국제무역에 심각한 왜곡을 초래하고 있다 하겠다. 이것은 결과적으로 소비자에게 가격을 올리고 농산물에 대한 무역량을 줄이고 과잉생산을 초래하고 있는 것이다. 세계경제 전체로 보았을 때 엄청난 피해가 일어나고 있다 하겠다. 만약 높은 관세와 보조금을 제거한다면, 농산물의 교역량은 늘어날 것이고, 소비자 가격은 떨어질 것이며 세계경제는 더 높은 성장을 할 수 있을 것이다. 그런데 이것이 이루어지지 않고 있는 것이다. 왜 그럴까.

이렇게 불합리한 현재 상태의 구조를 계속 유지하자고 고집하는 측은 바로 선진국이다. 그들은 개도국들로부터 들어오는 값싼 농산물을 막아서 자국의 농업을 보호하려는 입장에서 조금도 물러나지 않으려 한다. 한편 개도국들은 이와 같은 구조를 개혁하여야 한다고 강력하게 주장하고 있는 것이다. 그렇게 하여 그들의 농산물을 선진국에 수출하는 것이 절대적으로 필요하다고 보기 때문이다. 특히 이것은 세계의 빈곤국들로서는 매우 절실한 과제가 아닐 수 없다. 왜냐하면 그들로서는 수출할 공산품들이 많지 않고 그나마 농산물이 수출할 수 있는 품목이기 때문이다. 이러한 구조적이고 근본적인 대립을 어떻게 해서라도 해결해야 하는데 현재로서는 돌파구가 쉽게 보이지 않고 있다.

(3) 지적 재산권

또 하나의 중요한 과제는 지적 재산권 보호인데 이것은 1995년 타결된 우루과이 라운드에 이미 포함된 사항이다. 이 합의대로 할 것 같으면 WTO 회원국들은 특허권에 대해서는 적어도 20년, 저작권에 대하여는 50년을 보장하도록 하고 있다. 또한 이것의 시행을 위해서 부자 국가들에게는 1년, 빈곤 국가들에게는 5년 그리고 최빈곤 국가들에게는 10년의 유예기간을 주었다.

지적 재산권에 대한 이와 같은 합의는 이것의 필요성에 대한 서명국들의 공통적인 인식에 기초하고 있다. 만약 이러한 보호 장치가 없다면 기술혁신에 대한 동기부여가 사라지게 된다고 본다. 어느 나라에서나 기술혁신은 경제성장의 중요한 촉매제가 되기 때문에 기술혁신을 유도하기 위해서는 우선 지적 재산권 보호가 선행되어야 한다는 주장이다. 그런데 이것에 대하여 선진국과 개도국 사이에 입장의 차이가 있는 것이다.

소득이 낮은 개도국들은 사실 지적 재산권에 대한 비싼 사용료를 지불하기가 매우 힘들다. 예를 들면 1970년 인도 정부가 외국 약품의 특허권 인정을 중지시켰는데 이로써 인도회사들은 사용료를 지불하지 않고 외국 약품을 복제 생산했다. 그 결과 1970년 인도 제약업계에서의 외국회사 점유율이 75%였던 것에서 2000년 30%로 떨어지게 된 것이다. 물론 WTO의 회원국으로서 인도는 2005년까지 국제적 약품 특허권의 준수를 약속하였지만 개별국가로서의 어려움이 많은 것이다.

선진국들은 현재의 지적 재산권 보호 장치들이 충분하다고 보고 있지 않으며 향후 가능하면 이들을 더욱 강화시키려는 것이 그들의 입장이다. 이에 반하여 개도국들은 이러한 조치들을 어떻게 하면 완화하고 점진적으로 수용할 수 있을 것인가를 꾀하고 있다. WTO는 이 양쪽의 중간에서 어떻게 조정을 이루어 낼 것인가를 고민하고 있는 것이다.

3) 세계무역의 구조

(1) 선진국 대 개도국

오늘날 세계가 가지고 있는 무역 현안들은 기본적으로 세계무역의 구조적 문제에 기인하고 있다 하겠다. 세계무역의 구조적 문제에는 몇 가지가 있는데 가장 먼저 지적할 수 있는 것은 선진국과 개도국 사이의 대립이다. 여러 무역 현안들이 쉽게 타결되지 못하는 것은 개별국가들에게서 비롯되고 있는 것이 아니라 선진국과 개도국 사이에 존재하는 집단적 이해의 충돌에 바로 그 근본적 이유가 있는 것이다.

중요한 현안 중 하나인 반덤핑 조치를 살펴보면 이것은 결국 선진국들과 개도국들 사이의 갈등에서 비롯되고 있다는 것을 알 수 있을 것이다. 그동안 선진국은 가격이 싼 개도국 상품들이 밀려들어 오는 것을 막아내는 중요한 무기로서 이 조치를 사용해 왔다. 그러나 최근에 와서 선진국들은 이 무기를 필요 이상으로 과도하게 사용하게 되었고 여기에 개도국들은 크게 반발하고 있는 것이다. 그리고 이러한 개도국의 반발에 선진국도 결코 물러서지 않고 대립하고 있는 것이 현실이다. 왜냐하면 선진국들로서도 이 현안에서 후퇴하게 되면 자국 내 일자리를 계속 잃어버리게 되고 이로 인한 노동계로부터의 반발은 결국 사회적 불안과 정치적 압력을 불러오기 때문이다.

선진국과 개도국의 대립은 농업보조금에서도 마찬가지이다. 선진국들은 산업경쟁력 못지않게 농업경쟁력을 유지하려 하고 있고 이를 위해서 엄청난 보조금을 제공하고 있는 것이다. 여기에 대하여 개도국들은 크게 반발하고 있으며 이러한 불공정한 무역의 시정을 요구하고 있다. 특별한 공산품의 수출 없이 농산물의 수출에 크게 의존하고 있는 개도국들이라든가 빈곤 국가들의 경우 농업보조금은 보통 심각한 문제가 아닐 수 없다. 이와 같은 대결구도에서 서로의 접점을 찾는다는 것은 결코 쉬운 일이 아닌 것이다.

지적 재산권을 둘러싸고 벌어지는 대결도 심각하기는 마찬가지이다. 선진국들이 갈수록 지적 재산권 보호를 강화하려는 것은 어쩌면 당연한 일일 것이다. 이렇게 함으로써 기술혁신을 장려하고 또한 사용료 수입을 통하여 수출효과를 극대화할 수 있기 때문이다. 이런 면에서 보면 지적 재산권 보호의 강화는 세계무역 체제에서 중요한 요소라고 하겠고 따라서 중요한 세계무역 의제로서의 당위성을 갖는다고 보는 것이다. 그러나 개도국의 입장에서 보면 이야기는 달라진다.

개도국으로서는 지적 재산권에 대한 엄청난 사용료를 선진국에 지불한다는 것이 현실적으로 너무 큰 부담이 되거나 어떤 경우는 거의 불가능한 것이다. 따라서 두 집단 사이에 어떠한 조정이 나오지 않으면 이러한 대결구도는 계속될 수밖에 없다고 여겨진다.

(2) 다자주의 대 지역주의

다음으로 지적할 수 있는 세계무역의 구조적 문제는 多者主義(다자주의, multilateralism)와 地域主義(지역주의, regionalism) 간의 충돌이다. 〈표 10-1〉은 2005년 상품교역량을 지역별로 비교한 자료로서 세계무역의 구조를 잘 보여주고 있다. 먼저 가장 많은 수출을 한 지역은 유럽으로 전 세계 수출의 43%를 차지하고 있고 그 다음으로 아시아(28%), 북미(15%) 순이다. 놀라운 것은 이 3개 지역이 전체 수출의 86%를 감당하고 있다는 사실이다. 수입으로 보아도 상황은 매우 비슷하다. 세계 전체 수입의 약 88%가 유럽, 아시아, 북미 3개 지역에 집중되어 있는 것이다. 이것은 무엇을 말하고 있는 것인가? 수출로 보나 수입으로 보나 세계무역은 결국 유럽, 아시아, 북미 3개 지역을 중심으로 이루어지고 있으며, 중남미와 중동 등 기타 지역들의 역할은 미미한 수준에 머물고 있다는 사실이다.

〈표 10-1〉 지역 내, 지역 간 상품교역, 2005년 (100억 달러)

	도착지역							
출발지역	북미	중남미	유럽	독립국가연합*	아프리카	중동	아시아	세계
북미	82	8	23	0.7	1	3	27	147
중남미	11	8	6	0.6	1	0.6	4	35
유럽	39	5	320	10	11	12	33	437
독립국가연합	1	0.7	17	6	0.5	1	4	34
아프리카	6	0.8	12	0.1	2	0.5	4	29
중동	6	0.3	8	0.3	1	5	28	53
아시아	60	5	49	3	5	8	142	277
세계	209	30	439	22	24	32	244	1,015

* 독립국가연합(CIS, Commonwealth of Independent States)은 구소련으로 독립한 여러 국가들로서 카자흐스탄, 우즈베키스탄, 아제르바이잔, 그루지야, 우크라이나 등을 포함하고 있다.

자료: WTO(www.wto.org/english/res_e/statis_e/statis_ehtm).

지역 내 무역의 부상

〈표 10-1〉이 보여주는 중요한 사실은 무역이 지역 간보다 지역 내에서 주로 이루어지고 있다는 점이다. 구체적으로 살펴보면 북미는 아시아(2,700억 달러), 유럽(2,380억 달러) 등의 지역보다 북미(8,240억 달러)에 가장 많은 수출을 했다. 북미는 또한 아시아(6,080억 달러)로부터 많은 수입을 했지만 자기 지역인 북미(8,240억 달러)로부터 가장 많은 수입을 한 셈이다. 이러한 상황은 유럽과 아시아에 있어서도 마찬가지이다. 유럽은 전체 수출과 수입의 73%가 각각 같은 지역 안에서 이루어졌다. 아시아의 경우 수출의 51%, 수입의 58%가 역시 같은 지역에서 발생한 것이다. 왜 세계의 무역이 지역 간에서보다 동일 지역 안에서 더 활발하게 일어나는 것일까.

지역 내 무역(intra-regional trade)이 지역 간 무역(inter-regional trade)을 능가하는 현상에 대하여는 여러 가지 설명이 있을 수 있을 것이다. 그러나 가장 결정적인 이유는 지역 간 거래에서보다 지역 내 거래에서 무역장벽이 훨씬 낮기 때문이다. 여러 지역의 경우 관세가 거의 철폐되거나 낮아져서 지역 내 거래가 활발하게 이루어지는데 이것은 여러 지역 내에서 형성된 자유무역협정들 덕분이다. 어쩌면 이와 같은 자유무역협정으로 지역경제는 통합되고 지역주의적 물결이 갈수록 거세지고 있는지도 모른다.

– 유럽

지역 내 무역이 가장 활발한 곳은 유럽이라고 하겠다. 앞의 표에서 보는 바와 같이 유럽은 전체 무역의 4분의 3이 같은 지역 안에서 이루어지고 나머지 4분의 1만이 다른 지역과의 사이에서 발생하고 있다. 이것은 유럽이 지역 내 개별국가 사이의 무역장벽을 허물고 경제적 통합을 이룬 결과라고 하겠다. 그러나 이러한 결과는 오랜 시간에 걸쳐 점진적으로 진행되어 온 진화의 과정이었다. 1951년 벨기에, 룩셈부르크, 네덜란드, 서독, 프랑스 5개국이 형성한 유럽 석탄 철강 공동체(European Coal and Steel Community)는 1957년 로마협정에 의하여 유럽경제공동체(EEC, European Economic Community)로 확대되었고 이것은 1994년 유럽연합(EU, European Union)으로 개편되어 이 시점까지 25개국이 가입하고 있으며 3개국이 추가로 가입 신청을 해놓은 상태이다.

EU는 로마협정에서 규정한 바와 같이 지역 내 무역에서 모든 장벽을 제거하고 농업과 운송 등 주요 분야에서 공동 정책을 추구하며 공동 통화를 도입함으로써 실질적인 경제통합을 이루었다고 하겠다. 그러나 여기서 한 가지 지적할 것은 지역 내 무역과 달리 지역 외 대외무역, 즉 지역 간 거래에서는 공동 관세를 설정함으로 보호무역의 입장을 유지하고 있다. 경제통합 달성 이후 정치통합도 이루려고 하고 있는 EU는 2004년 4억 5천만의 인구와 GDP 9,300억 달러로 미국과 거의 대등한 경제적 규모를 가진 지역 국가 연합체 같은 존재로서 세계경제와 세계무역에서 하나의 큰 축을 이루고 있다 하겠다.

– 북미

유럽 다음으로 지역 내 무역이 활발한 곳은 북미이다. 수출의 절반 이상을 같은 지역으로 하는 북미의 지역 내 무역활성화는 1992년 미국, 캐나다, 멕시코 사이에 체결된 북미 자유무역협정(NAFTA, North American Free Trade Agreement)이 아니고서는 불가능한 일로 여겨진다. 일자리, 환경, 국가주권 등 여러 가지 이유로 해당 국가 내에서의 많은 반대에도 불구하고 추진된 NAFTA가 지역 내 무역을 확대시킨 것은 부인할 수 없다. 이것은 과거 크게 의존해 왔던 아시아 등 지역 간의 거래를 축소시키고 있으며 이러한 변화는 세계무역의 구조에도 영향을 줄 것임은 말할 것도 없다.

– 남미

경제성장이 비교적 저조한 남미지역에서도 지역 내 무역활성화를 위한 노력이 계속되어 오고 있다. EU를 모델로 하여 1969년 결성된 안데스 경제공동체(Andean Community)는 볼리비아, 칠레, 에콰도르, 콜롬비아, 페루 사이의 무역에 대한 관세 인하, 지역 외 국가들과의 거래에 대한 공동 관세, 공동 산업정책 등을 위하여 설립되었는데 아직까지는 큰 성과를 내지 못하고 현재로서는 관세동맹(customs union) 수준에 머물고 있다.

남미에서 또 하나의 자유무역협정은 남미공동시장(MERCOSUR)으로 이는 1988년 브라질과 아르헨티나 사이에 체결되어 1990년 파라과이와 우루과이도 동참했다. 이 협정으로 1990년과 1998년 사이 회원국 간의 내부 교역량이 4배 늘어났으며 1990년과 1996년 사이 회원국들의 경제는 연평균 3.5%씩 성장하는 성과를 가져왔다. 그러나 1998년 브라질에서의 금융위기로 사정이 악화되어 회원국 사이의 관세동맹은 아직 결실을 보지 못하고 있으며 향후 EU를 모델로 하여 회원국의 확대, 공동 통화 등을 계획하고 있다.

— 아시아

다른 지역에서와 같이 아시아에서도 자유무역을 위한 기구가 존재한다. 그 대표적인 것이 1967년 설립된 동남아국가연합(ASEAN, Association of Southeast Asian Nations)으로서 동남아시아 14개국이 참여하고 있는데 그간의 성과가 그렇게 큰 편은 아니다. 각 회원국 사이의 이해관계 차이로 지역 내 교역에 대한 관세 인하의 폭에 대한 합의 도출이 쉽지 않기 때문이다. 따라서 이 기구는 지역 내 교역 확대에 그렇게 큰 기여를 하지 못하고 있다. 아시아의 지역 내 무역은 오히려 ASEAN 회원국이 아닌 중국, 일본, 한국에 의해서 대부분 이루어지고 있는 실정이다. 이러한 현실을 고려하여 이 기구는 향후 이들 3개 국가들을 포함시켜 확대, 개편하려는 의도를 가지고 있다.

아시아에서 또 하나의 기구는 아태경제협력체(APEC, Asia-Pacific Economic Cooperation)인데 이것은 1990년 호주의 제안으로 설립되어 현재 21개의 회원국을 가지고 있으며 여기에는 미국을 비롯한 일본, 중국과 호주 등 거의 모든 태평양 연안국들을 포함하고 있다. 이들 중 18개국은 세계 GNP의 반 이상을 차지하고 있으며 세계무역의 약 40%를 감당하고 있다. 그러나 이 기구는 하나의 협의체로서 존재할 뿐이고 지역 내 거래에 대한 관세철폐와 같은 실질적인 과제는 실현하지 못하고 있다. 유명무실한 조직으로만 남아 있는 것이다. 현재로서는 지역 내 무역에 아무런 기여를 하지 못하고 있지만 향후 이 조직이 지역 내 자유무역을 위한 실질적인 기구로서 재편된다면 아시아의 지역 내 무역은 엄청난 신장을 보일 것이며 아시아가 세계무역의 새로운 변수로 등장할 수 있을 것으로 판단된다.

지역 간 무역의 후퇴

〈표 10-1〉이 보여주고 있는 분명한 사실은 세계무역을 지역 내 무역이 주도하고 있다는 것이다. 이것은 무엇을 시사하고 있는 것인가. 말할 것도 없이 지역 내 무역의 부상은 바로 지역 간 무역의 쇠퇴를 의미하고 있다 하겠다. 물론 매년 지역 간 무역량은 증가하고 있지만, 상대적 기준에서 보면 지역 간 무역은 지역 내 무역에 비하여 계속 열세를 면치 못하고 있는 것이다.

앞의 표를 보면 2005년 세계 전체의 상품교역이 유럽, 아시아, 북미 3개 지역을 중심으로 일어났음을 알 수 있다. 그런데 주목할 것은 세계무역에서 지역 간 무역이 차지하는 비중은 생각보다 저조하다는 점이다. 유럽의 경우 전체 수출 중 27%만이 지역 간에 이루어졌다. 북미는 44%, 아시아는 49%를 지역 간 수출한 셈이다. 이것은 무엇을 나타내고 있는가.

무역이 지역 간이라기보다 지역 내에서 주로 이루어지고 있다는 것은 오늘날 세계무역이 지역주의에 함몰되어 있다는 것이다. 이것은 WTO를 중심으로 모두가 바라는 다자주의적 무역구도가 아니다. 따라서 현재의 무역구조는 어쩌면 진정한 자유무역을 반영하고 있지 않다는 의구심을 갖게 하는 것이다. 왜냐하면 지역주의적 무역구조는 지역 내에서는 자유무역이 가능하지만 지역 간에서는 보호무역이 시행되는 이중적 구도이기 때문이다. 따라서 이 두 무역구조 사이의 대립을 어떻게 해결할 것인가는 중요한 과제로 남는다.

(3) 다자주의 대 상호주의

세계무역에서 또 하나의 대결구도는 多者主義(다자주의, multilateralism)와 相互主義(상호주의, bilateralism)라고 하겠다. 과거 GATT와 현재의 WTO는 다자주의의 원칙 아래 세계무역의 체계를 형성하려고 하였다. 즉 세계의 모든 당사국들과 多者間(다자간) 합의를 도출하여 무역의 질서를 세우려는 것이 그들의 기본적 목표였다. 그런데 이러한 노력과는 관계없이 개별국가들이 상호의 이익을 구현하기 위하여 兩者 間(양자간) 서로 배타적 특혜를 부여하는 자유무역협정(FTA, Free Trade Agreement)을 체결하는 현상이 점점 확산되어 오고 있다. 이러한 추세를 어떻게 이해할 것인가.

일반적 FTA

특혜 무역협정인 FTA는 그 성격에 있어서 경제통합의 한 형태라고 볼 수 있을 것이다. 그러나 그 수준에서 보면 가장 낮은 형태의 지역 경제통합이라고 하겠다. 대부분의 FTA가 당사국 간 관세철폐를 중심으로 이루어지고 있기 때문이다. 이런 면에서 FTA는 자유무역 외에도 역외국에 대하여 공동 관세를 적용하는 관세동맹(customs union)이라든가, 관세동맹에 추가하여 회원국 간 생산요소의 자유로운 이동이 일어나는 공동 시장(common market), 또는 더 나아가서 공동 통화 사용과 공동 의회 설치와 같은 경제, 정치적 통합까지 도모하는 단일 시장(single market) 등과는 구별되고 있다고 본다.

FTA가 지역 경제통합의 한 형태라고 한다면 이것도 일종의 지역 무역협정이라고 할 수 있을 것이다. 그렇다면 FTA도 지역주의에 기반을 둔 무역규범이라고 주장할지 모른다. 그러나 이러한 주장에는 무리가 있는 듯하다. 물론 지역에 기반을 둔 FTA(예를 들면 NAFTA)도 있지만 대부분의 FTA가 인접 지역이 아닌 원격지 간 체결되고 있는 점을 보면 이것을 굳이 지역주의에 근거한 규범이라고 보기는 어려운 것 같다. 지역주의라기보다 상호주의에 기초한 무역협정이라는 것이 더 합리적인 인식인 것 같다.

FTA는 여러 가지 동기로써 추진되어 오고 있다. 가장 일반적인 이유는 FTA가 체결되면 당사국 사이의 교역에서 관세가 철폐되고 그렇게 되면 무역이 늘어나 시장이 확대된다는 것이다. 이러한 교역 확대의 논리는 대부분 1990년대 이전에 체결되었던 FTA의 주된 근거가 되었다. 그러나 1990년대 이후의 FTA는 단순한 시장 확대보다는 직접투자의 유치, 서비스산업의 육성, 경제의 구조조정 등 보다 포괄적이고 적극적인 목표에 의해 추진되고 있는 것이 특색이라고 하겠다.

이 밖에도 FTA는 개별국가의 여러 특수한 이유로 추진되기도 한다. 일부 국가는 개방과 성장의 도구로 FTA를 활용할 수 있을 것이다(정인교, 2010). 또한 어떠한 국가는 개방과 보호의 절충으로서 FTA를 체결하기도 하는데 이렇게 되면 이 국가는 개방을 통하여 국내 기업들 간 경쟁을 유발하여 신제품의 개발, 품질향상, 기술축적 등을 촉진하게 된다. 아울러 이 국가는 FTA를 통하여 당사국 이외의 국가들에게는 특혜 조치를 제한함으로써 자국의 산업을 보호하는 결과를 가져온다. 어떻게 보면 두 마리의 토끼를 다 잡는 셈이다. 또 다른 국가들은 경제적 동기 말고도 정치적, 외교적 고려로 FTA를 추진하기도 한다. 대외안보가 취약하거나 국내의 정치적 갈등을 해결하기 위한 수단으로 FTA가 이용되는 경우라고 하겠다.

그러면 FTA는 어떠한 경제적 효과를 가져오는가? 크게 보면 무역창출 효과(trade creation effect)와 무역전환 효과(trade diversion effect)로 나누어 살펴볼 수 있을 것 같다. 먼저 FTA 당사국들은 관세 인하로 비교우위를 갖는 상품을 중심으로 상호 교역을 하게 되는데 이렇게 되면 당사국들은 협정 체결 전 소비하던 비싼 상품을 상대적으로 저렴한 상대국 제품으로 대체하기 마련이다. 즉 비교우위 상품의 시장 확대를 통한 생산과 수출이 증가하게 되는데 이것을 무역창출 효과라고 한다. 이것은 생산에 있어서 자원배분의 효율성을 제고하고 소비에 있어서 양질의 제품을 싼 값으로 사용할 수 있어 생활의 질, 즉 후생수준을 향상시키게 된다.

한편 무역전환 효과는 FTA로 인하여 발생하는 손실이라고 할 수 있다. 만약 FTA 체결 전 효율적인 생산을 하는 다른 국가의 제품을 수입한 해당국가에서 FTA로 그 제품을 더 이상 수입하지 못하게 되면 그 국가의 후생수준은 악화된다. 이것은 결국 그 해당국가가 비효율적인 생산구조를 가진 산업에 자원을 투입하게 하고 나아가서는 FTA 당사국 사이 자원배분의 효율성이 저하되는 결과를 초래하게 되는 것이다. 이것은 경제구조의 조정비용을 발생하게 하여 FTA에 대한 부담으로 남게 된다.

무역창출 효과는 FTA로부터의 혜택이고 무역전환 효과는 FTA의 비용이라고 할 수 있을 것 같다. 그러면 이러한 혜택과 비용은 어떻게 비교할 수 있을 것인가? FTA 당사국들이 이것을 단순 비교하는 것은 적절하지 않을 것이다. 대신 무역창출 효과와 무역전환 효과의 상대적 크기는 산업구조, 경쟁력, 포괄 범위 등 다양한 요소에 따라 측정되고 판단되어야 할 것으로 여겨진다. 물론 갈수록 무역창출 효과가 무역전환 효과를 능가할 수밖에 없다는 주장이 있기는 하지만.

미국식 FTA

지금까지 체결된 협정을 종합해보면 FTA는 대개 세 가지 종류로 나누어지고 있다. 첫 번째 형태는 '낮은 수준의 FTA'이다. 이것은 가장 일반적 형태의 FTA로서 1990년대 이전에 등장한 대부분의 FTA가 여기에 해당된다. 이러한 FTA는 원칙적으로 개방 대상을 상품교역에 두고 있으며 투자, 서비스, 지적 재산권 등에 대한 조항은 거의 포함하지 않고 있다. 다시 말하면 관세철폐를 통한 교역 확대가 주된 목적이기 때문에 이것은 가장 일반적인 형태의 FTA이며, 보통 FTA라고 하면 이와 같은 '낮은 수준의 FTA'를 지칭하는 것이다. 오늘날 개발도상국들이 이러한 형태의 FTA를 많이 이용하고 있어 '개도국형 FTA'라고도 불리고 있다.

두 번째 종류는 '중간 수준의 FTA'이다. 이것은 1990년대 이후 FTA가 점점 포괄적인 협정으로 변모함에 따라 개방의 폭을 조금 확대하여 상품교역에 다른 분야를 약간 추가한 형태이다. 따라서 그 내용은 열거주의(positive system)를 취하고 있는 셈이다. 즉 개방할 분야를 각각 나열하는 방식인 것이다. 이것은 유럽국가들이 많이 선호하고 있어 '유럽형 FTA'라고 알려져 있다.

세 번째는 '높은 수준의 FTA'이며 이것은 미국이 주로 사용하고 있는 형태이다. 미국형 FTA는 상품교역의 개방에 만족하지 않고 투자는 물론 서비스산업 전 분야에 대하여 최대한 개방을 지향하고 있다. 따라서 이것은 포괄적 방식(negative system)을 취하게 되는데 예외로 규정된 분야를 제외하고는 모든 분야를 다 개방해야 하는 것이다. 아울러 지적재산권 보호를 강력하게 주장하며, 자유경쟁을 위한 투명성 확보 등 다양한 조치들을 요구하고 있다.

또한 일단 협상이 체결된 후에는 추가적인 규제 완화나 개방의 확대는 가능해도 그 반대 방향으로 가는 逆進(역진)은 허용되지 않는다. 그 내용에 있어서는 너무나 포괄적이고 방법에 있어서는 전혀 유연성이 없는 것이 미국형 FTA의 특색인데 이런 면에서 이것은 과거 FTA와는 확연하게 구별된다 하겠다. 그러면 미국은 왜 이러한 강력하고 경직된 FTA를 추구하는가? 미국 경제의 구조적 변화와 이에 따른 통상정책의 변경에서 그 해답을 찾을 수 있다.

미국은 오랫동안 제조업 중심의 경제였다. 제조업은 미국을 세계 최고의 경제대국으로 만든 원동력이었다. 그러나 미국은 이제 갈수록 제조업에서 경쟁력을 상실하고 있으며 대신 서비스산업에서 그 돌파구를 찾고 있는 것이다. 즉 미국경제는 제조업 중심에서 서비스업 중심으로 구조조정이 일어나고 있다고 할 수 있다. 이러한 대내적인 구조조정은 대외 교역에도 영향을 가져올 수밖에 없다. 따라서 미국의 무역은 상품교역 중심에서 서비스교역 중심으로 그 축이 이동하고 있는 것이다.

그런데 이러한 변화를 통상정책에 반영하려는 미국은

난관에 부딪혔다. 과거 GATT나 현재의 WTO는 기본적으로 상품교역의 자유화에 주력하고 있는데 이러한 기조와 방향에 대하여 미국으로서는 별로 만족하지 못하고 있는 것이다. 비록 WTO가 상품교역과 함께 농산물, 서비스업 교역의 증진 등으로 그 활동 범위를 확대하고는 있지만 이것은 매우 제한적이며 아직 괄목할 만한 성과가 나오고 있는 것은 아니기 때문이다.

더욱 어려운 일은 GATT/WTO는 소위 다자주의를 기본으로 하는 무역규범이기 때문에 의미 있는 성과를 도출하려면 엄청난 시간과 합의 과정이 필요하다는 것이다. 예를 들면 과거 GATT가 마지막으로 주도한 우루과이 라운드를 타결하기 위하여 장장 7년이란 긴 세월이 걸린 것을 보면 다자간 무역협상이 얼마나 어려운 과정인가를 알 수 있을 것이다. 이러한 다자주의 체제에서는 미국이 자신의 통상정책을 구현하기가 매우 힘들다. 따라서 2002년 WTO 칸쿤 각료회의의 실패를 지켜본 미국으로서는 다자주의에서 상호주의로 통상 기조를 선회하였고 WTO에 의존하기보다는 FTA를 적극 활용하는 쪽으로 나가게 된 것이다.

다자간 협정이 아닌 양자 간 협정인 FTA는 여러 가지 면에서 미국이 자신의 일방주의적 통상 전략을 관철시킬 수 있는 가장 유효한 수단이라고 여겨진다. FTA를 통하여 미국은 투자 개방, 서비스업 개방, 자본이동, 지적 재산권 보호 등 자신들이 원하는 거의 모든 사항을 관철할 수가 있는데 이것이 바로 '높은 수준의 FTA'인 것이다. 실제로 미국이 호주와 체결한 FTA를 보면 그 포괄 범위는 엄청나게 확대되어 있는데 어쩌면 그것은 국민경제의 거의 모든 분야라 해도 과언이 아니었다. 따라서 미국형 FTA는 '자유무역협정'이라기보다 차라리 '경제통합협정'이라고 보는 것이 더 정확할 것 같다. 이것은 무엇을 의미하는가. 거시적 입장에서 보면 경제통합을 염두에 두고 추진하는 '높은 수준의 FTA'는 결과적으로 미국이 지향하는 세계화의 길이라고도 보인다.

FTA와 WTO

1990년대 이전만 해도 FTA 체결 건수가 30개도 되지 않았는데 1990년대 이후 빠른 속도로 증가하여 2008년에 와서는 세계적으로 발효 중인 협정이 거의 200개에 육박하고 있다(강한균 외, 2008). 특히 1990년대에 들어와 WTO가 출범한 이후 FTA의 체결이 급증하고 있는 것은 주목할 만하다. 이러한 통계는 무엇을 보여주고 있는가. 이것은 상호주의에 기초한 무역이 하나의 큰 세력으로 발달하고 있으며 다자주의의 무역질서에 대한 도전으로 나타나고 있다 하겠다. 미국을 비롯한 일부 국가들이 다자주의의 무역규범에 회의를 느끼고 그들의 이해를 구현하기 위한 대안으로 상호주의를 통한 무역을 추구하고 있다고 볼 수 있을 것이다(박동렬 외, 2009).

이러한 추세는 세계무역을 위한 바람직한 진행인가. 즉 FTA의 부상은 진정 자유무역을 위한 길인가. 사실 양자 간 협정인 FTA는 다자간 무역규범의 근간이 되는 最惠國待遇(최혜국 대우, MFN, Most Favored Nations) 원칙에 정면으로 배치되는 것이다. 따라서 FTA의 기초인 상호주의와 WTO가 추구하는 다자주의는 정면으로 충돌하고 있다고 보인다. 물론 WTO 규범은 FTA가 특정한 요건을 충족할 때 적법한 예외로 인정하기도 하지만. 이러한 근본적인 질문들에 대하여 WTO와 각국 정부는 앞으로 심각하게 고민하고 해답을 찾아야 할 것으로 여겨진다.

4) 세계무역의 진로

(1) 도하협상의 교착

거의 모든 사안에서 선진국과 개도국은 첨예한 대립을 보이고 있어서 도하협상(DDA)은 아직까지 큰 진전을 보지 못하고 있다. 당초 협상시한으로 잡았던 2004년 말을 넘겨 계속되었고 2008년 7월 제네바에서 열린 주요국 각료회의에서 타결될 것이라는 기대감이 있었지만 이마저 결렬되어 버렸다. 현재로서는 협상의 타결에 대한 희망이 보이지 않고 있는데 만약 도하협상(DDA)이 끝내 실패한다면, 이것은 어떠한 결과를 가져올 것인가?

여러 가지 예상이 나오고 있지만 분명한 것은 모두 부정적인 시나리오밖에 없다. 다수의 의견은 무역전쟁으로 갈 수밖에 없지 않겠는가 하는 것이다. 다시 말하면 세계는 보호무역으로 회귀할 가능성이 크다는 것이다. 여기서 사태를 더욱 어렵게 만드는 것은 선진국의 무책임한 행보이다. 2008년 미국에서 시작된 금융위기로 세계경제가 위기국면으로 돌입하였는데 이 위기를 극복하기 위하여 선진국들은 특정 산업과 특정 기업에 보조금을 지급하기 시작한 것이다. 미국은 GM과 크라이슬러에 구제금융을 주었고 경기를 부양하기 위하여 자동차 구매 시 1,500달러의 세제혜택을 제공했다. 영국, 프랑스, 일본 등도 비슷한 지원책을 내놓고 심지어 중국과 대만까지도 이런 대열에 합류했다.

어떠한 명분으로도 세계 각국이 보조금을 지급한다는 것은 자유무역으로부터의 후퇴이자 보호무역으로의 행군이라고 할 수 있다. 이것은 WTO 규정의 위반이고 피해국이 제소하면 제재를 당할 수 있는 일이 아닐 수 없다. 이와 같은 상황에서 WTO는 현재 보호무역 감시와 조정 기능을 상실하고 있으며 어쩌면 그 조직 자체가 무너질지 모른다는 위기감이 감돌고 있다. 만약 WTO가 와해되고 다자간 무역체제가 기능을 못하게 된다면 세계무역은 각 지역중심의 체제로 존립할 수밖에 없을지도 모른다. 이것은 과연 바람직한 구도가 될 수 있을 것인가.

(2) WTO의 과제

세계무역이 여러 지역으로 나누어져 지역 내 거래를 중심으로 전개되고 있는 것이 오늘의 현실이라고 하면 이러한 구도를 어떻게 이해하고 평가할 것인가? 우선 지적해야 할 것은 지역 간이 아닌 지역 내 거래 중심의 무역구도는 해당 지역의 입장에서는 자유무역이 되겠지만 세계경제의 측면에서 보면 보호무역이라는 점이다. 거의 모든 지역이 지역 내 거래에서는 관세를 철폐하거나 완화하고 있지만 다른 지역과의 대외 거래에서는 높은 관세를 부과하여 무역장벽을 유지 또는 강화하고 있기 때문이다. 문제는 이러한 이중적 또는 모순적인 무역정책이 지역 내 무역에는 도움이 될지 모르겠지만 장기적으로 그리고 궁극적으로 세계무역의 신장에 기여할 수 있는가 하는 것이다. 이 의문은 여러 가지 현실적 문제들을 수반하고 있다.

먼저 지역중심의 무역구조가 심화될 경우 지역별 무역집단(regional trade blocks) 간의 경쟁이 갈수록 치열하게 되고 아무도 이들을 규제하거나 제재하기가 어려울 것이라는 점이다. 세계무역의 보호와 관리를 책임지고 있는 WTO가 이들을 어떻게 다루어야 할 것인가는 난제 중의 난제가 아닐 수 없다. 과거 GATT는 이들 집단들에게 별로 큰 영향력을 행사하지 못하고 그들의 결정들과 행동들을 추인하는 것 외에 별로 한 일이 없었다. 그렇다면 WTO도 GATT의 전철을 밟아 소극적으로 임할 것인지 아니면 새로운 접근을 할 것인지 두고 볼 일이다.

일부에서는 지역중심의 무역에 대하여 긍정적으로 이해하기도 한다. 왜냐하면 무역의 지역화는 무역의 세계화로 가는 중간단계로서 필요한 과정이라고 믿기 때문이다. 그러나 이러한 낙관적 가정은 그 현실적 기초가 매우 빈약하다고 하겠다. 무역의 지역화가 공고하게 되면 그것이 무역의 세계화로 나아갈 여지를 소멸시킬 수 있기 때문이다. 그렇게 되면 무역의 지역화는 중간단계가 아니라 그것 자체가 하나의 목적이 되어버릴 수 있는 위험을 내포하고 있는 것이다.

무역의 지역화가 가지고 있는 궁극적인 문제는 이것이 과연 무역의 세계화와 양립할 수 있느냐 하는 것이다. 과거 GATT나 현재의 WTO나 모두 자유무역을 어느 특정 지역이 아닌 전 세계에 구현하려고 노력해 왔다. 즉 다자간의 합의에 따라 세계무역의 자유화가 그 목표인 셈이다. 따라서 이와 같은 목표가 지역주의에 기반을 두면서 전개되고 있는 역내무역의 자유화와 충돌하지 않을까 하는 염려가 일어나고 있는 것이다. 지역중심의 무역은 역내로 보면 자유무역이지만 나머지 지역에 대하여는 배타적이고 세계무역의 안목에서 보면 사실상 보호무역이기 때문이다. 궁극적으로 세계무역의 자유화를 이상으로 하고 있지만 갈수록 거세지고 있는 지역무역 중심의 현실을 또한 부정할 수 없는 WTO의 고민이 여기에 있는 것이다. 향후 세계무역은 이 국제기구의 리더십에 크게 달려 있다고 하겠다.

사례연구

한미 FTA: 다시 보는 주요 쟁점

1. 한미 FTA의 성격

한국과 미국은 2007년 6월 30일 그간의 협상을 종결하고 이른바 自由貿易協定(자유무역협정, FTA, Free Trade Agreement)에 공식 서명하였다. 이제 양국 의회가 이 협정을 批准(비준)하게 되면 한미 FTA는 정식으로 발효하게 되는 것이다. 그동안 여러 국가들 사이에서 FTA가 이루어져 왔고 한국과 미국도 각각 여러 국가들과 FTA를 체결한 바 있다. 그러나 이번 한국과 미국 사이의 FTA는 많은 국가들을 놀라게 하고 있으며 세계적인 주목을 받고 있다. 적어도 두 가지 면에서 그렇다고 하겠다.

먼저 한미 FTA는 과거 체결된 많은 FTA처럼 단순히 관세철폐를 위한 협정이 아니다. 이 협정은 공산품과 농산물에 대한 관세철폐는 말할 것도 없고 직접투자의 자유화로부터 서비스업과 정부조달시장의 개방과 지적 재산권 보호의 강화 등을 망라하고 있다. 엄청나게 포괄적인 FTA라고 하겠다. 물론 1990년대 이후 포괄적인 FTA가 등장하기 시작하였지만 한미 FTA처럼 광범위하고 포괄적인 협정은 보기 드문 것이라고 하겠다.

FTA는 흔히 '낮은 수준의 FTA', '중간 수준의 FTA', '높은 수준의 FTA'로 구분되고 있다. 이런 구분에서 보면 한미 FTA는 분명히 '높은 수준의 FTA'에 해당된다고 판단된다. 이것은 단순한 특혜 무역협정이 아니라 상당히 높은 수준의 경제통합으로 가고 있기 때문이다. 즉 NAFTA나 EU 같은 지역 경제통합의 규모에 접근하고 있는 셈이다. 어느 논자가

"한미 FTA는 FTA가 아니다"라고 지적한 말의 뜻을 알 수도 있을 것 같다(이해영, 2006).

다음으로 한미 FTA는 통례와 상식을 뒤흔들고 있다는 것이다. 지금까지 보면 FTA는 주로 경제규모가 비슷한 국가들 사이에서 체결되어 온 것이 상례였다. 경제규모에서 큰 차이가 날 경우 FTA는, 특히 '높은 수준의 FTA'는, 결코 바람직하지 않은 것으로 여겨져 왔다. 왜냐하면 소규모 경제국이 거대 경제국과의 포괄적인 자유경쟁에서 큰 피해를 볼 수 있기 때문이었다. 그리고 그것은 소국의 경제주권이 심각하게 축소되거나 상실되는 것을 의미하기도 하였다.

그런데 한미 FTA는 이러한 상식을 송두리째 흔들어 버린 것이다. 한국은 경제규모에 있어서 미국의 약 6%밖에 되지 않으며 교역규모에서는 약 25% 정도에 해당된다.[1] 서로 경제의 체급이 다른 것이다. 이러한 근거에서 보면 한국이 왜 미국과 엄청나게 '높은 수준의 FTA'를 체결하는가에 대하여 많은 나라들이 의아해 하고 있는 것이다. 다윗 같은 한국이 골리앗 같은 미국에게 경제의 국경을 허무는 이 놀랍고도 용감한 행보에 대하여 많은 나라들은 자기들의 상식으로서는 이해할 수 없는 어떠한 특별한 계산서가 한국 측에 있는가 하고 더욱 한미 FTA를 주시하는 것이다.

그런데 막상 한국 측의 입장을 들어보면 아무리 살펴보아도 어떠한 특별한 동기라든가 사유라든가 전략이 보이지 않는다. 누구나가 공감할 수 있는 상식으로서 말이다. FTA를 추진하는 정부 측과 이것을 찬성하는 민간 측의 입장은 현재 한국경제가 안고 있는 여러 과제들—성장률의 둔화, 양극화, 실업, 대외 신인도, 불확실한 자본시장—을 해결하기 위하여 한미 FTA가 필요하다는 것이다. 어떠한 특수한 전략은 보이지 않고 매우 일반적인 동기밖에 없다.

사실 한국경제의 현안들이란 대부분의 나라들이 가지고 있는 문제

1) 경제규모는 세계은행이 집계한 2008년 명목 GDP에 근거하고 있으며, 교역규모는 WTO가 발표한 2008년 수출입 통계를 기준으로 함.

이기도 하다. 그러나 많은 나라들이 성장률의 둔화, 양극화, 실업 등을 해결하기 위하여 미국과 FTA를 체결해야 한다고 생각하지는 않는다. 세계 최대 경제국인 미국과의 FTA는 만병통치약이 아니라 오히려 또 다른 심각한 문제들을 야기할 수 있다고 판단하기 때문이다.

2. 협정의 주요 내용

여하튼 국제적 예상과는 달리 한국은 매우 일반적이고 너무나 평범한 동기에서 다른 나라들이 감히 생각도 하지 않는 미국과의 FTA를 체결한 것이다. 약 1년 동안 8차례의 공식협상을 통하여 타결한 한미 FTA는 그 협정문이 총 24개의 장으로 구성된 방대한 규모이다. 이 협정문은 상품에 대한 관세철폐로부터 시작하여 농산물과 섬유 등 분야별 규정은 물론이고 직접투자, 서비스교역, 정부조달, 지적 재산권 등을 포함하고 노동, 환경, 투명성에 대한 사안까지를 망라하고 있다. 실로 엄청나게 광범위하고 포괄적인 협정이 아닐 수 없다. 한－칠레 FTA, 한－싱가포르 FTA에서 보는 일반적 무역협정과는 그 규모와 성격에서 엄청난 차이가 있다 하겠다. 협상 타결 후 한국정부가 공개한 한미 FTA의 주요 내용은 다음과 같다.

1) 관세철폐

(1) 상품

- 양국은 상대국산의 상품(공산품 / 임 · 수산물)에 대한 관세를 점진적으로 폐지하기로 함.
- 관세철폐는 각국의 계획에 따라 진행하되, 수입액 기준으로 전체 품목의 약 94%를 조기(3년 내)에 실시하기로 함.

〈표 10-2〉 관세폐지 단계별 주요 품목

( ): 현재의 관세율

단계	미국 측	한국 측
즉시	3,000cc 이하 승용차(2.5), 자동차 부품(1.3-10.2), LCD 모니터(5), 캠코더(2.1), 컬러 TV(5), 폴리스틸렌(6.5), 기타 신발(8.5) 등	승용차(8), 자동차부품(3-8), 항공기 엔진(3), 전자 계측기(8), 광 케이블(8), 에어백(8), 백미러(8), 프로젝션 TV(8) 등
3년	3,000cc 이상 승용차(2.5), 컬러 TV(5), DTV(5), 골프용품(4.9), 샹들리에(3.9) 등	요소(6.5), 실리콘오일(6.5), 폴리우레탄(6.5), 치약(8), 향수(8), 골프채(8) 등
5년	타이어(4), 가죽의류(6), 프릴에테르(6.5), 스피커(4.9) 등	고주파 증폭기(8), 알루미늄판(8), 안전 면도날(8), 환자 감시장치(8), 면도기(8), 조제세제(6.5), 헤어 린스(8), 바다가제(20) 등
10년	전자레인지(2), 세탁기(1.4), 폴리에스테르 수지(6.5), 모조 장신구(11), 베어링(9), 섬유건조기(3.4), 화물 자동차(25) 등	기초화장품(8), 페놀(5.5), 초음파 영상진단기(8), 볼 베어링(13), 콘택트렌즈(8) 등
10년 (비선형)	참치 캔(6-35), 세라믹 타일(8.5/10), 철강(4.3-6.2)	아귀(10), 갈리(10), 불낙(10), 오징어(24), 꽁치(36), 꽃게(20), 파티클 보드(8), 섬유판(8), 합판(12) 등
10년 이상	특수 신발(20-55.3)	명태(30), 민어(63), 넙치(10), 고등어(10) 등

⑵ 농산물

한국 측:

- 이미 수요량의 대부분을 수입하는 품목은 관세를 즉시 철폐
- 민감도가 낮은 품목은 즉시 철폐에서 10년까지 철폐 기간을 차별화
- 민감 품목에 대해서는 양허 제외(쌀 및 쌀 관련제품), 현행관세 유지(식용대두, 식용감자, 분유 등), 계절관세(포도, 오렌지 등) 도입, 관세율표번호 분리(사과, 배, 감자 등에 대해서 관세철폐 기간을 장기화), 세이프 가드(safe guard) 적용(쇠고기, 돼지고기, 고

추, 마늘, 양파 등) 등 예외적 취급

미국 측:

- 한국의 대미수출 농산물 중 58.7%(품목 수 기준)에 대하여 관세를 즉시 철폐하기로 함
- 미국 측의 민감 품목(낙농품, 설탕, 쇠고기 등)에 대하여 10년 이상 관세철폐 및 TRQ(Tariff-Rate Quotas)를 설정

(3) 섬유 및 의류

- 한국 측은 1,265개 품목을 즉시, 7개 품목은 3년 내, 24개 품목은 5년 내 관세를 철폐하기로 함
- 미국 측은 1,387개 품목을 즉시, 149개 품목은 5년 내, 62개 품목은 10년 내 관세를 철폐하기로 함
- 원산지 기준의 원칙으로 원사기준(yarn-forward rule) 제도를 도입
- 한국은 미국 측이 강력하게 요청한 섬유 긴급 수입제한 조치(safe guard)를 수용

(4) 개성공단 제품

- 향후 개성공단 제품에 대하여 특혜 관세를 부여할 수 있는 기구로서 양국 간 '한반도 역외가공 지역 위원회(Committee on Outward Processing Zones on the Korean Peninsula)'를 구성함
- '한반도 역외가공 지역 위원회'에서 일정 기준하에 역외가공 지역(OPZ)을 지정하며, 개성공단 및 다른 북한 지역이 OPZ로 선정 가능
- OPZ 내에서 생산된 제품은 일정 요건하에 한국산과 동일한 특혜 관세를 부여받음

2) 투자

(1) 투자협정상 의무

투자유치국은 외국인 투자자에게 다음 사항을 보장

- 內國民 待遇(내국민 대우, NT, National Treatment)
- 最惠國 待遇(최혜국 대우, MFN, Most Favored Nation Treatment)
- 最小基準 待遇(최소기준 대우, Minimum Standard of Treatment)
- 收用(수용) 및 補償(보상)
- 출연금, 이익 등의 送金(송금)

(2) 투자자-국가 간 분쟁해결(ISD, Investor-State Dispute Settlement)

- 투자유치국 정부가 위에서 열거한 투자협정상 의무, 투자계약 또는 투자인가를 위배하여 투자자에게 손실이 발생하는 경우 투자자가 투자유치국 정부를 상대로 투자유치국 내 법원에서 제소 또는 국제 중재를 요청할 수 있음
- 國際仲裁(국제중재)는 3인으로 구성된 仲裁判定部(중재판정부, Tribunal)에서 심리
- 仲裁節次(중재절차)는 세계은행 산하기구인 ICSID(International Center for Settlement of Investment Disputes, 국제 투자분쟁 해결센터), UN 산하기관인 UNCITRAL(United Nations Commission on International Trade Law) 또는 ICC(International Chamber of Commerce) 등 상호 합의된 세 가지의 절차 중 하나에 따름
- 國際仲裁判定(국제중재판정)은 단심제로서 확정력을 가지며 금전적 손해와 이윤 및 재산권 복구만으로 한정되며, 징벌적 손해배상(punitive damage) 명령은 불가함

3) 서비스교역

(1) 전문직 서비스

– 법률 서비스 분야는 3단계로 개방
– 회계, 세무 분야는 2단계로 개방

(2) 금융 서비스

– 양국은 국제거래와 관련된 보험서비스와 은행업무 및 금융기관을 위한 부수 서비스를 중심으로 단계적으로 개방
– 이 협정은 공공 연금기관(한국은 국민연금, 미국은 사회보장청)과 중앙은행을 비롯한 국책금융기관에는 적용되지 않음
– 국내 은행의 지분 10% 이상 취득은 국제적 신용이 있는 은행으로 제한

4) 기타 사항

(1) 知的 財産權(지적 재산권, IPR, Intellectual Property Rights)

– 著作權(저작권) 보호기간을 著作者(저작자) 사후 또는 著作物(저작물) 발행 이후 70년으로 연장
– 대학가에서의 저작물 불법 복제, 배포에 대한 집행을 강화

(2) 透明性(투명성)

– 무역과 투자활동에 관련하여 공무원이 금전적 가치나 다른 혜택을 요구하거나 수령하는 것은 형법 위반임을 법제화함
– 이와 같은 부정과 부패를 방지하기 위하여 필요한 입법 및 조치 유지

3. 협정의 문제점

1) 분야별 쟁점

(1) 농수산업

한미 FTA의 찬성론자와 반대론자가 드물게 의견의 일치를 보는 하나의 사안은 이 협정이 미국에게는 축복이 되겠지만 한국 농수산업에는 엄청난 피해를 가져올 것이라는 점이다. 따라서 찬성론자들은 이 분야에 대하여 보완 대책을 세워서 문제를 해결하면 된다고 주장한다. 한국정부 측의 대책은 단기적으로는 피해 보전을 하면서 장기적으로는 이 분야의 경쟁력 향상을 지원하겠다는 것이며 이를 위하여 10년간 21조 원의 예산을 투입한다는 계획이다.

그러나 반대론자의 시각은 다르다. 막대한 재원을 투입해 피해를 보전하고 경쟁력을 키운다고 해결될 문제가 결코 아니라는 것이다. 왜냐하면 이번 협정으로 한국 농업은 미국 농업과 일 대 일로 경쟁해야 되는 상황으로 몰리게 되었다는 것이다. 이 경쟁은 규모에 있어서도 비교가 안 되고 보조금에서도 상대가 안 되는 말하자면 헤비급과 플라이급의 게임이 될 것이라는 전망이다(윤석원, 2007). 결과는 생각보다 급격한 농업 해체의 진행으로 나타날 것이라는 것이다.

특히 타격을 받을 분야는 감귤을 생산하는 제주지역의 경제와 농민, 포도 및 포도 연관 산업, 그리고 쇠고기와 돼지고기 개방으로 이들의 사육농가가 큰 피해를 볼 것으로 여겨진다. 또한 낙농부문까지 관세를 완전히 철폐한 것은 세계적으로 어느 나라 FTA에서도 유례를 찾아보기가 힘들다. 이러한 전폭적인 농업 개방이 한국으로서는 대미 공산품 수출을 위하여 불가피하였다고 정부 측은 설명하고 있지만 과연 전자의 희생으로 얻는 후자의 혜택이 어느 정도인지는 매우 불분명한 데 문제의 핵심이 있다고 하겠다.

(2) 투자협정

투자협정과 관련하여 여러 가지 쟁점이 부각되었는데 그중 투자자와 국가 간 분쟁 해결제도(ISD)의 도입이 가장 핵심적인 사안으로 인식되고 있다. 이 문제는 매우 심각한 사안으로 많은 국가들이 기피하려 하고 있는 것이 현실이다. 예를 들면 호주는 미국과의 FTA에서 이것을 제외시키는 데 성공한 바 있다. 그러나 미국 의회는 미국 행정부에 이것의 누락을 추궁하면서 향후에는 ISD가 배제된 FTA를 체결하지 말 것을 강력하게 요구한 바 있다.

이 문제에 대하여 한국정부의 입장을 대변한 대외경제정책연구원은 ISD의 도입을 지지하고 있다. 즉, 투자분쟁이 정치적, 외교적 관계를 떠나 순수하고 법리적인 판단을 추구할 수 있으며, 또한 투자자의 모국 정부 개입을 배제할 수 있기 때문에 이 제도는 객관적이고 전문적이며 신속한 절차에 따른 분쟁 해결 방법이라는 것이다(이성봉 외, 2006). 그런데 이러한 주장과 달리 ISD 도입이 가져올 문제가 간단하지 않을 것으로 예상된다. 특히 ISD가 국가의 공공정책과 충돌할 가능성을 배제할 수 없으며 이런 경우 피해는 결국 투자유치국 국민들에게로 돌아갈 수밖에 없는 것이다.

ISD와 국가정책의 충돌은 법적인 측면에서도 큰 문제로 인식된다. 대통령이 외국과의 조약(예컨대 한미 FTA)을 체결할 권한을 가지고 있다고 하더라도 헌법상의 모든 원칙과 원리를 초월할 수는 없다고 본다. 만약 헌법상 보장된 기본권의 구현과 공공복리를 위하여 설정된 정부의 정책이 ISD에 의하여 훼손된다면 이것은 정부의 권한이 침해되고 나아가서 주권의 침해로까지 해석될 수도 있을 것이다. 국가의 공공정책은 궁극적으로 기본권을 보장한 헌법적 원리를 구현하는 것이기 때문이다. 따라서 ISD로 공공정책이 침해를 받는다면 이것은 국가가 헌법적 의무를 다하지 못하는 것이고 이러한 제도를 포함한 조약은 違憲(위헌)이라고 볼 수도 있을 것 같다(송호창, 2007).

ISD 외에도 투자협정에는 많은 쟁점이 부각되고 있으며 여기에 대한 논의도 계속되고 있는 실정이다. 예를 들면 한국과 달리 연방제를 취하고 있는 미국에서 한국 투자가가 받을 수 있는 내국민 대우가 내주민 대우(in-state treatment)인가 또는 타주민 대우(out of state treatment)인가 하는 의문이 있다. 한국정부는 여기에 대하여 내주민 대우라고 하고 있지만 미국 내에서 오히려 이 사안의 명료화가 제기되고 있다. 즉 미국의 주정부 간 정책자문위원회(IGPAC, Intergovernmental Policy Advisory Committee)가 미국 무역대표부(USTR, Office of the United States Trade Representative)에게 이 조항을 분명하게 규정할 것을 요구하고 있는 것이다.

또한 수용 및 보상에 있어서도 간접수용에 대하여 미국 내에서 문제가 제기되고 있다. 미국의 무역 환경 정책자문위원회(TEPAC, Trade and Environment Policy Advisory Committee)는 이것의 내용이 불분명하여 미국도 분쟁 해결 절차에 노출될 수 있다고 염려하고 있는 실정이다. 이것과 함께 최혜국 대우 조항, 투자계약과 투자인가에 대한 정의, 협정에 대한 일반적 유보 조항과 입증 책임 등 많은 사항에 대하여 한국과 미국 양국에서 논란이 계속되고 있다.

(3) 서비스부문

서비스부문의 개방을 찬성하는 측의 주장은 거의 일관되어 있다. 그동안 한국은 수출 위주의 경제정책으로 제조업이 주로 성장하고 서비스산업은 상대적으로 부진하였는데 이제 서비스업을 새로운 성장 동력으로 육성해야 한다고 한다. 이를 위해 한미 FTA를 한국 서비스산업의 경쟁력 향상의 기회로 이용해야 한다는 것이다(신용상, 2006).

한미 FTA 찬성론자들의 서비스 개방론은 이론적으로 보면 별로 반대할 이유가 없다. 그러나 현실적으로 접근해보면 사안들이 그렇게 간단하지가 않다. 먼저 공공서비스가 개방되면 어떻게 될까. 한미 FTA 반대론자들의 결론은 공공서비스는 엄청난 타격을 받게 되고 민중의 삶에 커

다란 위협을 줄 것이라고 한다. 그 성격에 있어서 공공서비스는 평등성, 공정성이라는 비시장적 가치에 기초한 반면 FTA는 영리극대화를 목적으로 하는 시장 중심의 원칙에 기반하고 있기 때문이다. 따라서 협정이 발효되면 공공서비스가 붕괴되어 국가가 손해를 보게 되고 또한 ISD로 인하여 외국투자가에게 보상까지 해야 하는 상황이 올 수도 있다는 경고가 나온다(정태인 외, 2007).

그렇다면 공공서비스에 대한 피해는 구체적으로 어떤 분야에서 예상될 것인가. 협정문은 서비스부문의 개방 분야를 구체적으로 언급하지 않고 있으나 안도할 수는 없을 것이다. 개방의 대상이 명확하게 설정되지 않는 한 이들 공공 분야는 현실적으로 개방의 대상이다. 한국정부의 협정문에서는 나타나고 있지 않지만(은폐되고 있지만) 미국 측 자료는 전력과 가스의 유지, 보수 분야의 개방과 철도망의 시설과 운영 개방이 언급되고 있다(송유나, 2007). 이와 같은 국가 기간산업이 자율적 개방인 민영화를 거쳐 대외적으로 개방된다면 어떠한 결과가 일어날까.

말할 것도 없이 이들에 대한 공공요금 정책은 미국 측이 요구한 대로 요금 현실화가 가속될 것이다. 공공서비스가 시장가격으로 현실화된다면 철도요금은 최소한 40% 이상 인상될 것이며, 마찬가지로 전기요금, 상수도요금도 급격한 상승률을 보일 것으로 여겨진다(송유나, 2007). 이것은 무엇을 의미하는 것인가. 공공요금의 인상은 결국 국민들, 특히 일반 서민들의 부담으로 전가될 것이 분명하다. 즉, 한미 FTA가 공공서비스에 대한 한국 국민의 권리를 박탈할 것으로 보인다. 시장 개방과 자유경쟁이라는 이름으로.

공공서비스와 함께 또 하나의 큰 변화가 예상되는 것은 금융 분야라고 하겠다. 먼저 개방론자의 일반적 주장은 한미 FTA를 이용하여 한국의 금융산업을 글로벌 경쟁에 노출시켜 한 단계 업그레이드시킴으로써 동북아 금융 허브의 토대를 마련할 수 있다는 것이다(오정근, 2006). 이와 같은 일방적인 장밋빛 전망에 대하여 반론이 제기되는 것은 말할 것도 없다.

비판론자들이 제기하는 중요한 문제는 '資本市場 統合法(자본시장 통합법, 자통법)'의 제정이다. 이것은 미국 측이 절실하게 원했던 시안인데 한국정부는 동북아 금융 허브 건설이란 구호아래 FTA와 별도로 이것의 입법을 추진한 것이다. 마치 이 법을 제정하는 것이 낙후된 한국 금융의 선진화를 이루는 첩경으로 생각한 듯하다. 과연 그럴까.

우선 이것의 제정은 금융산업의 분리주의가 겸업주의로 변경된다는 것을 의미한다. 미국은 1990년대 초 금융업계의 집요한 로비로 의회에서 1930년대 대공황 이후 제정한 '글라스－스티걸법(Glass-Steagall Act)'을 폐기하면서 겸업주의로 금융의 구조를 변경시켰다. 은행업과 증권업을 분리시키지 않는 것이 금융업의 성장에 도움이 된다는 인식에서였다. 따라서 한국에서 자본시장 통합법을 제정한다는 것은 한국의 금융구조를 미국과 일치시킨다는 것을 의미하고 이러한 동일구조의 인프라 구축은 미국 금융기관들의 한국 진출에 절대적으로 필요한 사안인데 이것을 한국정부가 자발적으로 시행하였으니 미국은 전투를 하지 않고 승리를 한 셈이라고 하겠다.

그런데 한국이 資統法(자통법)을 제정한다고 모든 것이 끝나는 것은 아니다. 문제는 2008년 미국에서 발생하여 세계를 강타한 금융위기가 모든 것을 원점에서 다시 생각하게 만든 것이다. 미국 금융업계가 그토록 집요하게 추구했던 겸업주의에 대하여 회의적 시각이 나타나기 시작하였고 향후 미국의 금융은 은행업과 증권업의 분리 쪽으로 회귀할 전망이다. 금융산업의 성장보다 안전 쪽으로 정책의 방향이 옮겨지고 있기 때문이다. 이러한 추세에서 보면 현재 한국이 자통법을 도입하여 금융의 겸업주의로 나가고 있는 것은 어쩌면 시대에 逆流(역류)하고 있는 것은 아닌가 하는 의문이 든다.

또한 한미 FTA에서 은행과 보험 등에서 활동을 더욱 개방화하고 자유화한 것은 미국을 비롯한 다른 금융 선진국과는 거꾸로 가고 있는 듯하다. 예를 들어 FTA가 방카슈랑스의 2단계 실행이라든가 다양한 신금융서비스를 조건부로 수용한 것은 오히려 규제를 강화해야 하는 상황에서 기존의 금융 시스템을 전제로 한 무모한 선택일 수도 있는 것이다(김상조, 2008).

금융 서비스 분야의 협정에 대한 또 하나의 중요한 문제는 의료보험과의 관계이다. 한미 FTA는 일년 내에 민간 보험상품의 출시를 네거티브 리스트로 변경할 것을 요구하고 있다. 이렇게 되면 그동안 한국정부가 해왔던 민간 보험상품의 규제가 불가능해진다. 이에 추가하여 신보험상품에 대해서 기존의 신고제조차 거부함으로써 어떠한 상품의 출시도 막을 수 없게 되었다. 보험상품을 자유화한 것은 심지어 공적 건강보험과 경쟁하는 상품조차 출시할 수 있다는 것을 말한다.

이렇게 되면 공적 건강보험은 갈수록 위축되고 그 자리를 민간 의료보험이 차지할 것이 분명하다. 이것은 그간 한국이 세계에서 모범적으로 운영해 온 공적 건강보험시스템을 위협하게 되고, 민간 의료보험 중심으로 되어 있는 미국식 의료체계, 즉 고비용, 저효율, 의료 양극화의 의료체계로 귀결될 가능성이 크다고 하겠다(건강권 실현을 위한 보건의료단 정책실, 2007). 한미 FTA로 미국의 보험업계는 환영 성명을 내고 있지만 한국의 건강보험체계가 改悪(개악)될 수도 있다는 이야기다.

(4) 지적 재산권

지적 재산권은 아마 한미 FTA에서 미국이 가장 역점을 둔 분야라고 해도 과언이 아니다. 어쩌면 이것을 확보하기 위하여 미국이 FTA를 추진했는지도 모른다. 따라서 미국은 이 분야에서 집중적인 공세를 취하고 한국은 이 공세를 힘겹게 방어한 셈이다.

협정은 지적 재산권을 조목조목 나누어서 상세하게 커버하고 있다. 우선 대표적인 조항인 저작권을 살펴보자. 여기서 가장 특기할 것은 저작권 보호기간의 대폭 연장이다. 현행 저작권법은 저작자 死後(사후) 50년의 보호기간을 인정하고 있는데 한미 FTA는 이것을 70년으로 확대한 것이다. 당국은 이것을 두고 국제적 추세라든가 제도 선진화라고 설명하고 있다. 그러나 저작권 보호기간을 저작자 사후 50년 이상이나 인정한 국제 조약은 찾아보기가 힘들다(남희섭, 2007). 이런 면에서 보면 한미 FTA는 파격적인 기록을 세운 셈이다.

저작권 보호기간의 연장은 매우 예민한 사안이다. 왜냐하면 이것에 따라 엄청난 경제적 손실이 발생하기 때문이다. 따라서 한국 측이 한국의 사회, 문화, 경제적 상황을 고려하지 않고 미국 측 요구를 수용한 것은 제도 선진화가 아니라 자신의 정책 주권을 포기한 것이라고 하겠다. 결과적으로 이것은 저작권 제도의 균형추를 사용자 쪽에서 권리자 쪽으로 지나치게 이동시킨 것이다.

저작권에 이어 또 하나의 쟁점은 의약품에 대한 지적 재산권, 즉 특허권의 문제이다. 원래 당국은 의약품을 허가할 때 해당 제품이 어떠한 특허권을 침해하였는가를 조사할 의무가 없다. 왜냐하면 특허권은 기본적으로 私的(사적)인 權利(권리)에 해당함으로 권리자 스스로가 그것을 지키고, 그것이 침해되면 스스로가 그 구제에 나서야 하는 것이다. 그런데 한미 FTA에서는 의약품에 대해서 허가와 특허를 연계한 것이다.

한국정부가 의약품에 대하여 허가와 특허를 연계한 것은 미국 제약업계에 일종의 특혜를 제공한 셈이다. 사실 허가-특허의 연계는 미국의 신통상정책에서도 삭제하라고 할 정도로 의약품에 대한 접근권을 저해하는 대표적인 독소 조항이다. 이번 의약품 분야 협상결과로 인한 피해는 정확하게 산정되고 있지 않지만 엄청난 규모로 추산되고 있다. 재협상을 통하든지 어떠한 방법으로든 시정되어야 할 사항이라고 판단된다.

2) 총론적 쟁점: 풀리지 않는 의문점

앞에서 여러 가지 분야별 쟁점들을 열거하였는데 이것들이 결코 전부는 아니다. 사실 이보다 훨씬 많은 쟁점들이 도사리고 있으며 그동안 각계 전문가들에 의하여 많은 논의가 이루어져 왔다. 따라서 분야별 쟁점 모두를 여기서 다시 논의한다는 것은 가능하지도 적절하지도 않을 것 같다. 대신 분야별 쟁점의 차원을 넘어가는 몇 가지의 전반적, 정책적 쟁점들을 다시 한번 살펴볼 필요가 있을 것 같다. 이 근본적인 문제점들에 대한 그동안의 논쟁은 충분하지 못하였을 뿐만 아니라 그것들은 앞으로 협정이 발효된 이후에도 논란의 중심에서 사라지지 않을 것이기 때문이다.

(1) 한국정부의 논리: 개방이냐 쇄국이냐?

한국은 미국과의 FTA를 논의하기 전 칠레, 싱가포르, 아세안 등 여러 곳과 이미 FTA를 체결하였고, 한미 FTA의 비준 여부와 관계없이 EU 등 많은 나라들과 FTA를 추진하고 있다. 즉 FTA를 통하여 국제적 교역규모를 확대해 나간다는 정책기반 위에 서 있는 것이다. 이러한 정부의 통상정책에 대하여 국민들은 대체로 지지를 하고 있는 것으로 보인다. 기본적으로 FTA 자체에 대하여 별로 거부감을 나타내지 않고 있다 하겠다. 그런데 한미 FTA에 대해서는 엄청난 반대가 일어난 것이다.

한미 FTA를 추진한 한국정부는 강력한 반대여론에 부딪히게 된 것이다. 따라서 정부는 반대론을 무마하고 국민여론을 찬성으로 돌려야 하는 엄청난 과제를 안게 되었고 이것을 위하여 고심하지 않을 수가 없었던 것이다. 그리하여 정부 산하 관변연구소의 전문 인력을 동원하여 반대여론에 적극적으로 대응하는 한편 많은 예산을 투입하여 한미 FTA에 대한 대대적인 홍보에 돌입하게 되었던 것이다.

정부가 한미 FTA 홍보에서 국민을 설득하기 위하여 사용한 가장 핵심적인 도구는 한국이 開放(개방)으로 가야 하나 아니면 鎖國(쇄국)으로 머물 것인가 하는 질문이었다. 이 修辭法的(수사법적) 질문은 엄청난 효과를 거두었다고 여겨진다. 한미 FTA 반대세력을 守舊派(수구파)로 그리고 찬성세력을 開放派(개방파)로 규정한 것은 그동안 복잡다단한 토론에 식상해 있는 국민들을 아주 쉽게 설득할 수 있는 비법이었다. 그러나 이와 같이 단순화된 二分法(이분법)은 정말 적절했는지, 이러한 접근법은 문제가 없었는지 다시 한번 살펴볼 필요가 있다.

먼저 따져볼 것은 한미 FTA에 개방이냐 쇄국이냐 하는 命題(명제)를 적용하는 것은 과연 타당한가 하는 것이다. 이것은 두 가지 의문을 제기한다. 먼저 21세기를 사는 한국 국민들에게 19세기의 질문을 할 수 있느냐 하는 점이다. 이것은 분명히 난센스라고 하겠다. 그런데도 이 난센스가 국민들에게 먹혀 들었다는 것은 무엇을 의미하는가. 아마 그것은 한국이 경험한 뼈아픈 근대사에 기인하고 있지 않나 한다. 개방의 시기를 놓쳐서 근대화를 이룩하지 못하고 결국은 식민지로 전락한 지난 100년에 대한 심리적 부담을 안고 있는 한국 국민들은 쇄국이라는 말 자체에 대하여 조건반사적 거부감을 가지고 있다고 여겨진다. 정부는 이 심리를 자극한 것이다.

또 하나의 의문은 한미 FTA에 대한 반대와 FTA 일반에 대한 반대를 동일시할 수 있느냐 하는 점이다. 전자는 '높은 수준의 FTA'이고 후자는 '낮은 수준 또는 중간 수준의 FTA'라고 하겠다. 따라서 이 두 가지의 반대는 엄연히 구별되어야 할 사안임에도 불구하고 정부는 이것들을 결합한 것이다. 앞에서도 언급하였지만 한국 국민들은 일반적 FTA, 즉 '낮은 수준' 또는 '중간 수준'의 FTA에 대하여 특별한 거부감이 없었다. 따라서 한・칠레 FTA의 경우 농민들로부터 약간의 저항이 있었지만 무난하게 추진되었고, 한・싱가포르 FTA의 경우 아무런 반대도 없었다. 그런데 중요한 것은 매우 '높은 수준의 FTA'인 한미 FTA는 이미 체결한 FTA들과는 그 성격과 규모가 현저하게 다른 것인데도 정부는 이것을 FTA 일반과 동일시하여 여론을 이끌어 간 것이다. 어쩌면 사실의 歪曲(왜곡)과 여론의 糊塗(호도)라고 할 수 있을지 모르겠다.

(2) 정치적 모순: 왜 진보정권이 신자유주의를?

한미 FTA의 가장 큰 수수께끼는 이것을 盧武鉉(노무현) 정부가 추진했다는 사실이다. 어떻게 진보정권임을 자처하는 노무현 정부가 신자유주의에 기초한 한미 FTA를 제안하고 엄청난 반대에도 불구하고 이것을 끝까지 밀어붙였는가. 이 의문은 아직도 풀리지 않고 있다. 당시 야당인 한나라당은 노무현 정권의 이러한 제안에 적극 찬성하였으며, 또한 미국 측 당사자인 조지 부시가 이끄는 공화당 정부 역시 찬성하고 나선 것은 별로 놀라운 일이 아니다. FTA란 기본적으로 보수정권의 어젠다(agenda)이기 때문이다. 그런데 진보정권인 열린 우리당이 한미 FTA를 발의하였다는 것은 모순이라면 모순이라고 하겠다.

이 모순을 설명할 수 있는 길이 없는 것은 아닌 듯하다. 하나의 방법은 노무현 대통령을 열린 우리당으로부터 분리시키는 것이다. 사실 노 대통령이 한때 소속당으로부터 이탈하고 대립한 과거를 생각해보면 이 가설이 설득력을 가질 수도 있을 것 같다. 그런데 이 가설로도 의문은 완전히 해결되지 않는다. 그러면 왜 진보적 노선을 추구한다는 노 대통령은 한미 FTA를 추진한 것인가. 어쩌면 이에 대한 해답을 얻는 것은 너무 빠른 일인지도 모르겠다. 대통령의 통치기간 중의 자료가 아직 일반인에게 공개되지 않은 현 시점에서는.

(3) EU와 일본: 왜 그들은 미국과 FTA를 피하는가?

경제통합 달성 후 정치통합으로 나아가고 있는 유럽연합(EU)은 지역에 기반을 둔 하나의 국가연합체라고 하겠다. EU를 하나의 연합국가로 볼 때 그 위상은 실로 엄청나다. EU는 25개의 회원국으로 구성되어 총 인구가 4억 5천만이며 GDP는 9,300억 달러로 이것은 미국과 거의 대등한 경제규모가 된다(2004년 기준). 더욱 주목할 것은 EU가 전 세계 수출과 수입의 43%를 각각 담당하고 있다는 사실이다. 세계 최대의 무역시장을 형성하고 있는 것이다.

세계무역에서 제일 큰 축을 이루고 있는 EU로서는 무역을 확대하기 위하여 많은 노력을 경주하고 있는 것은 말할 필요가 없다. 무역정책에 있어서 EU는 세 가지의 기조를 유지하고 있다고 여겨진다. 지역주의, 다자주의, 상호주의가 그것들이다. EU의 깃발 아래 지역 내 무역을 활성화하면서 WTO의 다자적 규범을 수용하고 있으며, 상호적 협정인 FTA도 적극 활용하고 있는 것이다. 이 세 가지 기조 사이에 혼선과 상충이 일어나기도 하지만 EU는 어느 하나도 무시하지 않고 있는 듯하다.

이와 같은 기본노선 아래 EU는 그간 많은 국가들과 FTA를 체결하여 왔고 앞으로도 이러한 노력은 지속될 것으로 보인다. 그동안 EU는 저개발국, 개발도상국, 선진국 등 다양한 국가들과 FTA를 맺었다. 그런데 FTA 협정을 보면 각 국가별로 그 내용에 상당한 차이가 보인다. 튀니지(1995년), 이스라엘(1995년), 모로코(1996년), 요르단(1997년), 팔레스타인 자치정부(1997년), 알제리(2001년), 레바논(2002년) 등 소위 지중해 연안 국가들(MED, Mediterranean countries)과 맺은 대다수 FTA는 경제협력과 상호조정을 강조하면서도 선진국들과의 FTA에서 볼 수 있는 투자 보호조항 같은 강력한 요구 등은 별로 보이지 않고 있다.

그러나 저개발국들과 달리 멕시코(1997년)와 칠레(2002년) 등 일부 개도국들과 체결한 FTA에서는 투자와 서비스 등의 조항들이 훨씬 많이 추가되고 있어서 그 포괄성은 증대되고 있는 것으로 보인다. 이것은 무엇을 보여주고 있는 것인가. FTA에 대한 EU의 정책은 일반 국가에서처럼 단순하지 않은 듯하다. 다른 말로 하면, EU의 정책은 절대적 사항들을 요구하기보다 상대국 입장과의 조율에 치중하고 있다는 느낌을 받는다.

EU의 FTA 정책을 부분적으로 검토하고 보면 왜 EU가 미국과의 FTA에 선뜻 나서지 않는가 하는 의문에 접근하는 데 약간의 도움을 주는 것 같다. 그러나 그것만으로 모든 의문이 다 해소되는 것은 결코 아니다. 세계 최대 경제국들인 미국과 EU가 FTA를 기피하는 데는 분명히 다른 이유들이 있을 것이다. EU집행위원회가 회원국의 다양한 입장들을 조율하고 대변하기가 너무 어려워서일까. 아니면 EU 입장에서 볼 때 미국은 여러 가지 면에서 역시 불편한 파트너가 되기 때문일까. 앞으로 더 두고 볼 일인 것 같다.

마찬가지로 또 하나의 무역대국 일본이 미국과의 FTA를 기피하는 것은 무슨 이유일까. 사실 일본은 한국보다 훨씬 먼저 미국과 FTA 협상을 시작한 바 있다. 그러나 그 협상은 초기에 중단되어 버렸다. 협상의 중단이 미국 측의 요구였는지 아니면 일본 측에 의해서 이루어졌는지 알려져 있지 않다. 일반적인 추측은 일본이 협상의 중단을 요구하지 않았나 한다. 그렇다면 일본은 왜 미국과의 FTA를 거부하였던가. 그것은 계속 의문으로 남아 있다.

최근 일본은 한국과 EU의 FTA 추진에 자극을 받아 EU에 러브콜을 보내고 있으며 머지않아 FTA 협상이 시작될 것 같다. 그러나 한미 FTA에 자극을 받아 일본이 미국과 FTA에 나서겠다는 이야기는 들어본 적이 없다. 전혀 그러한 계획이 없는 것이다. 한국정부의 논리대로 한다면 일본은 개방을 거부하고 쇄국으로 가려고 하는 것인가. 말할 것도 없이 일본은 한국보다 먼저 開港(개항)을 하고 쇄국에서 벗어난 나라이고 자발적으로 산업화를 이룬 근대 국가이다. 그러한 일본이 미국과의 FTA를 거부하는 것은 분명히 중요한 이유가 있을 것이다. 이 이유를 파악하는 것은 한미 FTA에 대한 한국의 입장을 설정하는 데 큰 도움이 될 것으로 여겨진다.

미국과의 FTA를 주저하거나 기피하고 있는 것은 비단 EU와 일본뿐만이 아니다. UAE는 미국에 기간산업을 넘길 수 없다고 협상을 무기 연기했고, 스위스는 미국의 농업 전면 개방요구에 반발해 협상을 중단했다. 카타르와 에콰도르도 자국 산업을 보호하기 위하여 협상을 중단한 상태이다. 이들 국가들은 한국처럼 쉽게 협상을 진행하고 있지 않는 것이다. 왜 이들 국가들이 반발하고 후퇴하고 있는가 하는 것은 한국에게 많은 시사점을 주고 있다 하겠다.

(4) NAFTA: 멕시코는 만족하고 있나?

북미 자유무역협정(NAFTA)을 체결하기 전 멕시코에서는 엄청난 반대가 있었다. 그러나 멕시코 정부는 미국과 함께 협정을 밀어붙여서 성사시켰던 것이다. 그들의 주된 논리는 성장론, 선진화, 대세론, 경쟁력 강화, 양극화 해소 등이었다. 이것은 마치 노무현 정부가 한미 FTA를 추진했던 논리와 너무나 흡사해서 놀랄 따름이다. 그러면 1994년 NAFTA가 발효된 이후 멕시코는 어떻게 되었는가.

멕시코에 있어서 NAFTA의 성과에 대하여서는 의견이 양분되고 있다. 먼저 긍정론을 보면 협정 후 멕시코의 수출이 엄청나게 증가하였고, 외국인 직접투자도 크게 확대되었으며, 이에 힘입어 GDP 성장률 또한 협정 이전보다 상당한 증가를 보였고 이러한 결과로 1인당 국민소득이 신장되고 실업률도 하락하며 물가도 안정을 찾았다는 것이다. 거시경제 지표로서 보면 대단한 성공이라고도 할 수 있을 것 같다.

그러나 이것과는 달리 비판적 평가도 만만치 않다. 수출이 증가한 것은 사실이지만 그 내용을 보면 수출 1위부터 6위 가운데 멕시코 기업은 국영석유회사 하나만 있고 나머지는 미국기업들이 다 차지해버렸다는 것이다(배성인, 2006). 이것은 별로 놀라운 일이 아니었다. 전체 수출의 80% 이상이 미국으로 향하고, 전체 수입의 85%가 미국으로부터 들어오고 있는 구조에서 멕시코는 미국시장을 위한 노동집약적 생산기지로 변모한 것이었다.

외국인 투자가 늘어난 것도 사실이지만 그것의 내용을 분석해보는 것도 필요할 것 같다. 멕시코에서의 외국인 투자가 신규 직접투자, 소위 '그린필드 투자'가 아닌 기존 멕시코 기업을 인수/합병하거나 주식, 채권, 선물 등 자본시장 투기를 중심으로 이루어져 왔는데 이것은 결과적으로 멕시코 경제를 다국적 투기자본의 위협에 빠뜨렸다고 볼 수 있다.

농업부문에서도 엄청난 문제가 발생하였다. 협정 발효 후 농산물의 수입이 엄청나게 증가한 것이다. 농산물과 가공 식품류의 수입 의존율은 협정이 발효된 1994년 20%에 불과하던 것이 2004년에는 50%에 육박하였다(박순빈, 2006). 특히 미국산 농산물의 수입이 크게 늘어났는데 그 증가율은 협정 후 10년 동안 100%에 도달하였다. 이것으로 인하여 같은 기간 내 농업부문 일자리 130만 개가 사라졌고 일자리를 잃은 멕시코인들은 국경을 넘어 미국으로 들어가게 되었다. 예상과는 정반대로 협정 후 미국 내 멕시코인 불법 노동자의 수는 빠른 속도로 증가하였고 이것은 미국 측에도 엄청난 부담으로 나타났다. NAFTA로 인하여 멕시코의 농업은 구조적인 위기국면으로 들어가 버린 것이다.

한편 협정 후 제조업의 노동생산성은 68%나 증가하였지만 노동비용은 31% 감소하였다(배성인, 2006). 생산성의 증대가 노동조건의 개선으로 연결되지 못한 것이다. 물론 생산성 향상으로 그 혜택을 보는 계층이 등장하였지만, 노동인구당 임금수준의 격차가 협정 후 더 확대되었다는 점은 부정하기 힘들다. 이것은 당초 NAFTA가 양극화를 극복할 것이라는 전망과 달리 양극화의 심화로 나타난 것이다. 이러한 변화는 결국 협정 후 진행된 대대적인 구조조정의 결과였다. 제조업과 농업에서 대규모 도산이 일어나는 동안 국내경제는 점점 외국자본에 종속되어 갔다.

외국자본의 지배가 가장 현저하게 나타난 것은 금융이었다. 자본시장의 개방으로 은행업의 80% 이상을 미국 은행들이 장악해버렸다. NAFTA가 국내은행의 몰락을 가져온 것이다. 외국자본이 금융부문을 지배하였다는 것은 무엇을 의미하는가. 정부의 독자적인 통화정책과 신용정책이 어려워진다는 것이다. 이것은 국가경제의 큰 걸림돌로 작용할 것은 말할 필요가 없다.

외국자본의 멕시코 진출과 관련하여 또 하나 생각해 볼 것은 1995년의 외환위기이다. 일명 '페소화 위기'라고 불리는 이 경제위기가 왜 NAFTA 발효 후 불과 1년 만에 발생하였는가 하는 것은 흥미 있는 질문이다. 그동안 여기에 대하여 많은 연구가 있었지만 일관된 설명은 없었다. 중요한 것은 이 경제위기가 NAFTA와 정말 무관한 것인가 하는 점이다. 이 점에 대해서는 아무도 상관이 없었다고 자신 있게 주장하지 못하고 있는데 이것은 자유무역협정이 항상 긍정적인 효과만 가져오는 것이 아니라 부정적인 결과도 수반한다는 것을 묵시적으로 말하고 있다 하겠다.

NAFTA는 멕시코에 엄청난 변화를 가져왔다. 여러 거시경제지표가 개선된 것은 사실이다. 그러나 그 내용을 살펴보면 엄청난 문제들이 발견되는 것도 사실이다. 그러면 이러한 경제, 사회, 정치적 문제들에도 불구하고 협정을 체결한 멕시코인들은 지금 어떠한 생각을 하고 있을까. 오늘의 현실에 만족하고 있을까 아니면 후회하고 있을까. 이 점이 궁금하지 않을 수 없다. 이것을 확인하는 것은 미국과의 FTA를 시작하려는 한국에게 많은 시사점을 줄 것으로 보인다.

3) 스티글리츠 교수의 비판

노벨 경제학상을 받은 스티글리츠는 自他(자타)가 공인하는 세계적인 경제학자다. 그런데 그는 대학에 갇혀 연구만 하는 학자가 아니다. 세계경제의 주요 이슈들에 대하여 침묵하지 않고 자신의 소신을 확실하게 밝히는 이른바 행동하는 양심이라고 하겠다. 이와 같은 굽히지 않는 소신과 적극적인 행동으로 그는 주류경제학계와 충돌하고 있으며 정치적으로는 주로 공화당과 같은 보수진영과 맞서고 있는 것이다.

그는 빈곤, 개발, 온난화, 무역 등 여러 가지 현안문제에 대하여 지속적인 관심을 가지고 있다. 세계화의 문제를 분석하여 두 권의 저서를 출판하였는데 모두 다 베스트셀러가 되었다. 또한 그는 개발도상국에 대하여서도 관심이 많은데 특별히 한국에 대하여 생각이 많은 것 같다. 한국경제의 여러 문제들에 대해서도 매우 정통하며 날카로운 분석을 내놓기도 하였기 때문이다. 그런데 그가 한미 FTA에 대하여 자신의 입장을 밝힌 것은 매우 이례적인 일로서 한국은, 특히 한국정부는 그의 지적을 심각하게 고민해 보아야 할 것 같다.

세계화에 대한 그의 두 번째 저서 *Making Globalization Work*의 한국어 번역판(국내에서 『인간의 얼굴을 한 세계화』로 출간)[2]에서 그는 한국독자를 위하여 특별 기고문을 추가하였는데 여기서 그는 한미 FTA를 신랄하게 비판하고 나아가서 심각한 우려를 표명한 것이다. 왜 세계 정상급

---

2) *Making Globalization Work*는 '인간의 얼굴을 한 세계화'로 번역되었지만 '세계화를 제대로 하려면'이라고 했으면 어떠했을까 한다. 아쉬움이 남는다.

경제학자가 한국이 미국과 FTA를 맺는 것을 반대하는지 그 이유를 살펴볼 필요가 있을 것 같다.

원론적으로 접근할 때 그는 자유무역협정(FTA)은 세계무역에 逆行(역행)하는 일이라고 본다. 왜냐하면 상호주의에 기반한 양자 간 무역협정은 지난 60여 년간 구축하여 온 다자주의적 무역질서를 무너뜨리고 있기 때문이다. 다자간 무역질서의 특징은 아무런 차별이 없는 체제이다. 반면 상호주의 체제는 세계를 우방국(예컨대 면세혜택을 받는 국가)과 비우방국(그렇지 못한 국가)으로 양분하여 차별하고 있는 셈이다. 다자간 무역규범을 파괴하려는 미국이 이러한 상호 간 FTA를 전 세계로 확산하려 하고 있다고 그는 비판한다.

그런데 세계무역의 기본질서인 다자간 시스템을 공격하는 미국을 왜 한국이 협력하고 지원하는가라고 묻고 있다. 다른 말로 하면 한국은 무엇을 알고 미국과의 FTA를 추진하느냐는 것이다. 사실 한국 측에서는 찬성편이든 반대편이든 이러한 원론적 논의를 제기한 바는 전혀 없었다. 한미 FTA에 대한 그의 판단은 매우 비관적이다.

> …… 많은 한국인들이 한미 FTA를 쾌거라고 여기고 앞으로 무수한 새로운 기회의 장이 될 것으로 생각할지 모르지만 나는 여기에 대하여 전혀 낙관하지 않는다. 왜냐하면 이 협정이 한국이나 나아가서 전 세계에 어떤 혜택을 가져올 것인가가 확실하지 않기 때문이다. 앞으로 이 협정에 큰 기대를 하고 있는 사람들은 아마 크게 실망하게 될 것이다 (스티글리츠, 2008). ……

FTA에 대한 그의 비관론은 실증적 증거에 기반을 두고 있는 듯하다. 그의 조사에 의하면 FTA 덕으로 지속적 성장을 하고 경제적 번영을 이룬 나라는 없다는 것이다. 예를 들면 멕시코와 미국은 NAFTA 체결 이후 10년간 두 국가 간의 간격이 오히려 더 벌어졌다는 것이다. 그 이유는 이 협정은 엄격한 의미에서 자유무역협정이 아니라는 것이다.

이 협정에 의하면 미국은 농가보조금을 계속해서 지급할 수 있을 뿐 아니라 언제든지 미국시장을 잠식하는 상품에 대해서는 반덤핑 관세를 부과할 수 있도록 여전히 비관세 장벽을 유지하고 있는데 이것이 어떻게 자유무역을 규정한 협정이냐고 그는 반문하고 있다. 미국에게 일방적으로 유리한 조항들로 가득 찬 협정은 자유무역협정이라기보다 차라리 관리무역협정이라는 것이다.

따라서 한국도 이러한 우를 범해서는 안 된다고 경고하고 있다. 예를 들면 자국 내 TV프로그램의 선택과 규제, 환경을 파괴하는 대형 승용차의 수입을 거부할 권리는 결코 포기해서는 안 된다는 것이다. 또한 한미 FTA에 포함된 지적 재산권 분야에서 복제약에 대한 이용 가능성을 대폭 낮춘 것은 한국 측이 미국 제약회사들을 위한 봉사만 하고 시민단체들의 사회적 요구를 무시한 처사라고 보고 있다.

여러 가지 면에서 한국은 미국과의 FTA 협상에서 불리한 결과를 가져 왔고 이 협상이 발효되면 한국 측은 많은 피해를 받을 것으로 염려하고 있다. 한미 FTA에 대한 그의 판단에 의하면

> …… 제조 상품에 부과되는 관세는 세계적으로 이미 상당히 낮아졌기 때문에 한미 FTA로부터 한국이 실질적으로 얼마만큼의 혜택을 얻을 수 있을지는 알 수가 없다. 미국으로서는 항상 자기들이 비교우위를 가지고 있는 금융 등 서비스 분야의 개방을 강요하고 관철시켜 온 반면 건설업처럼 자기들이 상대적 열세에 있는 분야에 대한 개방은 강력하게 거부할 따름이다. 누가 봐도 이러한 미국의 접근방법은 한미 FTA에서도 별로 다르지 않다. ……

> …… 그러나 모든 것은 시간이 흐르면 밝혀질 것이다. 누구의 말이 맞는지 말이다. 한미 FTA를 옹호하는 사람들은 이 협정으로 무역이 확대되고 경제가 성장하고 국가가 번영을 이루게 될 것이라고 으스대지만, 이 협정을 비판적으로 보는 사람들은 한미 FTA로 인하여 한국뿐만 아니라 세계적으로 다자간 무역체제가 치러야 할 대가에 대하여 우려를 하고 있는 것이다 (스티글리츠, 2008). ……

스티글리츠 교수는 분명히 미국인이다. 따라서 그는 미국의 國益(국익)을 위하여 한미 FTA를 비판하고 있는 것인가? 꼭 그렇지만 않은 것 같다. 그간 광범위한 인정을 받아 온 그의 학문적 성과와 세계적 이슈들에 대한 그의 일관된 소신을 고려해 볼 때. 그의 비판은 미국이라는 한 나라의 차원에서 나온 것만은 아닌 것 같고, 한국과 나아가서 세계무역의 질서라는 보다 큰 틀에서 이루어지고 있는 것이 아닌가 한다. 이와 같은 심각한 그의 우려를 한미 FTA를 성급하게 추진한 한국정부와 찬성세력들이 그저 간단하게 무시하고 지나갈 수 있을 것인가.

4. 나오면서

2007년 6월 30일 한미 FTA는 체결되었지만 아직 양국 의회의 비준을 거치지 못하고 있다. 한국과 달리 미국 의회의 비준이 불투명한 상태다. 오바마 정부와 집권당인 민주당이 FTA에 대하여 적극적인 자세를 취하고 있지 않기 때문이다. 또한 미국 내 반대세력의 목소리도 만만치가 않다. 따라서 현재로서는 한미 FTA의 장래가 불확실한 편이다. 그렇다고 이 협정이 곧 폐기될 것이라고 볼 수도 없을 것 같다. 그러나 이 협정의 운명이 어떻게 되든지 한 가지 분명한 것은 한미 FTA가 제기한 여러 가지 의문점들에 대한 논란은 앞으로 상당기간 지속될 것이다. 그렇다면 이러한 논란의 지속은 무엇을 의미하고 있는가? 적어도 세 가지의 의미는 파악될 수 있을 것 같다.

먼저 한미 FTA는 국내외적으로 FTA에 대한 근본적인 논란을 다시 한번 제기한 것 같다. 과거 FTA를 당연하게 받아들였던 사람들도 이것을 원점에서 다시 한번 생각해보는 계기를 제공한 것이다. 즉 세계무역의 책임 있는 일원으로서 한국이 다자주의 무역규범을 파괴하려는 미국의 상호주의적 노선을 지원하고 협조할 것인가. 이 원론적 명제는 앞으로 더욱 심도 있는 논의를 요할 것으로 여겨진다.

또 하나의 의미는 한미 FTA를 통하여 많은 사람들이 미국 통상정책의 정체를 알게 되었다는 사실이다. 과거 일반이 미국을 단순히 자유무역의 기수로만 생각하였는데 이러한 통념이 한미 FTA를 계기로 흔들려 버린 것이다. 자국의 이익을 극대화하기 위하여서는 이념과 정책도 도외시하는 미국 측의 협상전략을 보면서 한미 FTA는 어쩌면 '자유무역으로 포장된 보호무역'일 수도 있다는 느낌을 가지게 된 것이다(이해영, 2006).

더욱 중요한 것은 미국이 지금까지 주도하여 온 세계화가 이런 것이었구나 하는 자각이다. 그렇다면 이러한 세계화의 진행에 한국은 어떻게 대응할 것인가 하는 과제가 주어진 셈이다. 그렇다. 이것이 바로 한미 FTA가 한국에 던지는 의미 있는 질문이 될 것이다. 즉 한국은 미국이 구축해가는 세계화의 질서에 동참한다면 과연 무엇을 얻게 되고 무엇을 잃게 될 것인가.

현재로서는 한국 측이 얻게 되는 것이 무엇인지 확실하지 않다. 다만 확실하게 여겨지는 것은 한미 FTA가 향후 수정되지 않고 현재의 협정으로 발효되면 한국은 자신의 경제주권을 상당 수준 포기하지 않을 수 없을 것이다. 왜냐하면 자유무역은 바로 자유경쟁을 의미하고 자유경쟁 체제하에서는 강대국에 의한 약소국의 경제주권 침해는 불가피한 것으로 판단되기 때문이다. 이런 면에서 보면 한미 FTA란 한국정부가 홍보하는 것처럼 그렇게 간단한 사안은 아닌 것이다. 단순히 경제적 사안을 넘어서 정치적, 역사적 변화를 초래할 수 있는 중대 사건이 아닐 수 없다. 적어도 한국에 있어서는.

11 금융세계화에의 고민

경제적으로 보면 세계화란 바로 자유화이고, 이것은 구체적으로 무역의 자유화와 금융의 자유화를 말한다. 따라서 무역의 자유화와 함께 금융의 자유화는 세계화로 가는 또 하나의 큰 길이라고 하겠다. 그동안 경제학자들은 금융자유화의 필요성을 끊임없이 주장해 왔으며 이러한 주장은 많은 나라에서 정책으로 반영되어 현실화되어 온 것이다. 그런데 여기서 주목할 것은 금융자유화가 개별국가 차원이 아니라 전세계적으로 추진되어 온 과제였다는 사실이다. 어떻게 하여 이것이 가능했던가.

금융자유화가 범세계적으로 공통적인 정책과제로 부상하게 된 것은 국제통화기금(IMF)과 세계은행에 의해서였다. 이 두 초국가기관은 오래전부터 금융자유화를 그들의 핵심과제로 설정하고 회원국과 관련국들에게 이의 실현을 독려해 온 것이다. 특히 이 기관들에게 많이 의존해야 했던 개도국들에게. 예를 들면 세계은행은 그간 개도국들에게 많은 開發金融(개발금융)을 제공하여 왔는데 그 수혜국들에게 금융시장의 개혁과 개방, 즉 금융자유화를 권고했고 借款(차관)을 제공받는 개도국들로서는 이러한 권고사항을 무시하기가 어려웠을 것으로 짐작된다.

또한 여러 나라들이 크고 작은 금융위기를 당할 때마다 긴급자금을 지원해 온 IMF는 救濟金融(구제금융) 제공 시 항상 여러 조건을 달았고 그중에는 다른 경제조치들과 함께 금융자유화와 관련된 사항들을 의례히 포함시키면서 개도국들을 압박했다. 그러면 이 두 기관들은 왜 금융자유화의 세계적 선교를 자임하게 되었던가. 특히 경제가 낙후된 저개발국과 개발도상국을 대상으로 하여. 그것은 무엇보다 금융자유화에 대한 이론적 배경과 그들 기관이 추구하는 정책목표 사이에 존재하는 상호 관련성에서 그 단초를 찾을 수 있을 것이다.

1) 금융자유화론

금융자유화에 대한 이론적 토대가 처음으로 형성된 것은 아마 1970년대 초반이 아닌가 한다. 당시 쇼(Edward Shaw)와 맥키논(Ronald McKinnon)을 중심으로 하는 일군의 학자들은 국민경제에서 금융부문의 능동적 역할을 강조하면서 하나의 학파로서 활동을 전개해 나갔다. 이들은 케인즈 모델에 기초한 기존의 國民所得理論(국민소득이론)을 비판하고, 그 대안으로 실물경제를 시중드는 데 그치지 않고 국민경제 전체를 이끌어 가면서 경제성장을 이룩할 수 있는 동력으로서 금융의 적극적 기능을 반영하는 새로운 모델이 필요하다고 주장했다. 그들의 공통적인 입장은 후진국의 경제개발을 위해서 또한 심지어 선진국에서의 경제성장을 촉진하기 위해서도 금융의 활성화가 매우 중요한 사안이라는 인식을 공유하고 있다. 특히 그들이 주목한 것은 후진국이 가지고 있는 금융부문의 여러 취약성과 문제점이었고 그들은 이러한 문제들을 해결하거나 개선하지 않고서는 경제개발이나 경제성장을 제대로 성취하기가 어렵다는 입장을 개진했다.

맥키논－쇼(McKinnon-Shaw) 그룹은 우선 후진국이 극복해야 할 과제가 실물부문에 많이 있겠지만 그것들 못지않게 금융부문의 낙후성과 취약성이 문제라고 진단한다. 금융의 후진성이란 금융시장이 기본적으로 폐쇄적이고, 모든 금융활동이 현저하게 제약되고 통제되어 있는 총체적인 현상을 말한다. 그들은 이와 같은 금융시장의 왜곡을 '金融抑壓(금융억압, financial repression)'[1)]으로 파악하고 여기서 어떻게 자유시장의 원리가 작동하고 경제의 효율성이 제고되며 나아가서는 어떻게 경제가 성장할 수 있겠느냐고 묻고 있다. 따라서 후진국에서의 금융의 문제는 한마디로 금융억압의 문제이며, 이것은 국가에 따라서 정도의 차이는 있겠지만 대개 이자율의 하향제한, 우대금리와 정책금융의 유지, 중앙은행의 과도한 지불 준비율, 환율의 정책적 조정, 통화남발로 인한 인플레이션 등을 구체적 내용으로 담고 있다.

선진국에서도 그러하지만 후진국의 경우 경제성장을 도모하는 것이 급선무라고 하겠다. 경제가 성장하기 위해서는 무엇보다 투자율을 올려야 하는데 투자확대는 저축확대 없이는 거의 불가능하다. 해외저축의 국내유입이 제한되어

1) '금융억압(financial repression)'이란 표현은 1973년 McKinnon과 Shaw가 각각 그들의 저서에서 처음으로 사용하면서 광범위하게 통용되었는데 이제는 경제개발과 관련된 문헌에서 거의 정착되었다고 하겠다.

있는 후진국의 경우 국내저축 증대가 중요하게 되고 이것은 결국 금융부문이 풀어야 할 숙제인 셈이다. 금융자원을 조달하고 그것을 투자를 위하여 배분하는 것이 금융의 역할이기 때문이다. 그런데 후진국에서 금융은 이러한 임무를 효율적으로 수행할 수 없다는 데 문제가 있다. 정부의 개입으로 금융시장과 금융기관은 여러 가지 형태로 제약을 받거나 압박을 받고 있기 때문이다. 따라서 이와 같은 금융억압을 해결하지 않고서는 경제개발을 성취할 수 없다는 것이 맥키논－쇼(McKinnon-Shaw) 그룹의 일관된 주장이다. 여기에서 금융개혁의 필요성이 대두되는 것이다.

금융개혁이란 앞에서 언급한 모든 형태의 금융억압을 해소하는 것으로서 이것은 결국 금융자유화를 의미하고 지향하는 것이다. 그렇다면 금융자유화는 어떠한 효과를 가져올 수 있을 것인가? 맥키논－쇼(McKinnon-Shaw) 모델에서는 이자율의 제한을 금융억압 중 가장 핵심적 사안으로 파악하고 있다. 만약 예금이자율을 통제하지 않고 시장에서 자유롭게 결정되도록 한다면 이러한 시장균형 이자율은 상승할 수 있고 그렇게 되면 저축의 증가로 인한 대출재원의 증가와 이에 따른 신용의 확대로 투자가 확대되고 결국은 경제의 성장으로 연결된다는 것이다(Fry, 1982). 또한 중앙은행이 과도한 지준율을 낮춘다든가 정부가 우대금리와 정책금융을 폐지한다면 효율적인 자원배분을 통하여 그 효과가 경제성장으로 귀결된다는 것이다. 따라서 금융자유화는 금융억압을 극복하는 이론적 명제가 된다는 것이다.

금융자유화에 대한 이와 같은 이론적 토대는 IMF와 세계은행에 의하여 적극적으로 수용될 수밖에 없었다. 이러한 이론은 경제개발의 촉진을 위하여 설립된 이들 국제기관의 목적과 합치되고 있었으며 그들의 현실적인 정책과제 개발에 그 기초를 제공하고 있었기 때문이었다. 따라서 이들은 맥키논-쇼(McKinnon-Shaw) 모델에 착안하여 후진국에 대한 개발정책의 하나로서 금융자유화를 내세웠고 많은 개도국들이 自意(자의)건 他意(타의)건 이를 받아들여서 적어도 금융자유화의 1단계인 對內的 自由化(대내적 자유화, internal financial liberalization), 즉 이자율을 포함하는 국내 금융시장에서의 여러 규제철폐 내지 완화를 시행하게 된 것이다.

이러한 배경에서 금융자유화는 거의 모든 나라에서 당연한 정책적 과제로 인식되었다. 또한 이것은 모든 개별국가의 금융시장을 단일한 세계시장으로 통합할 수 있다는 기대를 가지게 하였다. 금융의 세계화가 엄청난 효과를 가져올 것으로 판단했기 때문이었다. 그러나 이 이론과 정책은 과거 생각했던 것만큼 그렇게 간단한 것이 아니라 상당히 복잡한 과제이며 많은 어려운 문제들을 초래한다는 것이 그동안의 경험이다. 여기에서 우리는 금융자유화의 得(득)과 失(실)을 다시 한번 정리해 볼 필요가 있을 것 같다. 좀 더 체계적인 접근을 위하여 이것을 대내적 자유화와 대외적 자유화의 두 범주로 나누어서 살펴보는 것이 편리하리라고 여겨진다.

대내적 금융자유화는 다양한 혜택들을 금융시장과 국가경제에 가져다주는 것으로 주장되어 왔다. 대표적인 것은 실질금리의 상승인데 이것으로 인한 저축과 소비의 증가, 그 결과로 나타나는 경제의 성장과 금융산업의 발달 등을 들 수 있을 것이다. 그런데 그동안의 연구결과를 종합해보면 이러한 긍정적인 효과들이 모두 다 확인되고 있지 않는 실정이며 앞으로 논란이 계속될 전망이다. 예를 들면 대내적 자유화의 하나인 금리자유화가 실시되었을 때 많은 나라들에서 실질금리는 상승했다. 그러나 모든 나라에서 이 같은 현상이 나타난 것은 아니었다. 일부 국가들에서는 실질금리가 오히려 하락하는 일이 나타나기도 했다. 또한 금리 자유화가 많은 나라에 소비를 진작시키는 결과를 가져왔지만, 이것이 저축을 증가시켰다는 증거는 충분한 편은 아니었다(Williamson / Mahar, 1998).

對外的 自由化(대외적 자유화)도 대내적 자유화와 같이 여러 가지의 혜택을 가져오는 것으로 이해되고 있다. 국가간 자본이동이 자유롭게 이루어짐으로써 투자를 위한 재원이 풍부해지게 되며 특히 저금리의 자금조달이 가능해진다. 또한 투자자의 입장에서 본다면 자본거래의 자유화는 투자의 대상지역을 국제적으로 다각화시킴으로써 투자수익을 확대하고 투자의 위험을 분산케 하는 효과가 있으며 개별국가의 자본시장이 세계적으로 통합됨으로써 자원배분의 효율성이 제고된다고 보고 있다.

그러면 다양한 혜택이 발생한다는 금융자유화는 아무런 문제가 없는 것인가? 대내적 자유화든 대외적 자유화든 금융자유화의 가장 큰 문제는 잘못되면 금융불안을 가져오게 되고 최악의 경우 금융위기가 발생할 수도 있다는 것이다. 어떠한 경우에 위기가 생기는가에 대한 구체적인 설명은 나오고 있지 않지만 금융자유화와 금융위기 사이에 높은 상관관계가 존재한다는 연구결과는 계속 나오고 있고 이러한 주장은 설득력을 가지고 있다.

2) 금융개혁과 금융위기

많은 나라들에서 금융위기가 왜 발생하였는가를 입증하는 것은 상당히 어려운 일이다. 금융위기는 다양한 요소들, 예컨대 금융 시스템, 금융감독, 금융시장의 도덕적 解弛(해이)

는 물론 실물경제의 위축과 국제경제의 변화 등과도 관련되어 있기 때문이다. 그러나 한 가지 분명한 것은 금융위기가 무엇보다도 금융자유화와 상당한 관계가 있다는 점을 지적하지 않을 수 없다. 비록 이러한 상관관계를 이론적으로 설명하는 것이 어렵다고 하더라도 이것을 뒷받침하는 실증적 자료들이 계속하여 나오고 있기 때문이다.

(1) 南美(1981-1985)

신자유주의적 금융자유화론이 금융개혁의 본격적인 정책과제로서 처음 시행된 곳은 아마 남미의 남단(Southern cone of Latin America) 3개국—칠레, 아르헨티나, 우루과이—이 아닌가 한다. 물론 그 이전에도 같은 정책의 부분적인 시행이 다른 개도국에서 이루어지기는 했지만. 1970년대 후반부터 1980년대 초에 걸쳐 도입된 이 개혁조치들은 대부분 맥키논-쇼(McKinnon-Shaw) 모델에 기초한 금리규제 폐지, 은행의 민영화, 지준율의 축소, 환율변동의 확대 등이었다. 그런데 이러한 조치들은 예상 밖의 부정적인 결과를 가져와 학계와 정책당국을 놀라게 했다.

금융자유화의 실험은 실패였고 결국 해당국가들의 엄청난 금융위기로 귀결되어 버렸다. 가장 큰 문제는 고질적인 인플레이션이 진행되어 온 남미의 상황에서 이러한 개혁조치는 아무런 성과를 내지 못했으며, 오히려 인플레이션을 더 악화시키는 결과를 낳았다. 칠레의 경우 금리제한을 폐지하자 실질이자율이 엄청나게 치솟았고 지준율 또한 10% 이내로 축소했는데 이러한 노력들이 국내저축의 증대로 전혀 연결되지 않으면서 신용의 과잉확대만 초래했다. 1982년 상반기에만 국내여신이 41% 늘어났고 이것은 민영화와 함께 금융규제의 완화와 허술한 금융감독으로 엄청난 금융부실로 나타났으며 결국은 연이은 도산으로 은행들은 다시 국유화되고 금융공황의 상황으로 가 버렸다(Diaz-Alejandro, 1985).

남미 3국에서의 경험이 보여주는 것은 무엇보다도 인플레이션을 비롯한 거시경제가 불안한 곳에서는 금융규제의 완전한 철폐는 아무런 효과가 없다는 것을 입증했고 그것은 매우 위험한 발상이라는 것이다. 이러한 경우는 정부가 인플레이션을 잡기 위하여 금리와 환율을 자유화할 것이 아니라 오히려 그것들을 적절하게 통제하는 것이 필요한 조치라고 볼 수 있겠다(Meier, 1989).

(2) 스웨덴(1990-1993)

북유럽의 선진국인 스웨덴은 비교적 안정된 경제운영을 자랑하는 나라였다. 그러나 1990년부터 시작된 은행위기가 1992년에는 전반적인 금융위기로 확산되었는데 이것은 이 나라에서 1930년대 세계대공황 이래 최악의 사태로 인식되고 있다. 금융위기는 자국 통화가치의 폭락으로 시작하여 금융기관 부실로 인한 도산과 실물경제의 침체 등의 순서로 진행되었는데 정부는 약 97억 달러의 공적 자금을 투입하여 부실금융기관을 회생시켰다. 여기에서 하나 특기할 사항은 정부는 단순한 救濟金融(구제금융)만 제공하지 않고 부실기관의 持分(지분)을 인수하는 조치를 취했다는 것이다(이것은 이후 스웨덴식 모델로 불림).

스웨덴의 금융위기는 1985년부터 시작된 금융규제의 완화로 인하여 은행대출이 급격하게 팽창하여 막대한 자금이 부동산으로 흘러들어가 거품을 키우게 되었고 그 후 주택가격이 급락하면서 금융기관의 도산으로 이어졌다. 여기서도 모든 것의 발단은 금융자유화였다는 것을 지적하지 않을 수 없다.

(3) 東아시아(1997-1998)

1997년 초반 태국 바트화 가치의 폭락으로 시작된 금융불안은 곧 인도네시아로 파급되고 그 후 말레이시아를 거쳐 한국으로까지 확대되었다. 그것은 처음 통화의 폭락으로 일어난 外換危機(외환위기, currency crisis)였으나 금융기관의 부실로 인한 銀行危機(은행위기, banking crisis)가 되었으며 나아가서는 실물경제가 침체에 들어가는 經濟危機(경제위기, economic crisis)의 순서로 진행되었는데 이것은 한마디로 말하자면 총체적인 金融危機(금융위기, financial crisis)의 전형이라고 하겠다. 동아시아의 여러 국가들에 닥친 未曾有(미증유)의 금융위기에 대하여 그동안 많은 연구와 논의가 진행되어 왔는데 그것의 요인을 둘러싸고 크게 두 가지 입장으로 나누어져 있다.

그 첫 번째는 內部要因論(내부요인론)으로 해당국들의 거시경제적 취약성이 문제라는 것이다. 즉 이것은 금융위기가 실물경제의 부실 때문에 발생했다는 것이며, 동아시아 국가들은 그간 고도성장을 해왔지만 사실 많은 구조적 결함을 가지고 있었던 것이 이번에 터졌다는 설명이다(Corsetti / Pesenti / Roubini, 1998). 두 번째 견해는 外部要因論(외부요인론)으로 1990년대 초반의 호경기로 형성된 선진국의 過剩流動性(과잉유동성)으로 인해 많은 투기성 자금(hot money)이 경제성장률이 높은 아시아의 여러 나라로 유입되어 거품을 만들었다가 그 자금들이 갑자기 빠져나가게 되자 위기가 발생했다는 주장이다(Radelet / Sachs, 1998).

두 가지 견해 중 현재로서는 내부요인론이 우세한 입장이지만 이것을 수용하기에는 문제가 많다. 왜냐하면 해당국가들의 거시경제지표들을 면밀히 살펴보면 위기 이전 그들의 기초체력은 비교적 튼튼했다고 보기 때문이다. 물론 해외자금의 대대적 유입으로 부동산 등에서 과잉투자가 있었고 환율관리 방식에 문제가 있기는 했지만 대부분의 국가들은 재정, 물가, 국제수지 등이 상당히 안정되어 있었다. 내부요인론은 주류경제학계가 자주 거론하는 매우 교과서적인 설명이고 IMF 등의 개도국에 대한 상투적인 주장으로 현실과는 잘 부합되지 않는 것이다.

따라서 필자는 선진국의 투기/투자자금의 교란으로 개도국이 피해를 보았다는 외부요인론이 훨씬 설득력이 있다고 생각한다. 즉 해외자금, 특히 단기성 투기자금이 어떻게 쉽게 유입되고 유출될 수 있었던가 하는 점을 중점적으로 논의해야 된다고 본다. 결국 해당국가들이 일찍이 실시한 금융자유화—특히 그것의 2단계인 자본자유화—가 없었다면 가능했겠는가 하는 의문을 금할 수가 없다. 이것은 결국 무엇을 말하고 있는가? 한마디로 이야기하면 아시아 금융위기는 그동안 급격하게 진행되어 온 금융자유화 즉 세계화에 대한 反作用(반작용), 副作用(부작용) 또는 逆風(역풍)이 아니었나 한다.

(4) 美國(2007-)

대부분의 사람들이 금융위기는 개도국에서만 일어나는 사건으로 파악하고 있지만 이것은 잘못된 판단이다. 금융위기는 선진국에서도 발생하고 있으며, 이것은 금융부문의 선진성과 후진성에 달려 있다기보다 그 나라의 금융정책에 크게 기인하기 때문이다. 이러한 배경에서 보면 스웨덴(1992-1993)과 일본(1996)의 금융위기는 별로 놀라운 일이 아니다.

미국도 역사적으로 크고 작은 많은 금융위기를 겪었다. 최근에는 제2금융권인 貯蓄貸出組合(저축대출조합, S&L, savings and loan associations)의 부실로 인한 금융위기(1989-1995)에 이어 2007년부터는 非優良 住宅擔保貸出(비우량 주택담보대출, sub-prime mortgages)로 시작된 금융위기가 1920년대 말의 위기와 필적하는 사건으로 확대되어 가고 있다. 물론 이번 사건은 2000년대 초부터 시작한 미국의 저금리정책으로 생긴 과잉유동성으로 인하여 형성된 부동산시장의 거품으로 야기되기는 했지만, 당시 미국이 취한 금융정책과 결코 무관한 사건이 아님을 지적하지 않을 수 없다(남중현, 2009).

S&L 사건 때도 그러했지만 이번 위기가 이렇게 복잡하고 심각하게 전개될 수 있었던 이유 중의 하나는 미국정부가 취한 필요 이상의 금융규제 완화(financial deregulation)와 그 결과로 일어난 금융감독(financial supervision)의 약화라고 여겨진다. 예컨대 금융상품을 완전히 자유화하여 수많은 복잡다단한 파생상품들이 홍수처럼 생겨나 이것들이 통제불능 상태가 되고 投資銀行(투자은행, investment bank)들의 영업은 감독대상에서 완전히 제외되어 있는 상황이었다. 이것은 미국의 국제적 금융경쟁력 제고라는 미명하에 묵인되고 장려되었는데 문제는 금융위기가 미국만의 사태로 국한되지 않고 전 세계적으로 파급된 데 그 심각성이 있다.

한편 이러한 금융자유화의 정책기조는 갑자기 도입된 것이 아니라 오래전부터 맥키논-쇼 학파의 이론에 근거하고 있었으며, 정치적으로는 1980년대 레이건 대통령의 등장으로 경제정책이 新自由主義(신자유주의)로 치닫게 되는 배경에서 이해될 수 있을 것이다. 따라서 현재의 금융위기는 오랫동안 미국을 지배한 금융자유화론에 대한 도가 지나친 믿음과 그 정책에 근거가 있다고 하겠다.

3) 자본이동: 藥(약)인가 毒(독)인가?

1980년대 들어와 남미에서 벌어진 엄청난 금융위기를 보면서 많은 사람들은 금융자유화론 자체에 회의를 가지게 되었고 이 이론의 수정 필요성을 느끼게 된 것은 무리가 아니라고 하겠다. 금융자유화에 대한 이론적인 모델을 제시한 맥키논도 자신의 이론에 한계가 있음을 시인하고 남미의 경험을 반영하여 이를 수정하게 된다. 즉 금융자유화가 성공하기 위해서는 몇 가지 전제조건이 필요하며 또한 여러 조치들의 시행에 있어서 그 순서를 잘 정해야 한다는 것이 그의 주장이다(McKinnon, 1993).[2)]

이러한 수정론은 그 후 그의 추종자들에 의해 더욱 체계화되었다. 즉 거시경제적 조건으로서 적정선의 물가안정과 엄격한 금융감독이 요구되고, 순서에 있어서는 금융시장보다 상품시장을 먼저 개방해야 하며, 대외적 개방에 앞서서 우선 대내적 개방을 실시해야 한다는 것이다.

그런데 문제는 이러한 수정론이 과연 타당하고 현실성이 있느냐 하는 것이다. 먼저 수정론의 핵심사항 중 하나인 전제조건으로 엄격한 금융감독을 요구하고 있는데 이것이 어떻게 가능할까 하는 것이다. 금융규제 완화와 금융시장 개방을 추진할 경우 금융감독은 어차피 부실해질 수밖에 없기

---

2) 금융자유화론을 처음으로 주장한 3명 중 유일하게 생존해 있는 McKinnon은 초기의 입장을 상당부분 수정하기는 했지만 아직까지도 금융자유화론의 代父(대부)로 후학들과 함께 이 노선을 지키는 대열의 선두에 서 있다.

때문이다.

또한 금융개방의 순서라는 것도 문제가 없는 것은 아니다. 예를 들면 일본은 수정론에서 제시한 순서와는 정반대로 갔다. 대내적 개방 이전에 먼저 대외적 개방을 했으나 아무런 피해를 보지 않았다. 인도네시아 역시 일본처럼 반대의 순서로 나아갔다. 즉 대내적 자유화(1983)와 무역자유화(1985) 이전에 대외적 자유화(1971)를 실시했는데 1992~1994년과 1997년 두 번에 걸쳐서 금융위기를 겪었다. 거의 같은 순서로 금융개방을 실시한 두 국가에서 상반된 결과가 나온 셈이다. 이러한 결과를 가지고도 과연 금융자유화에서 순서의 중요성을 주장할 수 있는가에 대하여 의문을 제기하지 않을 수 없다.

경제의 개방수순에 일반적 원칙을 설정할 수 있겠지만 그것을 모든 나라에게 예외 없이 적용하는 것은 무리가 있는 듯하다. 각 나라마다 여건과 배경이 같지 않으므로 개방의 순서가 다를 수 있기 때문이다. 예컨대 위에서 언급한 일본이 자본거래를 먼저 개방한 것은 외환시장에서 환율의 변동 폭을 확대하려는 정책적 의도에서 기인한 것이었다. 또한 인도네시아가 대외적 자본거래를 먼저 허용한 것은 정부가 해외자본의 유출입을 관리할 수 있다는 자신감에서 나온 정책이었는데 이는 일찍부터 주요 외화 수입원인 정유업계를 정부가 직접 소유하고 있었기 때문이었다. 여하튼 개방의 수순이란 일반적인 원칙을 주장하기보다 개별국가의 정치, 경제, 행정적인 현실에 따라 이루어질 수밖에 없을 것이다(Williamson, 1990).

그런데 여기서 하나 지적해야 할 것은 자본거래를 개방하는 것은 다른 어떠한 사항보다 어려운 과제라는 것이다. 그동안의 역사적 경험을 종합해보면 자본이동이 금융위기의 가장 중요한 요인으로 파악되고 있기 때문이다. 그러나 이것에 대한 정책적 대응은 개별국가들에서나 국제기관들에서 너무나 안이하게 이루어지고 있다는 점을 지적하지 않을 수 없다. 세계를 뒤흔든 동아시아 금융위기 이후에도 많은 정책당국자들은 자유로운 자본이동이 세계경제를 위한 필수적 과제라고 믿고 있다. 세계금융의 파수꾼임을 자처하는 IMF도 1997년 연차총회에서 자본거래의 자유화를 정관에 추가하자는 건의안을 채택한 것이다. 1944년 제정된 IMF의 정관은 국가 간 경상거래의 자유화만 규정하고 자본거래의 자유화는 포함시키지 않았는데 이제 이 조항의 확대를 고려하고 있는 것이다. 반세기 만의 변화라고 하겠다.

그러면 IMF의 이러한 시도는 과연 타당한 것인가? IMF의 정관 개정안은 생각보다는 너무 단순한 전제에 근거하고 있다. 상품의 국가 간 이동을 위하여 무역자유화를 실시한다면 자본의 국제적 이동은 왜 자유화하지 못하느냐는 것이다. 즉 상품의 이동과 자본의 이동은 마찬가지이기 때문에 모두 다 자유화의 대상이 되어야 한다는 주장이다. 둘 사이에는 아무런 차이가 없다는 것이다. 따라서 대부분의 경제학자들은 이것들의 자유로운 이동을 방해하는 것은 다 경제적 효율성의 상실을 가져온다고 설명할 것이다. 과연 그럴까. 모두가 여기에 동의하는 것은 아니다.

식자들은 자본자유화가 많은 혜택을 가져온다고 하는데 그 혜택이란 것이 그렇게 확실하지 않다고 본다. 예를 들면 자본거래가 자유로워지면 해외차입이 가능하여 미국 같은 국가들이 재정 적자를 쉽게 매울 수 있고, 신흥시장 국가들은 외자를 도입하여 보통 때보다 몇 배 빠른 경제성장을 이룩하는 혜택이 있다고 한다. 그러나 현실은 꼭 그런 것만이 아니다. 일본과 중국은 해외차입에 의존하지 않고도 엄청난 경제성장을 이루어 냈고, 많은 유럽 국가들은 전후 많은 외자를 도입하지 않고도 경제회복을 할 수 있었다. 자본자유화는 오랫동안 그렇게 절실한 과제가 아니었던 것이다.

오히려 자본자유화는 혜택보다 그것의 위험이 더 크게 부각되고 있다. 상품과 달리 자본의 국가 간 이동은 약보다 독이 될 수 있다는 것이다. 왜냐하면 경제사학자 킨들버그(Charles Kindleberger)가 지적하였듯이, 상품의 이동과 달리 자본의 이동은 때때로 광적인 흥분과 공황상태를 수반하기 때문이다. 이러한 측면에서 보면 상품과 자본을 동일시하는 것은 합리적이지 않으며 자본의 국가 간 이동에는 본질적으로 엄청난 위험이 내재하고 있다고 보는 것이 타당할 것이다.

그렇다면 IMF는 왜 계속 자본자유화를 주장하고 있는 것인가. 거기에는 어쩌면 경제적인 논리보다 정치적인 음모가 있을 수도 있다. IMF 뒤에는 자본자유화와 이해관계가 있는 세력이 있고 이들이 IMF를 내세워 그것을 실현시키려 하고 있다는 주장도 제기되고 있다. 그들은 바로 미국의 정부와 은행이 손을 잡고 형성한 신디케이트, 소위 '금융계와 재무부의 복합체(Wall Street-Treasury Complex)'라는 것이다(Bhagwati, 1998).

말할 것도 없이 미국의 금융기관들은 국제적 자본이동에 대한 엄청난 이해를 가지고 있다. 많은 나라에서 자본거래 자유화가 허용되면 그들의 금융수익의 범위는 그만큼 확대되기 때문이다. 따라서 그들은 이러한 방향으로 미국정부에게 로비를 하고 미국정부는 그들을 위하여 정책을 조정해 나가는 것이다. 이런 면에서 보면 미국 금융계는 미국 재무부, 국무부, IMF, 세계은행과 밀접하게 연결되어 있으며 그들은 어쩌면 같은 배를 타고 있는 동일 집단으로 볼 수도 있을 것 같다.

이렇게 보면 IMF의 자본자유화 노력은 어쩌면 미국 금융계의 이익을 대변하고 있는지도 모른다. 그런데 문제는 이러한 정책이 민간 금융기관들의 단기적인 이익에만 초점이 맞추어져 있고 세계경제 전체의 시각에서 접근되지 않고 있다는 것이다. 경제적 안정을 위하여서는 자본이동을 무제한적으로 허용할 것이 아니라 이를 통제하여야 한다. 그렇지 않으면 도처에서 금융위기가 발발할 것이고 세계는 계속 혼란 속으로 들어갈 수밖에 없을 것이다.

4) 금융의 세계화: 전망

금융자유화란 이론으로서나 정책으로서나 至高(지고)의 과제로 여겨졌지만 지난 30여 년간의 경험은 우리에게 많은 懷疑(회의)를 가져다 주었다. 2000년 이후 많은 사람들이 금융자유화에 대하여 공통적으로 느끼는 것은 그것의 逆機能(역기능)이 順機能(순기능)을 능가하고 있다는 점이다. 그동안 그것으로부터의 부작용과 혼란을 너무나 많이 보았기 때문이다.

금융자유화의 가장 큰 부작용은 말할 것도 없이 금융불안이라고 하겠다. 금융자유화를 실시한 많은 국가들에서 여러 가지 형태의 금융불안이 일어났고 그중 일부는 해당국가들에 국한되지 않고 특정지역이나 심지어 전 세계로 파급되는 금융위기로 나타났다. 이것은 분명히 세계경제에 매우 심각한 상황을 조성한 것이었다. 특히 1997년 동아시아의 금융위기와 2008년 미국에서 시작하여 세계를 강타한 글로벌 금융위기를 경험하면서 식자들은 세계금융에 대하여 근본적으로 다시 생각하게 된 것이다. 적어도 두 가지 관점에서.

먼저 경제에서 금융의 역할을 원점에서 다시 생각하게 되었다. 국민경제를 구성하는 두 부문—실물부문과 금융부문—의 관계를 어떻게 설정할 것인가 하는 것은 매우 오래된 명제이다. 2차 대전 이전 금융의 발달이 미미했던 시기에는 이러한 명제가 별로 큰 의미가 없었다. 그러나 금융의 기능이 빠른 속도로 확대되어 갔던 20세기 후반에 와서는 국민경제에서 금융부문의 적극적 역할을 옹호하는 주장이 계속되었다. 즉 금융부문이 단순히 실물부문을 뒤따라가는 것(demand-following)이 아니라 오히려 전자는 후자를 이끌어 가는 것(supply-following)이라는 것이다.

이러한 金融先導論(금융선도론)은 1970년대 초반부터 일군의 학자들에 의하여 제기되었다. 걸리(John Gurley, 1955), 쇼(Edward Shaw, 1973), 맥키논(Ronald McKinnon, 1973)으로 대표되는 이들 그룹의 주장이 바로 금융자유화론이었고, 이것이 지난 40여 년간 이론으로서 그 정통적 지위를 유지해왔다고 하겠다. 그러나 세계적 금융위기로 세계경제가 난관에 부딪힌 최근에 와서는 금융부문의 적극적 기능에 더 이상 동조하기가 어려워진 것이다.

그동안 금융부문은 지나치게 확대되어 오히려 실물부문을 능가하여 전체 경제에 심각한 부작용을 초래하였다는 것이 많은 논자들의 진단이다. 더 이상 금융선도론은 용납될 수 없다는 것이다. 금융은 실물경제를 받드는 하인이 되어야 하고, 금융 자체를 목적으로 존재하면 거품을 만들고 경제성장을 저해한다고 경고하고 있다(신현송, 2008). 물론 이것은 상당히 과격한 주장이어서 더 검토해 보아야 할 사항이지만 이러한 입장은 오랫동안 학계와 정책당국을 지배해 온 맥키논-쇼 그룹의 금융자유화론에 정면으로 배치되고 있다. 여러 가지 면에서 금융선도론 같은 주장은 더 이상 지속되기가 어려울 것으로 판단되며 앞으로 금융부문은 실물부문과 의 조화 속에서 그 활동영역이 한정되리라고 기대된다.

다음으로 생각해 보아야 할 것은 금융산업이다. 그동안 금융산업은 그 자체를 하나의 독자적 영역으로 인식하여 엄청나게 성장해 온 것이 사실이다. 어쩌면 파생상품의 남발과 지나친 증권화로 필요 이상의 과잉성장을 해왔는지도 모른다. 어떻게 금융산업이 이렇게까지 성장할 수 있었던가. 그것은 경쟁강화라는 미명하에 추진되어 온 규제철폐(deregulation)와 국가 간 자본이동을 촉진한 자본통제(capital controls) 철폐의 결과라고 하겠다. 그러나 그동안 이와 같은 정책들이 금융위기를 가져왔다는 공감대가 팽배한 현 시점에서 보면 앞으로의 금융산업에는 엄청난 변화가 있을 것으로 예상되고 있다.

분명히 예상할 수 있는 것은 금융자유화에 대한 근본적인 수술이 이루어져 금융업에 대한 새로운 질서(new financial architecture)가 도입될 것으로 본다. 이 새로운 질서는 금융산업에 대한 새로운 규제를 도입하고 감독을 강화할 것으로 기대된다. 또한 많은 나라들은 그동안 실시해 왔던 자본거래의 자유화를 다시 생각하고 일부 국가들은 다시 자본통제로 돌아갈 가능성도 배제할 수 없다.

금융산업에서의 이러한 새로운 움직임들은 무엇을 의미하는가? 이것은 어쩌면 과거로의 회귀라고 하겠다. 금융산업은 2차 대전 이전의 체제로 돌아가고 있는 것이다. 결국 이 모든 변화는 지난 반세기 동안 추진되어 왔던 금융자유화로부터의 역주행이며 그것은 바로 금융세계화의 중단이라고 보아야 할 것 같다. 역사의 시계는 과거로 향하고 있는지도 모르겠다.

사례연구

금융자유화: 대만과 한국

1 금융개방: 두 갈래의 길

과거에 미처 보지 못한 금융위기로 1997-1998년 동아시아가 큰 타격을 입은 것은 20세기 말에 일어난 최대의 역사적 사건이라고 하겠다. 그런데 대부분의 지역 국가들이 타격을 입은 것과는 달리 그중 일부 국가들은 심각한 피해를 입지 않았는데 그것은 참으로 놀라운 일이었다. 예를 들면 대만은 같은 지역에 있으면서도 금융위기를 비켜 갔다. 이것은 가장 심한 타격을 입은 한국과 너무나 큰 대조를 이룬다. 이 두 나라는 경제운용에 있어서 많은 공통점을 가지고 있었기 때문이었다. 그런데 왜 한 나라는 금융위기를 당하고 다른 나라는 그것을 피할 수 있었느냐 하는 것은 그냥 넘어갈 일이 아니다.

결론부터 말하면, 두 나라 사이에는 공통점도 많았지만 차이점도 있었다. 세계화에 대한 입장이었다. 기본적으로 둘은 모두 세계화에 대하여 긍정적이었다. 그러나 각론적으로 들어가 보면 현저한 차이가 있었다. 세계화의 한 축인 무역자유화에 대하여 모두가 적극적으로 대응한 반면 다른 축인 금융자유화에 대한 접근은 극명한 대조를 보였다. 한국은 금융자유화에 별 생각 없이 성급하게 뛰어들었지만 대만은 이것에 대하여 매우 신중하고 유보적인 입장이었고 특히 금융위기가 발생할 때까지만 해도 본격적으로 자본이동의 통제를 풀지 않은 나라였다.

1) 대만식 접근

사실 대만도 금융자유화를 완전히 외면한 나라는 아니었다. 그들 나름대로 이 정책과제를 추진하였지만 그 방법과 성격이 한국과는 판이하게 달랐던 것이다. 대만은 1990년대 초반부터 재무부(MOF, Ministry of Finance)가 중심이 되어 자본이동을 포함하는 금융자유화를 추진하였는데 그 과정은 매우 신중하고 속도도 느린 편이었다. 그런데 여기서 주목할 것은 이 정책을 재무부가 주도하였지만 필요에 따라 중앙은행(CBC, Central Bank of China)이 언제나 개입하여 재량권을 행사할 수 있도록 견제장치를 마련해 두고 있었다는 것이다. 예를 들면 2000년까지 외환자유화를 실시하기로 했지만 이 일정은 중앙은행의 개입에 따라 변경될 수 있도록 신축성 있게 해 놓았던 것이다. 실제로 중앙은행은 1998년 이 재량권을 행사해 외환자유화와 관계없이 소로스(George Soros)가 대만의 외환시장에 들어오려는 것을 막아 버렸다. 국제 투기세력으로부터 국내시장을 보호하는 것이 중요하다고 판단한 것이다.

자본시장의 개방도 재무부가 독주하지 않고 중앙은행의 철저한 견제가 중요한 역할을 했다. 1991년 국내 주식시장을 개방하였는데 전체시장의 20%만 외국투자가에게 내놓았다. 그런데 7년이 지난 1998년에 가서도 그 한도를 30%까지밖에 늘리지 않았다. 더 놀라운 것은 이러한 보수적인 접근 때문인지 실제로 외국자본은 1999년 주식시장 시가총액의 5.6%밖에 도달하지 못했다(Thurbon, 2001). 왜 이러한 결과가 나왔던가.

대만의 중앙은행은 해외자금의 유입으로 국내 주식시장이 불안하게 되면 외환시장도 불안하게 되어 환율이 급변하게 될 것이고 이렇게 되면 물가가 불안하게 되어 위기가 온다고 본 것이었다. 따라서 위기의 근본을 처음부터 차단하는 것이 자기들의 임무라고 보고 금융자유화의 일정에 관계없이 항상 개입할 수 있는 재량권을 확보하고 그것을 적절히 행사한 것이다. 또한 국내시장으로 외국자본이 갑작스럽게 유입되거나 유출될 수 없도록 세밀한 규제와 철저한 감독을 한 것이 주효했다. 이러한 보수적이고 신중한 접근으로 금융위기를 사전에 방지하고 금융의 안정과 경제의 안정을 도모한 것으로 판단된다. 그러면 한국의 경우는 어떠하였는가?

2) 한국의 대응

대만과 달리 한국은 금융자유화를 자발적, 주도적 또한 적극적으로 추진하였다. '민주화'와 '세계화'의 이름으로. 금융자유화는 한국정부, 특히 1993년 들어선 金泳三(김영삼) 정부에게 대외적으로는 개방과제였고 대내적으로는 개혁과제였다. 민주국가 건설을 위한 개혁시책으로서, OECD 가입을 위한 필수과제로서 금융자유화에 대하여 정책적 우선순위를 부여한 것이다. 그리하여 모든 정치력과 행정력을 집중하여 매우 의욕적으로, 어쩌면 필요 이상으로, 이 과제에 집착한 것이다.

한국의 금융자유화는 매우 포괄적인 정책으로서 여러 가지 세부과제를 수반하고 있었는데 그 핵심은 3~4개로 압축된다. 먼저 정부는 과거 해오던 외환시장 개입을 중단하였다. 수출촉진을 위하여 원화의 평가절하가 필요하였던 한국은 오랫동안 환율을 조정하여 왔는데 이것을 문민정부가 중지한 것이다. 이러한 조치는 원화가치의 상승으로 나타났고 이것은 곧 수출경쟁력의 약화를 가져왔으며 나아가서는 경상수지의 악화와 외환보유고의 감소를 초래하여 1997년 외환위기의 한 빌미를 제공한 셈이었다.

다음으로 정부는 금융업에 대한 규제를 대폭 완화하였다. 금융기관의 설립과 그들의 영업활동을 거의 자유화한 것이었다. 정부는 1994년 9개의 종합금융회사(종금사, merchant bank)를 인가하고 1996년 8개를 추가로 인가했다. 갑작스런 제2금융권의 확대로 국내 금융시장의 경쟁은 격화되었고 이것은 결국 종금사가 해외로 진출하는 계기를 만들었으며, 그 이후 동남아 등으로 진출한 많은 종금사들이 해외에서 엄청난 외화 차입을 하고 이러한 외화자금을 철저한 신용평가 없이 현지에서 대출하여 부실채권을 양산하였다. 종금사들의 자유롭고 방만한 해외영업이 1997년의 외환위기를 불러오는 데 중요한 역할을 하였다는 것은 이미 많이 지적된 바다(김진일, 2004).

금융자유화 정책에서 가장 중요하고 심각한 조치는 아마 자본계정의 개방, 즉 자본이동의 자유화라고 하겠다. 대만과는 대조적으로 한국정부는 자본통제를 너무 쉽게, 너무 빨리 철폐하였다. 1992년 국내 자본시장을 대외적으로 개방한 이후 외국인 투자한도를 지속적으로 확대하여 왔는데 1998년에는 국내 주식시장에서 외국인 투자한도를 아예 폐지하여 버렸다. 국내 자본시장의 완전 개방이었다. 그러면 이러한 금융개방은 어떠한 결과를 가져왔는가.

2. 금융개방의 결과: 한국의 금융위기

1) 외환위기와 IMF의 개입

1997년 후반 한국은 未曾有(미증유)의 외환위기를 당하였다. 1997년 초반 태국 바트화의 폭락으로 시작된 외환위기가 인도네시아, 말레이시아를 거쳐 한국에 상륙한 것이었다. 주식시장은 폭락하여 거의 반 토막이 났으며 원화가치가 추락하여 환율이 그의 2배까지 올라가고 금리는 폭등했다. 이리하여 많은 기업들은 유동성 부족으로 도산하였으며 이것은 결국 외환보유고의 고갈로 국가의 부도사태로까지 가고 있었다.

전혀 예상하지 못한 위기국면에 처한 한국정부는 별다른 대책이 없었다. IMF로 가서 구제금융을 받는 것 외에는. IMF는 창립 이래 최대 규모의 구제금융인 210억 달러를 조성하여 한국에 제공하였고 그 대신 한국경제에 대한 강력한 構造調整(구조조정)을 요구하였다. 이것으로 한국경제는 겨우 회생하였지만 그것은 이제 과거의 한국경제가 아니었다. 결과적으로 보면 1997년의 금융위기는 고도성장을 이룩한 과거 '정부주도형 개발경제'의 모델을 해체시켜 버렸고 그 자리에 IMF가 원하고 미국이 원하는 '시장중심형 경제체제'를 도입시킨 것이다. 이 새로운 모델이 과연 그 시점에서 한국에 필요한지 또한 적합한지에 대한 진지한 논의는 생략한 채.

2) 문제의 뿌리

대만과는 달리 왜 한국은 금융자유화를 적극적으로 추진하였을까? 그 배경에 대하여 많은 이야기를 할 수 있겠지만 두 가지 사항에 집중할 필요가 있을 것 같다. 먼저 지적할 것은 미국의 역할이라고 하겠다. 최근 공개된 자료를 보면 미국은 1990년대에 들어와서 한국의 금융개방을 줄기차게 요구하면서 압력을 가한 것으로 여겨진다(강만수, 2005). 물론 금융자유화는 IMF와 세계은행이 오랫동안 개도국들에게 권고해 온 통상적인 정책과제였다. 그러나 이것에 대하여 한국에 직접적인 압박을 하고 나선 것은 미국 재무부였고 한국은 이러한 압력을 감당하기가 어려웠던 것으로 보인다. 결국 한국정부는 이러한 요구를 수용하고 自意半(자의반) 他意半(타의반)으로 금융자유화 계획과 일정을 수립하였던 것이다.

기본적으로 금융자유화는 매우 포괄적인 정책과제라고 하겠다. 따라서 한국정부는 이것에 대하여 장기적인 계획을 세웠고 이를 단계적인 방법으로 시행하려고 하였다. 그런데 이것은 현실적으로 불가능한 일이었다. 미국이 이러한 점진적 시행을 반대하고 금융개방의 가속화를 압박하였기 때문이었다. 1990년대 중반 미국 재무부는 IMF와 더불어 한국 자본시장의 대폭적인 개방을 요구한 것이다. 당시 이것은 매우 중요하고 예민한 사안으로서 재무부가 독자적으로 결정할 수 없었으며 백악관의 경제참모들과 논의를 할 수밖에 없었다. 그런데 이러한 정책 논의는 순조롭게 진행되지 못하였다. 여기에 대하여 당시 클린턴 대통령의 경제보좌관인 스티글리츠 교수가 재무부의 요구에 우려를 표하면서 그렇게 하게 되면 한국에 곧 금융위기가 올 것이라고 경고한 것이다(스티글리츠,

2008). 그러나 재무부 당국자들은 그의 경고를 묵살하였고 자기들의 주장을 끝까지 밀어붙였다.[3] 결국 한국은 미국의 요구를 수용하였고 결과는 1997년 금융위기의 도래였다.

미국의 압력과 함께 또 하나의 중요한 사항은 금융자유화에 대한 한국의 자발적인 행보이다. 미국의 요구도 있었지만 왜 한국은 스스로 금융개방에 나섰던 것인가. 이 질문에 대한 해답은 당시 한국 내에서 진행되고 있었던 급격한 정치적, 사회적 변화에서 그 단서를 찾을 수 있을 것 같다. 말할 것도 없이 금융자유화가 급진전된 것은 金泳三(김영삼) 정권(1993-1997)에서였다. 군사통치를 종식시킨 최초의 민주정권임를 자임한 이른바 文民政府(문민정부)는 집권 후 갑자기 '세계화'를 부르짖기 시

3) 당시 미국 재무부의 입장은 루빈(Robert Rubin) 장관, 서머스(Laurence Summers) 차관, 가이스너(Timothy Geithner) 차관보에 의하여 주도되고 있었고 클린턴 대통령은 백악관 경제참모들의 우려를 무시하고 재무부 당국자들의 손을 들어준 듯하다. 그런데 이러한 재무부의 정책은 따지고 보면 어떠한 경제이론에 근거한 것도 아니고 그렇다고 미국의 국익에 부합하는 것도 아니었다. 왜냐하면 한국은 저축률이 높아 외국자본 의존도가 크지 않았으므로 자본자유화가 그렇게 시급하고 절실하지 않았으며, 또한 한국 자본시장이 개방된다고 해서 미국에서 일자리가 늘어나고 미국경제가 크게 성장하는 것도 아니었기 때문이다. 그렇다면 미국 재무부의 동기는 무엇이었던가. 그것은 결국 미국 금융업계의 요구를 우선적으로 반영한 것으로 여겨진다. 전통적으로 월가(Wall Street)와의 유착으로 그들의 이익을 대변해 온 재무부로서는 별로 놀라운 일이 아니라고 하겠다. 실제로 루빈 장관은 부임하기 직전 그 자신이 월가 최고의 투자은행 골드만 삭스(Goldman Sachs)의 회장(CEO)이었고, 서머스 차관은 월가 여러 금융기관에 자문을 하면서 엄청난 수익을 올린 것으로 알려졌다. 사실 이러한 밀착된 관계는 어제오늘의 일이 아니다. 루빈 장관이 퇴임 후 미국 최대 은행인 시티그룹(Citigroup)으로 돌아간 것은 이러한 사실을 입증하고 있다 하겠다. 또한 서머스 차관은 그 후 재무부장관으로 승진하였다가 하버드 대학교의 총장으로 갔지만 교수협의회의 반대로 사임하고 오바마 대통령의 경제보좌관으로 발탁되어 다시 권력의 중심으로 돌아왔다. 가이스너 차관보는 그 후 뉴욕 연방 준비은행(Federal Reserves Bank of New York) 총재로 전출했다가 오바마 정부의 장관으로 재무부에 복귀하였다. 아이러니는 1997년 한국 금융위기 발생에 중요한 원인 제공을 하고 또한 이를 매우 미숙하게 수습한 사람들이 이제 2008년 미국발 금융위기를 수습하는 자리에 다시 앉아 있다는 사실이다. 하나 분명한 것은 한국의 금융위기에 대하여서 미국 재무부는 병을 주고 약을 준 셈이었다. 또한 알 수 없는 것은 왜 오바마 대통령은 과거 아시아 금융위기와 관련하여 금융정책 수행에 실패한 재무부 관료들을 다시 불러들여 현재의 글로벌 경제위기 극복이라는 막중한 임무를 부여하고 있는가 하는 점이다(일부 내용은 스티글리츠의 저술을 참조함).

작하였고 이러한 분위기 속에서 해외여행자유화 등 여러 자유화 조치와 함께 금융자유화도 날개를 달았다. 금융자유화는 정부의 개혁/개방의 핵심과제로서 세계화추진기획단이 집중 점검하는 42개의 관리 대상 중 하나였다(세계화추진위원회, 1998).

1994년 왜 대통령이 '세계화 선언'을 발표하고 '세계화 캠페인'을 들고 나왔는지는 아직도 미스테리다. 이것이 대통령 자신의 소신인지 아니면 청와대 참모들의 정책건의로서 이루어졌는지 알 수 없다. 중요한 것은 대통령이나 그의 정책참모들이 세계화에 대하여 얼마나 알고 있었는가, 특히 세계화의 반작용이나 부작용에 대하여 얼마나 숙지하고 있었는가 하는 점이다. 만약 세계화를 위한 여러 결정들이 그것이 가져올 결과에 대한 심각한 고려 없이 1980년대 후반부터 조성된 민주화의 열풍 속에서 그저 자유주의 또는 개방주의에 대한 감상적 차원에서 이루어졌다면, 당시 대통령을 보좌한 참모들은 엄청난 실수를 하였고 국가와 역사에 씻을 수 없는 죄를 지은 것이다. 1990년대 중반의 세계화를 위한 여러 자유화 조치들이 1990년대 후반 금융위기라는 거대한 역풍으로 집약되어 되돌아왔기 때문이다.

3) 책임론

오랜 시간이 지났지만, 한국에서 왜 외환위기가 일어났는가에 대한 설명이 학계, 정부, 언론 등에서 아직도 잘 정리되지 않고 있는 듯하다. 위기발생 직후 들어선 金大中(김대중) 정부는 이 사태의 책임을 물어 당시 경제 수장이었던 姜慶植(강경식) 부총리를 법정에 세우면서 논의를 종식시켰다. 이것은 국제사회에서 한 편의 코미디로 받아들여졌다. 정책실패의 책임을 사법적으로 묻는다는 것은 세계적으로 유례가 없는 일이었기 때문이었다. 과연 그가 잘못했던가? 잘못했다면 무엇을 잘못했던가? 그는 외환위기 발생 전 홍콩을 방문한 자리에서 한국경제의 기초체력(fundamentals)은 튼튼하다고 말했는데 그 후 이 발언으로 엄청난 비난을 받았다. 그러나 돌이켜보면 그의 발언은 사실이었고 아무 잘못도 없었다.

1997년 전반 한국경제는 어느 나라보다 안정되어 있었고 적어도 거시경제지표상에서는 그렇게 심각한 문제가 없었다. 하나 문제가 있었다면 外債(외채)가, 그것도 단기외채가 너무 빨리 늘어나고 있어 걱정이었다. 그러나 그것이 불과 3개월 전인 1997년 3월 취임한 그의 책임이었던가. 들어오는 외국자본을 그가 어떻게 막을 수 있는가. 이미 1990년대 초반부터 외환자유화와 자본자유화로 대문을 열어 버렸기 때문에 경제부총리라도 외화의 유입과 유출을 통제할 수가 없었다. 문제의 근본은 왜 한국은 금융자유화를 그렇게 서둘러서 과감하게 시행하였는가 하는 것이었다. 그것도 아무런 보호 장치 없이.

엄격하게 보면 금융위기의 책임을 져야 할 사람은 사태 당시의 경제부총리가 아니라 그것의 근본 원인을 제공한 금융자유화를 비롯한 여러 세계화 시책을 입안한 김영삼 정부 초기의 청와대 정책참모들일 것이다. 그들은 미국에서 박사학위를 받고 돌아온 수재들이었지만 정작 미국이라는 나라도 잘 몰랐고 미국이 IMF, 세계은행들과 추진한 금융자유화, 금융세계화가 무엇을 가져올 것인가를 제대로 몰랐으며 미국이 하는 대로 또는 경제학 교과서대로 하면 된다는 지극히 순진한 자유주의자/신자유주의자들이었다.

3. 금융세계화의 대가

대만과 한국은 비슷한 경제정책으로 짧은 기간 안에 고도의 경제성장을 이룩하여 성공한 신흥국가들이다. 그러나 여러 공통점에도 불구하고 세계화에 대한 접근 방법은 현저한 차이를 보여 주었다. 이 차이에 대한 대가는 엄청난 것이었다. 한 나라는 두 번에 걸친 금융위기를 당하면서 경제가 엄청난 피해를 입었고, 다른 한 나라는 그 위기를 쉽게 피해갈 수 있었다. 이 사례는 다른 국가들에게도 많은 교훈을 가져다 줄 것으로 기대된다.

1) 금융위기의 교훈

말할 것도 없이 한국의 실패는 무분별한 금융자유화에서 비롯되었다. 선진국이든 개도국이든 어느 나라에서나 금융자유화는 무역자유화와는 달리 매우 신중하게 접근하여야 할 과제이다. 그동안 이 정책 과제에 대하여 성급하게 접근한 많은 나라들이 크고 작은 금융위기를 경험하였다. 1980년대 초반 칠레, 아르헨티나, 우루과이 등 南美(남미)의 南端(남단) 국가들을 비롯하여, 1980년대 말과 1990년대 초의 미국, 1992-1993년의 스웨덴, 1995년의 멕시코가 모두 다 그러하였다. 역사적으로 볼 때 1997년 한국의 경험은 전혀 새로운 일이 아니었다. 특히 주목할 것은 2008년 미국에서 출발하여 전 세계를 혼란 속으로 몰고 간 최근의 금융위기도 본질적으로 보면 역시 과도한 금융자유화와 성급한 금융세계화에 그 뿌리가 있다고 하겠다. 한국의 금융위기는 이러한 사실을 다시 한 번 확인한 것이었다. 그리고 이것은 분명히 다른 국가들에게도 나름대로의 교훈이 될 것이라고 여겨진다.

2) 한국의 과제

어느 면에서 보나 1997년의 외환위기는 한국이 세계화라는 미명하에 필요 이상의 개방으로 스스로 화를 불러온 결과라고 하겠다. 한국은 1998년에 와서 외국인의 국내 자본시장 투자한도를 전면 철폐하여 실질적으로 시장을 완전히 개방하였다(같은 해 대만의 법정한도는 30%). 그 결과 해외자금은 홍수처럼 밀려왔고 그 후 외국자본은 국내 주식시장을 시가총액 기준으로 볼 때 그의 절반까지 장악하는 결과를 가져왔다(국내 주식시장에서 외국인 보유 비중이 1995년 약 12%였으나 2003년에 와서 약 44%에 육박). 외국인 주식 보유 비중이 40%를 초과하는 것은 세계적으로도 매우 보기 드문 사례라고 하겠다. 이것은 한국 주식시장이 외국자본의 볼모가 되는 매우 기형적이고 위험한 구조를 형성한 것이라고 보인다. 말할 것도 없이 이러한 구조는 그 후 줄곧 주식시장과 외환시장 불안의 뇌관이 되어왔으며 2008년 또 한 번의 외환위기를 초래한 주범이었다.

국내 자본시장이 외국자본에 의해 *左之右之*(좌지우지)되는 구조가 계속되는 한 한국은 외환위기로부터 결코 안전하지 못할 것이다. 그러면 앞으로 외환위기나 금융위기 등 금융불안을 해소하기 위하여서는 무엇을 어떻게 해야할 것인가. 몇 가지의 해법이 있다고 여겨진다. 먼저 국내 주식시장의 규모를 획기적으로 키우는 것이다. 사실 이러한 조치를 먼저 취하고 난 다음 자본시장을 개방했어야 했다. 그러나 지금이라도 기관투자가들을 육성하여 이들을 주식시장으로 유인한다면 현재 40% 이상인 외국인 보유 비율을 상당히 낮출 수 있을 것이다.

(1) 자본통제의 재도입

주식시장의 규모를 키우는 것도 도움이 되지만 보다 근본적인 해법은 정부가 현재의 정책을 수정하는 것이다. 즉 한국정부는 현재의 자본자유화를 再考(재고)해 보아야 할 것 같다. 이미 자본계정(captial account)을 완전히 개방하였지만 이것은 앞으로 두고두고 불안의 씨앗으로 남아있을 것이고 외부로부터 충격이 올 때마다 위험에 봉착하게 될 것이다. 따라서 금융불안을 확실하게 근절하기 위한 최고의 해법은 자본통제(capital controls)를 부활시키는 것이다. 전면적인 부활이 어렵다면, 부분적으로나마 이것의 재도입이 요청된다. 과거 많은 경제학자들이 자본통제를 강력하게 반대했지만, 2008년 금융위기 이후에는 입장이 바뀌어 자본통제의 필요성에 공감하고 있는 것이다. 실로 놀라운 전환이 아닐 수 없다. 심지어 과거 대만과 말레이시아의 자본통제를 강하게 비난했던 학자들도 이제는 이들 국가의 정책이 매우 적절하였다고 예찬하고 있는 형편이다.

⑵ 효과적인 외환관리

다음으로 정부가 생각해 보아야 할 과제는 제도적인 문제이다. 금융위기를 사전에 방지하기 위하여서는 중앙은행의 역할이 매우 중요하다는 데 異論(이론)의 여지가 없다. 그러나 놀랍게도 한국에서는 여기에 대한 중앙은행의 기능이 전혀 없다. 이것은 세계적으로 극히 이례적인 현상이라고 하겠다. 한국에서는 외환관리가 재무부의 소관으로 되어 있는데 이것 또한 매우 기형적인 제도라고 본다. 외환시장에 개입하고 환율을 안정시키는 일은 매우 실무적이고 기술적인 업무로서 이것을 행정부 관리들에게 맡겨 둔다는 것은 너무나 위험한 일이 아닐 수 없다. 이렇게 하는 나라가 얼마나 될까.

또한 재무부가 외환관리를 한다는 것은 이론적으로나 실제적으로나 모순이라고 하겠다. 금리는 한국은행에서 결정하고 환율은 재무부가 조정하는 것은 말이 안 되기 때문이다. 이 두 가지 사항은 연계해서 접근해야할 일이지 분리해서 다루어야 할 일이 아니다. 따라서 이것들에 대하여 현재 二元化(이원화)되어 있는 제도적인 모순을 극복해야 할 것이라고 판단된다. 1960년대에 재무부로 가져간 외환관리 업무를 다시 한국은행으로 돌려주는 것이 해결책이라고 본다.

⑶ 중앙은행 역할의 확대

외환관리의 이관과 함께 한국은행의 기능을 확장할 필요가 있을 것 같다. 대만의 중앙은행에서처럼 한국은행도 외국자본의 유출입을 감시하고 필요시 개입할 수 있는 재량권이 주어져야 한다고 본다. 그렇게 되면 국제 투기자본으로부터 국내 자본시장을 보호하게 되고 금융불안의 요인을 미리 차단하는 효과를 거둘 수 있을 것이다. 물론 이것은 앞에서 지적한 자본통제가 부분적으로나마 가능한 정책적 변경이 전제되어야 한다는 것은 말할 것도 없지만.

여하튼 다른 나라들과 달리 금융불안에 대처하고 금융위기를 수습함에 한국은행이 아무런 일도 하지 못한다는 것은 심각한 일이다. 이러한 구조로는 향후 여러 불확실한 사태에 제대로 대응하기 어려울 것이다. 결코 재무부 혼자서 이러한 사태를 감당할 수 없기 때문이다. 일부 경제 관료들은 외환보유고만 충분하면 금융위기를 이겨낼 수 있다고 생각할지 모르지만 그것은 위험한 발상이다. 외환의 잔고(stock)보다 외환의 흐름(flow)을 관리하는 것이 더 중요한 일이고 이것은 재무부보다 한국은행이 수행하는 것이 훨씬 효율적일 것이다.

한국은 그동안 두 차례의 금융위기를 맞았지만 아직도 문제의 핵심을 완전히 파악하지 못한 것 같다. 이 숙제를 하지 못하면 앞으로도 또 다른 금융위기가 찾아올 수 있을 것이다. 따라서 향후의 금융불안과 금융위기를 방지하기 위해서는 그동안의 정책을 원점에서 다시 검토하고, 잘못된 부분이 발견되면 주저하지 말고 변경하거나 수정하는 작업을 해야 할 것이다. 이러한 유연성과 신축성이 한국정부에게 절실히 요청되고 있는 것이다.

2010년 한국은 G20 회의를 유치하고 이 회의를 주재한다고 한다. 또한 그동안의 경제성장과 금융위기 극복의 모범국가로서 그 경험을 다른 개도국에 전수한다고 한다. 그렇다. 한국은 여러 가지 면에서 과거 경제성장의 성공 모델이었다. 그러나 금융위기에 관하여서도 모범국가였던가? 결코 그렇지 않을 것이다. 모범국가라면 어떻게 외환위기를 한 번이 아니라 두 번씩이나 당하였는가. 외환위기에 관한 한 한국은 모범국가가 아니라 실패의 모델이었다. 따라서 금융위기에 대하여 다른 개도국에 한 수 가르친다면 그 선생은 한국이 아니라 대만이 되어야 할 것이다. 한국도 대만으로부터 제대로 배워야 하기 때문이다.

12 지구의 미래: 기후, 환경, 문명

産業革命(산업혁명)은 宗敎改革(종교개혁), 프랑스革命(혁명)과 함께 近代(근대)로 이행하는 3대 사건이라는 데 별로 異議(이의)가 없을 것 같다. 종교와 정치에 추가하여 경제에서도 혁명적 변화가 수반됨으로 역사는 비로소 근대로 진입할 수 있었다고 보는 것이다. 산업혁명은 18세기 후반 영국에서 시작하였지만 곧 프랑스와 독일 등 유럽대륙으로 파급되었고 그 기세는 그 후 신대륙인 미국으로 이어졌으며 시간이 지나면서 일본 등 동양권으로까지 확대되면서 가히 전 세계적 현상으로 전개되었다.

어떻게 보면 지난 250년은 산업화의 세계화라고 해도 과언이 아닐 것이다. 그런데 이러한 산업화의 세계적 전개가 아무런 문제가 없는 것은 아니었다. 산업화는 엄청난 비용을 초래한 것이다. 지구의 기후, 환경, 문명에 대하여.

1) 기후변화: 교토에서 코펜하겐으로

산업화가 가져온 가장 큰 문제는 우선 기후변화라고 하겠다. 그동안 서양의 많은 선진국들의 산업화와 개발도상국들의 급속한 산업국가화로 인하여 세계의 기후에 과거에는 볼 수 없었던 엄청난 변화가 일어나고 있는 것이다. 이러한 기후변화 중 가장 대표적인 것이 지구온난화(global warming)라고 여겨진다. 지구의 기온이 과거와 달리 빠른 속도로 상승하고 있고 그 결과로 홍수, 태풍, 폭설 등 여러 가지 재앙이 나타나고 있다는 것이다.

최근, 예를 들면 지난 15년, 기온의 상승이 지구온난화를 가져올 만큼 심각한 수준인가에 대하여 회의적인 시각도 없지 않다. 따라서 전문가들 사이에 이 문제를 둘러싸고 계속 논란이 전개될 수도 있을 것 같다. 그러나 이러한 논쟁에도 불구하고 지구온난화에 대한 공감대가 세계적으로 형성되어 있다는 것을 부인하기가 어렵다. 사실 이 문제를 논의하고 해결책을 모색하기 위한 국제적인 노력이 UN 주도하에 오래전부터 시작되어 오늘에 이르고 있는 것이다.

1992년 브라질 리오에서 개최된 '환경과 개발' 회의에서 의결된 '기후변화에 대한 UN협약(FCCC, UN Framework Convention on Climate Change)'은 지구온난화를 규제하기 위한 첫 걸음이었다. 많은 국가들이 참여한 FCCC는 의욕적으로 출발하였지만 지구온난화라는 큰 과제를 해결하는 데 한계가 있었다. 이것은 하나의 협약에 불과했기 때문에 참가국들에게 아무런 구속력이 없었기 때문이었다. 따라서 이 협약에 서명한 참가국들은 1995년 베를린에서 모여 보다 적극적인 방안을 논의하였고 그것은 1997년 12월 교토회의에서 議定書(의정서, protocol)를 채택하면서 구체화되었다.

교토의정서(The Kyoto Protocol)는 채택 후 당사자들의 비준을 거쳐 2005년 2월 16일 발효되었다. 먼저 이 의정서는 지구온난화의 주범이 온실가스(GHG, greenhouse gas)라고 판단하였으며 구체적으로 이산화탄소(CO_2), 메탄가스(CH_4), 산화질소(N_2O) 등을 중요한 감축 대상으로 지목했다. 그리하여 당사자들은 이들 주요 온실가스의 1990년도 배출량을 기준으로 하여 2012년까지 그 배출량을 5% 감축할 의무를 지게 되었다. 이것은 결코 쉬운 과제가 아니라고 하겠다.

여러 사정을 고려하여 교토의정서가 매우 포괄적이고 신축적인 실천방안을 제시한 것은 주목할 만하다. 그중의 하나가 가스 배출권에 대한 거래의 허용인데 이것은 의정서의 목표를 용이하게 실현하기 위하여 시장의 원리를 도입한 셈이다. 이런 규정에 근거하여 일부 국가의 기업들은 예를 들어 러시아로부터 잉여 가스 배출권을 매입하려 하고 있으며, 이러한 배출권은 시장의 수요에 따라 그 가격이 움직일 수도 있다는 것을 뜻한다. 가스 배출권 거래에 대한 감시와 규제 등 모든 행정적 업무는 의정서에 자세하게 규정하고 있으며 이에 대한 자료의 기록과 보관은 독일 본에 있는 UN산하 기후변화 사무국에서 수행하고 있다. 이것은 가스 감축을 추진하는 매우 실질적이고 효과적인 조치라고 하겠다.

온실가스 감축의 의무를 지게 된 것은 의정서를 채택하고 비준에 참가한 당사자들이다. 이들은 〈표 12-1〉에 열거된 유럽연합(EU)과 37개의 국가들인데 이들은 거의 모두 다 선진국들이다. 이들이 온실가스 감축의 부담을 진 것은 지구온난화가 바로 이들의 책임이라는 근거에서였다.

〈표 12-1〉 교토의정서 참가국

유럽연합(EU)	스페인	스위스
오스트리아	스웨덴	미국
벨기에	영국	캐나다
덴마크	불가리아	헝가리
핀란드	체코	일본
프랑스	에스토니아	폴란드
독일	라트비아	크로아티아
그리스	리히텐슈타인	뉴질랜드
아일랜드	리투아니아	러시아
이탈리아	모나코	우크라이나
룩셈부르크	루마니아	노르웨이
네덜란드	슬로바키아	호주
포르투갈	슬로베니아	아이슬란드

당사국들은 대부분 의정서를 비준하여 온실가스 감축 계획의 실시에 참가했다. 그러나 호주는 2009년에 가서 겨우 비준을 했고 미국은 끝내 비준을 거부해 버렸다. 세계 최대 산업국가인 미국이 교토의정서를 외면한 것은 매우 심각한 사안이었고 이것으로 일부 논자들은 교토의정서가 실패했으며 향후 온실가스 감축은 매우 불투명한 과제가 될 수 있다고 경고하고 있다. 문제는 선진국에만 있는 것이 아니었다. 온실가스 감축에 대한 개도국의 역할에 대하여서도 갈수록 의견이 나누어지고 있다.

원래 교토의정서는 개도국에 대하여서는 특별한 배려를 하였다. 즉 온실가스 감축목표 이행에서 개도국들을 면제시켜준 것이었다. 왜냐하면 그들 국가의 경제성장을 위하여서는 어느 정도의 온실가스 배출이 불가피하다고 판단하였기 때문이다. 그러나 미국을 비롯한 일부 선진국들은 이에 대하여 강력하게 반발하고 나섰다. 그들의 주장은 지구온난화는 전 지구적 문제이므로 선진국이든 개도국이든 구별 없이 모든 국가가 협력해야 하며 개도국도 강요할 수는 없지만 자발적으로 온실가스 감축에 동참해야 한다는 것이다. 개도국들의 온실가스 배출도 갈수록 심해지고 있으며 적어도 2030년까지는 그 양이 선진국들의 수준을 능가할 것 이라는 지적이 나오는가 하면, 가까운 장래에는 개도국들의 1인당 가스 배출량이 결코 선진국의 수준에 미치지 못할 것이라는 주장도 제기되었다.

교토의정서의 당사자들이 목표 연도인 2012년까지 과연 온실가스 배출을 정해진 양만큼 감축할 수 있을지는 확실하지 않다. 비준을 거부한 미국이 향후 이러한 노력을 위하여 다시 합류할 수 있을지도 의문이다. 그리고 의정서에 포함되지 않았던 다른 과제들, 예를 들면 지상이 아닌 항공이나 해상에서 배출되는 가스에 대하여 어떠한 제재를 도입할 것인가도 분명하지 않다. 이러한 여러 가지의 불확실성을 타개하기 위하여 2009년 12월 덴마크 코펜하겐에서 UNFCCC (UN 기후변화협약)의 당사자 회의(COP, Conference of Parties)가 열린 것은 갈수록 지구온난화에 대한 심각성이 증대되고 있음을 입증하고 있다 하겠다.

코펜하겐 회의의 핵심 쟁점은 선진국들의 온실가스 감축에 대한 중기(2020년)목표 설정과 기후변화에 대처하는 개도국들에 대한 선진국의 재정지원 등 두 가지로 요약된다. 첫 번째 쟁점에 대해서는 선진국들 내에서 합의점을 찾지 못하였다. 두 번째 개도국에 대한 자금지원은 원칙에 대한 공감을 표시했을 뿐 그 구체적 세부사안에 대한 논의에는 들어가지 못했다. 막판까지 치열한 논쟁을 벌이고 조정을 시도하였지만 결국 합의 도출에는 실패한 셈이다.

그나마 하나의 성과가 있었다면 향후 지구 평균 기온의

상승폭을, 섭씨 2도 이내로 제한한 것이었다. 그러나 따지고 보면 이러한 제한도 향후 갈등의 불씨가 될 수도 있는 것이다. 일부 개도국들은 이것을 섭씨 1.5도 이내로 축소할 것을 주장했고 선진국들은 이러한 주장을 외면한 셈이다. 또한 지구 기온 상승폭을 2도로 제한하였지만 이를 달성하기 위한 구체적인 방안이나 일정을 제시하지 못한 점도 불안한 대목이다. 결국 '코펜하겐 합의'는 주요 내용 없이 그저 주요 쟁점에 대한 인식에 그치고 말았다. 모든 미결과제는 별수 없이 멕시코에서 열리게 될 UNFCCC의 차기 회의로 넘어가게 된 것이다.

코펜하겐 회의의 실패는 근본적으로 선진국과 개도국의 대립에 기인하고 있다고 보아야 할 것 같다. 특히 온실가스 배출대국인 중국(1위)과 미국(2위)의 대치는 선진국과 개도국의 이해가 첨예하게 대립하고 있음을 극명하게 보여주고 있다 하겠다. 개도국들은 지구온난화의 책임은 오랫동안 산업화를 지속해 온 선진국들이 져야 한다고 주장하고, 선진국들은 현재 온실가스 최대 배출국인 중국과 다른 개도국들이 기후변화에 대한 책임을 져야 한다고 맞서고 있는 것이다. 이러한 반목과 갈등구조 속에서 기후변화에 대한 어떤 의미 있는 합의를 도출하기는 결코 쉽지 않을 것으로 판단된다.

2) 환경파괴와 환경보호

세계화는 환경훼손과 환경파괴를 가져올 수밖에 없는가. 세계화 비판론자들은 그렇다고 본다. 국가 간 투자에 대한 장벽이 해소되어 해외투자가 활발해지면 생산의 세계화가 일어난다는 것은 되풀이하여 이야기할 필요가 없을 것이다. 생산의 세계화로 생산거점이 개도국에서 선진국으로 옮겨 갈 수도 있지만 실제에 있어서는 대부분의 생산이 선진국에서 개도국으로 이동하는 것이 일반적이다. 이 현상은 환경에 대하여 부정적인 결과를 초래하고 있는 것이 분명하다.

선진국은 산업화가 지속되면 환경의 파괴가 불가피하다는 것을 오랜 역사를 통해서 경험하였다. 따라서 대부분의 선진국들은 환경보호를 위한 다양한 제도적 장치를 마련하였다. 이것은 선진국 기업들에게는 제조원가를 올리게 되고 세계시장에서의 경쟁에서 매우 불리한 입장에 처하게 되는 결과를 가져오게 된 것이다. 특히 환경규제가 심하지 않은 개도국 기업들과의 경쟁에 있어서 이러한 여건에서 선진국 기업들이 취할 수 있는 선택은 선진국에서처럼 환경보호를 위한 강력한 규제가 없는 개도국으로 생산거점을 이전하는 것이다.

선진국의 기업들이 개도국으로 생산거점을 이동한다는 것은 결국 개도국들의 환경이 파괴되고 훼손되는 결과를 가져온다는 것은 숨길 수 없다. 투자의 자유화로 많은 개도국들이 해외투자에 대한 규제를 풀면 풀수록 그것에 비례하여 그들의 환경은 빠르게 파괴되고 있는 것이다. 예를 들면 미국 같은 선진국에서는 환경보호를 위하여 타이어 생산 같은 사업이 이제 거의 불가능한 상태여서 이런 업종은 한국 같은 개도국으로 이동되었다가 다시 저개발 국가로 이전되고 있는 것이 현실인 것이다. 이것은 결국 환경보호라는 이유로 일어나는 변화라고 하겠다.

1994년 NAFTA(북미 자유무역협정, North American Free Trade Agreement)가 체결되기 전 이에 대하여 멕시코 등에서 엄청난 반대가 일어난 것은 많은 공해산업들이 미국으로부터 멕시코로 옮겨 와서 환경파괴가 일어날 것이라는 우려에 그 원인이 있는 것이다. 여하튼 분명한 것은 산업화가 지속되면 환경파괴는 불가피하다는 사실이다. 차이가 있다면 그것이 선진국에서냐 아니면 개도국에서냐가 될 것이다. 그러나 크게 보면 이 차이도 의미가 없다고 하겠다. 선진국이든 개도국이든 세계 전체로 보면 환경파괴는 증가하고 있기 때문이다. 세계화는 세계의 환경을 파괴하고 있는 것이다.

이와 같은 배경에서 보면 환경운동을 하는 많은 시민단체들이 세계화를 반대하는 것은 결코 놀라운 일이 아니다. 여기서 주목할 것은 이들의 시민운동이 지역이나 국가차원을 넘어서 국제적으로 연대되어 전 세계적으로 조직화되고 있다는 점이다. 그리고 이들은 반세계화 운동의 선봉에 서고 있다. 1999년 12월 WTO 연차총회가 열렸던 미국 시애틀에서의 세계화반대 시위를 비롯하여 2000년 1월 스위스 다보스, 그리고 최근 2009년 4월 G20 정상회의가 열렸던 런던에 이르기까지 세계적인 행사가 있을 때마다 빠짐없이 반세계화 시위가 일어나고 있으며, 이 시위 속에는 환경보호를 주장하는 세력이 항상 포함되어 있다는 사실이다. 세계화가 지속될수록 세계의 환경은 파괴된다고 그들은 믿고 있는 것이다.

3) 문명은 충돌하는가?

새로운 천년에 들어와서 첫해인 2001년 9월 11일 한 무리의 아랍 청년들이 항공기를 납치하여 뉴욕과 워싱턴을 공격한 이른바 '9 · 11' 사건은 미국뿐만 아니라 전 세계를 놀라게 하였다. 그 후 이 사건에 대한 많은 논의와 저술들이 나왔는데 대부분이 어떻게(how) 이 사건이 계획되고 실행되었는가에 대하여 그 초점을 맞추고 있다. 왜(why) 이렇게 엄청난 사건이 일어났는가에 대하여는 그렇게 심도 있는 분석이 많지 않은 편이다. 피해 당사국인 미국은 이것을 하나의 테러 사건으로 규정하고 그 관련자들을 색출하기 위하여 아프가니스탄과 이라크에서 전쟁까지 일으켰다.

정말 '9·11'은 테러 사건에 불과할까? 그렇다면 많은 의문이 일어난다. 왜 9월 11일인가. 왜 그들은 미국을 공격했는가. 구체적으로 말하면 왜 뉴욕인가. 그것도 월가(Wall Street)인가. 그리고 왜 워싱턴인가. 여기에 대하여 충분한 설명이 필요할 것이다. 그렇게 하고 보면 이것은 단순한 테러 사건이라기보다 그 속에는 엄청나게 많은 의미가 내재하고 있다는 것을 알 수 있다.

우선 간단하게 상징적으로 접근해보면 몇 가지 의미를 쉽게 파악할 수가 있을 것이다. 먼저 911이란 숫자가 가져다주는 상징적 의미에 놀라지 않을 수 없다. 나라에 따라 다르지만 미국의 경우 '911'은 위급상황에서 구조를 요청하는 구급전화 번호이다. 따라서 이 사건은 어쩌면 전 세계를 향하여 위기를 알리고 있다고 볼 수도 있을 것 같다. 그렇다면 이것은 무슨 위기를 말하려고 했던 것인가.

이 의문을 풀 수 있는 단서는 이 사건의 발생 지역에서 찾을 수 있을지도 모른다. 납치된 항공기가 공격한 것은 먼저 뉴욕의 월가에 있는 세계무역센터(World Trade Center)였다. 이것은 당시 미국에서 가장 높은 건물로 어쩌면 미국의 자본주의, 나아가서 세계 자본주의의 상징으로 보이기도 한다. 자본주의가 공격을 당한 셈이다. 다음으로 공격을 당한 것은 미국의 워싱턴이고 그것도 미국 국방부(Pentagon)가 그 표적이었다. 워싱턴은 막강한 미국의 수도라는 것은 말할 필요가 없지만 더 중요한 의미는 미국 민주주의, 세계 민주주의의 중심이라는 상징성을 결코 도외시할 수 없다. 민주주의가 공격을 받은 셈이다. 자본주의와 민주주의에 대한 저항은 어떻게 보면 세계화에 대한 저항인지도 모른다.

여기서 더욱 주목해야 할 것은 세계화에 대한 저항이 이슬람권에서 나왔다는 점이다. 사건을 주도한 아랍 청년들과 그들 뒤에 있는 세력들(예컨대 빈 라덴과 탈레반 등)이 반드시 이슬람 문명권 전체를 대표하는 것은 아니다. 그러나 그들이 세계화를 거부하는 것이 이슬람과 전혀 무관하다고 주장하기도 어렵다. 그렇다면 이슬람은 왜 세계화를 반대하는 것인가. 만약 세계화를 주도하는 것이 기독교 문명이라고 한다면 세계화로 인하여 이슬람 문명은 기독교 문명과 충돌할 수밖에 없는가. 그러한 충돌의 서막이 '9 · 11' 사건인가.

최근에 와서 문명 간의 충돌을 본격적으로 논의한 것은 하버드 대학의 헌팅턴(Samuel P. Huntington) 교수로부터가 아닌가 한다. 1993년 〈포린 어페어즈〉(*Foreign Affairs*)지에 기고한 논문에서 그는 앞으로의 분쟁은 국가 대 국가 또는 이념 대 이념으로 일어나는 것이 아니라 문명과 문명 사이의 갈등이 될 것으로 예상하고 있다. 그의 문명충돌론에는 여러 가지 이유가 제시되었는데 그중에는 세계화도 포함되어 있다.

세계화란 어떤 의미에서 세계를 갈수록 좁은 공간으로 변모시키는 과정으로 볼 수도 있을 것이다. 사람들 사이의 이동과 교류가 용이해지고 빈번해지면서 거리가, 적어도 생각의 거리가, 좁혀지게 되는데 이렇게 되면 세계는 점점 작아지는 것이다. 그런데 사람들 사이의 교류가 활발해진다고 할 때 그것은 주로 같은 문명권 내에서의 일이라고 하겠지만 여기에는 문명 간의 인적 교류도 포함되고 있다는 사실을 무시해서는 안 될 것이다. 그렇다면 문명 간의 인적 교류는 문명에 대한 의식을 고취시키면서 그것은 결국 문명 간 차이에 대한 인식을 고조시키는 결과를 가져올 것이라고 본다. 과거에는 인적 교류가 제한적이었기에 문명 간 차이를 인식하지 못하였지만 이제는 활발한 교류로 문명 간 차이를 너무나 잘 알게 되고 그리하여 충돌이 발생할 가능성이 높아진 것이다. 문명충돌은 세계화가 가져온 하나의 결과물인 셈이다.

헌팅턴의 문명충돌론은 '9 · 11' 사건을 이해하는 데 적지 않은 도움을 주고 있다. 마치 그가 8년 전에 이 사건을 예언이라도 한 것처럼. 확실히 그의 분석은 적어도 그 原論(원론)에 있어서는 상당한 설득력을 가지고 있다. 그런데 그 주장은 各論(각론)에 들어가서는 심각한 문제를 가져오고 있다. 그는 〈표 12-2〉에서 예시한 바와 같이 세계를 7~8개의 문명권으로 나누고 있으며 나아가서는 이들을 서구 문명권(the West)과 비서구 문명권(the Non-West 또는 the Rest)으로 양분하고 앞으로 이 두 문명이 충돌할 때 서구가 비서구를 어떻게 대적할 것인가에 대한 전략을 제시하고 있는 것이다.

일본이 과연 독자적인 문명권이냐 하는 것도 논쟁의 여

〈표 12-2〉 세계의 문명권

서구권
유교권
일본권
이슬람권
힌두권
슬라브권
남미권
아프리카권(가능하다면)

출처: Huntington, 1993.

지가 있지만 세계를 서구와 비서구의 대결구도로 설정한 것은 비약치고는 엄청난 비약이 아닐 수 없다. 서구와 대결하기 위하여 유교권 국가들과 이슬람권 국가들이 군사적으로 손을 잡을 것이라는 그의 가정을 보면 마치 한 편의 공상과학 영화를 보는 것 같은 느낌이다. 그는 한편으로 이것을 어디까지나 하나의 '假說(가설, hypothesis)'이라고 하지만, 다른 한편에서는 이 대결구도가 가까운 장래에 일어날 하나의 현실적 과제로 보고 있다. 따라서 이 대결에서 서구가 취할 전략을 자문하고 있는 것이다.

헌팅턴 교수는 먼저 서구문명권이 내부적으로 결속하고 단결할 것을 주문하고 있다. 구체적으로 서유럽과 북미는 물론이고 동유럽, 남미 등도 동일 문명권으로 뭉쳐야 한다는 것이다. 그리고 서구는 유교권과 이슬람권 국가들의 군사적 증강을 제지해야 하며 이를 위해서는 서구 자체의 군비 감축 노력을 중지하고 동아시아와 동남아시아에서의 군사적 우위를 확보해야 하며, 유교권과 이슬람권의 내부 갈등을 잘 이용해야 한다는 것이다. 나아가서는 서구의 이익과 가치를 대변하고 있는 여러 국제기구들을 잘 활용해야 하는데 그러기 위해서는 이들 조직을 더욱 강화하고 이들 기관에 비서방 국가들의 참여도 유도할 필요가 있다는 것이다. 서구권이 타 문명으로부터 서구문명의 가치를 보호하기 위하여서는 경제력과 군사력을 확보하는 것이 유일한 대안이라는 것이 그의 결론이다.

헌팅턴의 주장은 무엇을 말하고 있는가? 먼저 그의 주장은 매우 미국적이고 서구 중심적이라고 할 수 있다. 따라서 그의 입장은 미국정부에 대한 정책적 含意(함의)가 매우 크다고 하겠다. 어쩌면 이런 견해가 이미 미국의 대외정책에 반영되어 있고 그것을 그가 확인한 것인지도 모른다. 이러한 견지에서 보면 헌팅턴의 견해는 미국을 대표하는 한 정치학자의 주장이 될 수는 있겠지만 세계적인 碩學(석학)의 식견으로서는 너무 한쪽으로 경도되어 균형을 잃고 있지 않나 한다.

이것은 비단 필자만의 판단이 아닌 듯하다. 극도로 단순화된 헌팅턴의 가설에 이미 다양한 비판이 제기된 것은 결코 놀라운 일이 아니다. 케임브리지 대학의 정치학과 석좌교수인 던(John Dunn)은 그의 가설을 받아들일 수 없다고 거부하였으며, 역시 국제정치학자인 하버드 대학의 나이(Joseph Nye) 교수는 그가 문화 간의 충돌을 문명 간의 충돌로 착각하고 있는 것이 아닌가 하고 의문을 제기했다. 그 외에도 많은 논객들이 그의 주장을 반박하고 나온 것은 말할 것도 없다.

분명히 헌팅턴의 주장은 많은 것을 말하고 있다. 그러나 그중에서도 간과할 수 없는 것은 그의 주장이 미국이 주도하는 세계화의 한계를 입증했다는 것이다. 그동안 미국은 여러 분야에서 세계화를 주도해 왔다. 세계화는 세계 모두를 위하여 필요한 과제이고 이것으로 세계는 보다 더 윤택하고 행복해질 수 있다고 설파하면서. 그러나 헌팅턴의 설명에 의하면 이것은 타 문명에 대하여 미국과 서구문명의 가치를 구현하고 보호하는 수단에 불과하다는 것이 확인된 셈이다. 그렇다면 이 세계화는 앞으로 어떻게 될 것인가?

제 4 부

세계화 — 역사적 이해

13 세계화 1.0

1) 세계화의 역사

세계화는 이 시대의 산물인가? 세계화를 논하면서 마지막으로 던지는 질문은 이러한 물결이 과거에는 없었던가 하는 것이다. 지금까지 정치, 경제, 사회, 문화 등 다양한 입장에서 세계화를 살펴보았는데 역사적 검토 없이는 그것에 대한 논의가 완성될 수 없을 것 같다.

학자들은 세계화가 오늘날 처음 나타난 현상이 아니고 과거에도 그 유례가 있었다고 본다. 경제사학자 프랑크(Andre Frank)는 기원전 3000년경 수메르와 인더스 문명 사이에 교역이 시작되면서 역사상 처음으로 세계화가 일어났다고 주장한다(Frank, 1998). 또한 다른 사람들은 로마와 몽고 등 제국의 등장으로 여러 지역들이 통합되고 교류가 활발해지게 되었는데 이것이 바로 세계화가 아니고 무엇이겠는가라고 반문한다. 보기에 따라서 다양한 세계화의 사례를 제시할 수 있을 것 같다. 크게 보면 고대, 중세, 근대를 거쳐 온 인류의 역사 그 자체가 세계화의 역사라 해도 큰 무리는 아닐 것이다.

세계화의 저술로 대중적 인기를 얻고 있는 뉴욕타임즈의 칼럼니스트 토마스 프리드만은 세계화를 3단계로 나누고 있다(Friedman, 2005). 그의 주장대로라면 〈표 13-1〉에서 보는 바와 같이 제1단계의 세계화는 콜럼버스가 신대륙을 발견한 시기부터 1800년경까지이고 이 시기의 세계화는 국가들, 힘을 가진 民族國家(민족국가, nation-state)들에 의해 이루어졌다고 본다.

그 후 200년은 제2단계이며 이 시기 동안 세계적 통합을 가져 온 변화의 주체는 국가가 아니라 多國籍 企業(다국적 기업, MNCs)이라는 분석이다. 즉 시장과 노동을 찾아 끊임없이 확장해 나간 기업들 덕분에 상품과 서비스가 대륙에서 대륙으로 이동하면서 글로벌 경제가 탄생하였고 이러한 변화의 추진력은 증기선과 기차에서부터 전화와 컴퓨터에 이르기까지 주로 하드웨어의 발달에 기인하는데 이 중심에 기업이 있다는 것이다.

제3단계는 2000년 이후이다. 제1단계의 동력이 국가, 제2단계가 기업이었다면 이 시기 변화의 주체는 개인이라는 것이다. 개인들이 전 세계적 차원에서 협력하고 경쟁하면서

〈표 13-1〉 세계화의 역사적 단계

단계	시기	주도세력
1	1492～1800	국가
2	1800～2000	다국적 기업
3	2000～	개인

출처: Friedman, 2005.

세계화를 밀고 나가는데 이들의 힘은 군사력이나 하드웨어가 아니라 개인의 소프트웨어라는 것이 그의 설명이다.

세계화에 대한 프리드만 기자의 시대구분은 타당한 것인가? 그의 3단계론은 그 나름대로의 논리를 가지고 있지만 이것을 액면 그대로 수용하기에는 문제가 있을 것 같다. 먼저 세계화의 첫 번째 주기를 1800년경까지 선정한 것은 무리가 있는 것 같다. 이 시기까지 유럽과 북미와 남미가, 즉 서양세계가 대부분 접속된 것은 사실이지만 이것을 가지고 세계화가 이루어졌다고 할 수 있을 것인가. 적어도 19세기 중반까지는 인도, 중국, 일본 등 동양권은 서양과 연결되지 않았기 때문이다. 아편전쟁(1839-1842) 이후 중국은 서양과 본격적인 거래를 하게 되었고, 그 무렵 인도는 영국의 식민지로 편입되었으며(1858), 페리 제독에 의해 강제로 개항하게 된 일본도 그 이후부터 본격적으로 서양과 교류를 시작한 것이다. 이렇게 보면 실질적인 면에서 세계화가 진행된 것은 19세기 중반 이후의 일이고 1800년경까지는 서양세계만의 통합이라고 보는 것이 더 정확할 것으로 여겨진다.

또한 제2기의 세계화를 1800년부터 2000년까지로 잡은 것은 지나치다는 감을 금할 수가 없다. 어떻게 이 200년의 긴 시기를 같은 시대로 파악할 수 있을까. 물론 19세기와 20세기는 동질적인 면도 있겠지만 이질적인 측면이 더 강하다고 보아야 할 것이다. 그리고 이 시기를 주도한 것이 국가가 아니고 기업이라고 판단하는 것은 지나친 해석이라고 여겨진다. 비록 20세기 종반에 와서 국가의 역할과 기능이 좀 축소되기는 하였지만 지난 200년 동안 변화의 중심에는 역시 국가가 자리하고 있었다고 보아야 할 것이다. 제국주의의 등장, 두 번에 걸친 세계대전, 무역과 금융에 대한 세계질서의 구축 등이 어떻게 기업에 의해서 이루어졌다고 할 것인가.

물론 20세기 후반 세계화가 가속되면서 다국적 기업이 큰 역할을 했다는 것은 분명하지만, 기업이 두 세기 동안 세계변화의 중심에 있었다는 주장은 牽强附會(견강부회)라고 본다.

또한 제3기 세계화가 개인들에 의하여 주도된다는 것도 다시 생각해 볼 여지를 남긴다. 물론 일부의 천재들에 의하여 세계가 움직이고 있다고 할 수 있겠지만 21세기가 국가나 기업이 아닌 개인에 의하여 주도된다는 주장은 너무 파격적인 비약이 아닌가 한다. 중요한 점은 2000년 이후가 과연 20세기 후반과는 다른 시대인가 하는 것이다. 아무리 생각해 봐도 오늘의 시대가 그 특징에 있어서 20세기 말과 특별히 구별되지 않고 있으며 차라리 그 연속이라고 느껴지고 있기 때문이다.

여러 가지 측면에서 볼 때 세계화를 프리드만처럼 3단계로 나누는 것은 그렇게 균형 있는 접근은 아닌 것 같다. 대부분의 학자들이 제시하는 바와 같이 세계화를 너무 멀리 중세와 고대까지 소급시키지 않고 근대를 중심으로 인식하여 19세기 후반을 제1기, 20세기 후반을 제2기로 파악하는 것이 훨씬 실질적인 시대구분이라고 여겨진다. 어느 면에서나 이 두 시기는 세계화가 가장 본격적으로 진행된 기간임에 틀림이 없으며 또한 이들 사이에는 많은 유사점이 보이고 있고 아울러 역사적 연관성이 나타나고 있기 때문이다.

2) 대서양 경제권의 수렴: 세계화 1.0

제1기의 세계화가 19세기 후반에 일어났다고 할 때 이것은 무엇을 의미하는 것인가? 무엇보다 그것은 당시 세계경제가 이미 상당한 정도로 통합되어 가고 있었다는 것을 뜻한다고 하겠다. 그렇다면 이와 같은 경제적 통합은 무엇으로 확인할 수 있을 것인가? 여러 가지가 그 증거로 제시될 수 있겠지만 가장 중요한 것은 많은 국가들 사이에 경제적 수준의 차이가 현저하게 축소되고 있었다는 사실이다. 이것은 개별경제들이 국제적으로 收斂(수렴)하고 있다는 현상이라고 하겠다. 마치 20세기 후반 비슷한 현상이 일어난 것과 같이.

각 개별경제가 보여주는 생활수준 차이가 과연 축소되고 있었던가 하는 것은 여러 경제지표로써 판단할 수 있겠지만 가장 대표적인 것은 국민소득과 실질임금이라고 하겠다. 경제사학자들이 집계하고 추정한 통계에 따르면, 이 두 가지 지표가 19세기 후반에 국제적으로 수렴되고 있는 것으로 밝혀지고 있다. 좀 더 구체적으로 보면 1870년부터 1914년 사이 당시 주요국가들 사이에서 1인당 국민소득(GDP per capita)과 도시근로자들의 실질임금(real wages of the urban workers)의 격차가 현저하게 축소되고 있는 것으로 밝혀졌다.

〈표 13-2〉는 당시 세계경제를 이끌어가던 유럽과 북미, 남미 및 오세아니아에 있는 대서양 경제권에 소속된 국가들이다. 매디슨(Angus Maddison)은 1870년부터 1913년까지 약 40

〈표 13-2〉 대서양 경제권 1870-1913

영국, 프랑스, 독일, 아일랜드, 네덜란드, 벨기에, 이탈리아, 노르웨이, 스웨덴, 덴마크, 스페인, 포르투갈,
미국, 캐나다, 아르헨티나, 브라질,
호주

자료: Maddison, 1995.

여 년간 이들 국가들 사이에 존재했던 1인당 국민소득의 격차가 어떻게 변화하였는가를 조사하였다(Maddison, 1995). 그의 연구에 의하면 1870년부터 20년간 1인당 국민소득은 국제적으로 비교했을 때 낮은 차이를 보였는데 1890년부터 1차 대전이 일어나기 전까지 그 격차는 전반적으로 더 많이 줄어들었다는 것이다.

소득격차의 축소가 가장 현저하게 나타난 것은 표본의 17개국 중 미국, 캐나다, 스페인, 포르투갈 4개국을 제외한 나라들에서였다. 이것은 당시 경제성장의 속도가 엄청나게 빨랐던 미국과 캐나다, 또한 비교적 그 속도가 느린 포르투갈과 스페인 등 극단적인 국가들을 포함하지 않으면 대부분의 국가들에서 소득의 격차가 현저하게 줄어들고 있다는 사실을 말하고 있다. 이것은 무엇을 말하고 있는가? 그것은 다름 아닌 세계화의 결과라고 보아야 할 것 같다.

또한 같은 시기에 국가 간 노동임금의 차이도 점진적으로 축소되고 있었던 것으로 파악되었다. 윌리엄슨 등이 수행한 비숙련 노동자 실질임금 차이에 대한 연구를 보면 〈표 13-2〉에서 미국, 캐나다, 스페인, 포르투갈의 4개국을 제외한 국가들 사이의 실질임금 차이가 가장 크게 줄어들고 있는 것으로 밝혀졌다(O'Rourke / Williamson, 1999). 미국 등 4개국은 앞에서도 지적하였듯이 당시 경제성장의 속도가 가장 빨랐거나 가장 느렸기 때문에 노동임금의 차이가 오히려 확대되어서 당시 추세로부터 예외에 해당하는 국가들이었다. 이것은 당시 대서양 경제권에서 분명히 생활수준의 수렴 또는 개별경제 간 존재했던 격차가 축소되고 있었다는 사실을 입증하고 있다 하겠다.

실질임금과 국민소득에 있어서 국가 간의 격차가 지속적으로 축소되는 19세기 후반은 확실히 그 전 시대와 그 후 시대로부터 구분되고 있다. 이것은 분명히 이 시기에 있어서 대서양권 내 각국의 개별경제가 수렴되고 있었다는 사실을 잘 설명하고 있다 하겠다. 이러한 국제적 수렴은 어떠한 방법으로든지 개별경제의 통합 없이는 불가능한 현상이라고 하겠다. 그러면 당시의 경제적 통합, 즉 세계화는 어떻게 가능하였던가?

(1) 기술의 발달

주목할 사실은 20세기 후반에서와 같이 19세기 후반의 세계화도 거의 비슷한 요인들에 의하여 이루어졌다는 점이다. 그 요인들이란 크게 두 가지로 나누어 볼 수 있다. 첫 번째요인은 기술의 발달인데 이것으로 인하여 교통과 통신 등에서 혁명적인 변화가 일어나게 된 것이다. 두 번째는 이 시대에 들어와 과거와는 달리 상품, 노동, 자본의 자유로운 이동이 일어났다는 것이다. 말할 것도 없이 이 두 가지 요인들은 국가별 개별시장을 국제적으로 연결시켰고, 이것은 결국 시장들을 세계적으로 통합시키는 결과를 가져온 것이다.

먼저 기술혁신은 여러 분야에서 일어났는데 가장 대표적인 것은 교통의 혁명으로 파악된다. 철도가 나오기 전 19세기의 운송은 도로와 수로를 통하는 것이었다. 이 두 가지 중 수로운송이 저렴하여 많은 나라들은 19세기 후반 운하건설에 집중적으로 투자를 하게 된다. 영국은 1750년부터 1820년 사이 수로가 4배로 늘어났는데 운하를 이용하는 수송의 비용은 육로수송보다 50%에서 75% 정도 저렴한 것으로 파악되었다(Cameron, 1989; Girard, 1966). 이러한 추세는 프랑스 등 유럽대륙에도 파급된 것은 말할 것도 없다. 그런데 수로운송의 더욱 괄목할 만한 성과가 나온 것은 신대륙 미국에서였다.

미국의 경우 운하를 이용한 수송은 그 비용과 시간을 엄청나게 축소시켰다. 예를 들면 1825년에 건설한 에이레 운하는 뉴욕에서 버팔로까지의 운송비를 85%까지 줄였으며 수송시간을 21일에서 8일로 단축시켰다. 1817년 화물을 마차에 싣고 뉴욕에서 신시내티까지 가는 데 52일이 걸렸는데 이것이 1852년 운하를 이용하면서 불과 6일밖에 걸리지 않게 된 것이었다. 운하를 이용한 수상운송이 효율적이게 된 것에는 증기선의 출현도 큰 몫을 하였고, 이 수단이 대양을 횡단하는 해상운송의 핵심으로 등장하면서 교통의 혁명이 일어난 것이다. 특히 주목할 것은 1869년 개통한 수에즈 운하는 세계를 더욱 가까운 거리로 만드는 획기적인 사건이었다. 과거 아프리카 희망봉을 거쳐 아시아로 갔던 유럽의 범선들을 대신하여 수에즈 운하를 통과하는 증기선은 런던과 봄베이의 거리를 반으로 줄이는 결과를 가져왔다.

해상운송에서 증기선의 등장과 함께 육로운송에서 기차의 출현은 또 하나의 교통혁명이었다. 1830년 영국에서 철도가 부설된 이래 유럽대륙의 국가들—벨기에, 프랑스, 독일—은 경쟁적으로 철도건설에 뛰어들었고, 미국도 여기에 엄청난 투자를 하여 기차가 주요 운송수단이 되어 광대한 국가를 하나의 시장으로 변모시키는 데 결정적인 역할을 하게 되었다. 〈표 13-3〉을 보면 세계의 주요 국가들이 철도건설에 얼마나 엄청난 투자를 하였나 하는 것을 알 수 있는데 미국을 비롯한 일부 국가들은 1870년부터 20년마다 철도의 길이가 두 배씩 증가한 것을 볼 수 있다.

수송방법과 수송수단의 엄청난 발달은 어떠한 결과를 가져 왔는가? 먼저 지적할 수 있는 것은 이러한 변화는 19세기 후반에 와서 운송비용을 획기적으로 감소시켰다는 사실

〈표 13-3〉 철도망 1850-1910 (마일)

국가	1850	1870	1890	1910
오스트리아－헝가리	954	5,949	16,489	26,834
호주		953	9,524	17,429
아르헨티나		637	5,434	17,381
캐나다	66	2,617	13,368	26,462
중국			80	5,092
프랑스	1,714	11,142	22,911	30,643
독일	3,637	11,729	25,411	36,152
인도		4,771	16,401	32,099
이탈리아	265	3,825	8,163	10,573
일본			1,139	5,130
멕시코		215	6,037	15,350
러시아(유럽)	310	7,098	18,059	34,990
영국	6,621	15,537	20,073	23,387
미국	9,021	52,922	116,703	249,902

자료: Hurd, 1975.

이다. 이것은 과거와는 다른 새로운 시대를 열었다고 할 수 있을 것이다. 저렴한 운송비의 덕택으로 상품이 한 시장에서 다른 시장으로 쉽게 이동할 수 있게 되었고 그렇게 되면 상품의 가격도 자연히 지역적 차이를 벗어나서 수렴하게 되며 그 결과 국가별 개별시장들이 자연히 국제적으로 통합될 수밖에 없었다. 이것은 무엇을 말하는 것인가? 다름 아닌 세계화가 일어난 것이었다.

(2) 자유경제의 등장

— 상품의 국가 간 이동 / 자유무역

기술의 발달과 함께 세계화를 가져온 또 하나의 요인은 생산요소의 이동을 가능하게 한 경제의 자유화이다. 다방면에 걸쳐 진행된 경제의 자유화는 무엇보다 自由貿易(자유무역, free trade)의 등장으로부터 시작되었다고 할 수 있을 것 같다. 그리고 많은 학자들은 자유무역이 근대 역사에 등장한 것은 영국이 1846년 穀物法(곡물법, The Corn Laws)을 폐지한 것으로부터 유래되었다고 보고 있다. 그렇다면 1846년을 자유무역의 元年(원년)으로 보는 것은 과연 적절한가? 그것이 가지는 상징적 의미는 있지만 실제로 꼭 그러하다고 볼 수는 없을 것 같다. 왜냐하면 그 이전부터 자유무역을 위한 움직임이 지속되어 왔기 때문이다.

영국은 프랑스와의 오랜 전쟁(Napoleonic Wars) 후 1815년 곡물법을 도입했고 그 후 자국 농업의 보호를 위하여 곡물의 수입을 저지시켜 왔었다. 그러나 산업혁명 이후 갈수록 확대되어 가는 도시근로자들의 정치적 압력을 무시하지 못하여 기존 곡물법을 점진적으로 완화시켜야만 했다. 이에 따라 1828년의 새로운 곡물법은 곡물수입금지 대신에 관세율을 국내 곡물가격에 逆(역)으로 연동시켰으며, 1833년에는 여러 품목에 대한 관세율을 축소시켰고, 1842년에는 1774년부터 금지해 온 기계류의 수출을 영국정부(Robert Peel 내각)가 허용했으며, 1845년에는 관세율을 추가로 인하했다.

이것은 곡물법 폐지 이전에 이미 무역규제에 대한 완화조치가 거의 30년간에 걸쳐 지속되어 왔다는 사실을 설명해주고 있다. 다시 말하면 이러한 조치는 갈수록 심화되어가던 지주와 노동자, 농촌과 도시, 농업과 상공업 사이의 갈등을 조정하려는 정치적 노력으로 보아야 할 것 같다. 그러면 격렬한 논쟁 끝에 가까스로 이루어진 곡물법의 폐지는 어떠한 결과를 가져왔을까?

곡물법의 폐지는 일반이 예상했듯이 즉각적인 가격하락으로 나타나지는 않았다. 그러나 시간이 지날수록 곡물가격은 떨어졌고 1870년대 가서는 그 하락 폭이 엄청나게 커졌다. 이것으로 도시노동자는 상당한 혜택을 보게 되었고, 그 반면 농촌의 지주들은 피해를 볼 수밖에 없었다. 따라서 상공업은 갈수록 활발해졌고, 농업은 쇠퇴의 길을 걷게 되어 곡물생산에서 목축 쪽으로 구조조정이 일어나는 결과를 가져왔다.

이와 같은 구조적 변화 속에서 영국 경제는 전반적으로 호전되었다. 곡물법 폐지로부터 1차 대전까지 60년 이상 영국은 전례가 없는 고도성장을 누렸던 것이다. 그런데 주목할 것은 국내경제의 급속한 성장과 함께 곡물법의 폐지가 국제경제에 미친 영향이다. 영국의 조치는 영국과 유럽대륙의 곡물시장을 통합시키게 되었고, 이것은 과거에 볼 수 없었던 자유무역이라는 새로운 국제경제의 질서를 태동시킨 것이었다.

유럽에서 자유무역의 도래를 촉진한 것은 무엇보다 1860년에 체결된 영국-프랑스 무역협정(Cobden-Chevalier Treaty)이라고 볼 수 있을 것 같다. 물론 그 이전에도 네덜란드, 덴마크, 스위스, 포르투갈 같은 소국들이 자유무역의 기조를 유지하기는 하였지만 당시 두 강대국 사이의 자유무역협정은 국제적 차원에서 무역자유화를 향한 결정적인 계기를 가져왔다고 하겠다. 이 협정으로 프랑스는 수입금지 조치를 풀고 대신 수입관세를 從價稅(종가세, ad valorem duty) 기준으로 최고 30%를 넘지 않도록 제한했고, 영국은 포도주에 대한 관세를 80% 이상 인하함과 동시에 일부 프랑스 제품에 무관세 수입을 허용했으며 석탄에 대한 수출관세를 폐지하였다. 또한 이 협정은 오늘날 무역협정에서 많이 사용되는 最惠國 條項(최혜국 조항, most-favored-nation clause)을 사용하여 유럽 국가 간 무역에서 차별금지의 원칙을 수립하게 되었다.

영국과 프랑스의 자유무역협정이 곧 다른 국가들에게 파급된 것은 유럽에서의 무역질서에 대한 큰 변화를 예고했다. 1861년 프랑스와 벨기에 사이에 비슷한 협정이 체결되었고, 1862년에는 프랑스가 프러시아와 협정을 맺었으며, 1863년 이탈리아를 비롯하여 1864년 스위스, 1865년 스웨덴, 노르웨이, 스페인, 네덜란드, 1866년 오스트리아 그리고 1877년 독일까지 각각 자유무역 협정의 대열에 동참하게 되었다. 그 결과로 유럽에서 공산품에 대한 수입관세가 평균적으로 보면 9% 내지 12% 선으로 떨어졌는데 이것은 과거 영국이 부과한 50%의 관세와 비교하면 엄청난 일이었다. 자유무역의 파급은 개별국가들의 상품시장을 연결하여 하나의 시장으로 변모시키고 있는 것이었다.

– 노동의 지역 간 이동/국제이주

자유무역으로 인한 상품의 이동과 함께 국가 간 노동의 이동도 경제의 자유화를 향한 매우 중요한 역할을 하였고 이것은 특기할 만하다. 1820년 이래 약 100년 동안 약 6천만 명의 유럽인들이 신대륙으로 이동했다. 유럽과는 대조적으로 신대륙은 자원은 풍부하지만 노동력이 부족했기 때문이었다. 이 중 약 60%는 미국으로 향했다. 이와 같은 대규모의 이동은 과거에 없던 일이었다. 이것과 유사한 대륙 간 이동의 유일한 사례는 흑인 노예들이 아프리카로부터 북미와 남미로 건너간 것인데 그 규모는 비교가 안 된다. 흑인들의 美洲(미주)로의 이동은 1820년까지 8백만 명에 불과했고, 1840년대에 와서는 매년 미주로 간 유럽인들의 숫자가 흑인들의 숫자를 능가했다. 1880년대에는 누적통계에서 유럽인들이 흑인들을 넘어섰다(Eltis, 1983).

유럽인들의 대륙 간 이동은 1850년대부터 연평균 약 30만 명에 달하였는데 이 숫자는 1880년대에 들어 두 배로 늘어났고 20세기에 들어와서는 연 백만 명을 넘어섰다. 19세기 전반기에는 많은 숫자가 영국과 독일에서 출발하였고 스칸디나비아와 북서쪽에 있는 국가들이 그 뒤를 따랐으며 19세기 후반기에 들어와서는 남부와 동부 유럽인들도 가세하게 되었다. 이들 중 대부분은 미국과 캐나다 등 북미로 갔고 또한 상당수는 아르헨티나, 브라질 등 남미로 향했으며 일부의 적은 숫자는 매년 꾸준히 영국으로부터 호주, 뉴질랜드, 남아프리카로 이동하였다.

인구의 이동은 대륙 간에만 일어난 것은 아니었다. 유럽대륙 내에서도 이동이 일어났는데 1890년대 이탈리아 이민의 절반 이상이 프랑스와 독일 등 유럽 내 국가들로 갔으며 많은 독일인들이 서쪽에 있는 루르지방으로 이동함에 생긴 공백을 메우려는 듯 많은 폴란드인들은 동부 독일 쪽으로 들어갔다(Barkin, 1970). 또한 신대륙 내에서도 이동이 이루어졌는데 상당한 숫자가 캐나다에서 미국으로 국경을 넘어간 것으로 알려졌다(McInnis, 1994). 대규모로 그리고 지속적으로 인구의 이동이 일어난다는 것은 무엇으로 설명할 것인가? 이것은 매우 복잡하고 어려운 과제로서 많은 학자들이 여기에 매달려 있다. 지금까지 나온 연구결과를 보면, 19세기 유럽인의 대이동을 유발한 중요한 요인들은 산업화의 영향과 이에 따른 인구 분포의 변화로 파악되고 있다.

그러나 이것은 19세기 전반기에만 해당되는 설명이라고 하겠다. 19세기 후반기에 들어와서는 유럽과 신대륙에서의 실질임금 격차가 가장 핵심적인 요인으로 부각되고 있다. 왜냐하면 본국과 이주지 사이의 임금 격차가 계속 축소될 때, 즉 실질임금이 국제적으로 수렴될 때 이민율도 떨어졌기 때문이다(O'Rourke / Williamson, 1999). 이것은 궁극적으로 무엇을 말하고 있는 것인가? 이 현상은 당시 개별국가별로 분리되어 있던 노동시장이 국제적으로 연결되어 통합되고 있다는 사실을 입증하고 있다 하겠다.

– 자본의 국제적 이동 / 자본수출

이미 19세기 후반에 국가 간 자본이동이 20세기 후반 못지않게 활발하게 이루어지고 있었다는 사실을 識者(식자)들은 흔히 간과하고 있는 듯하다. 19세기 중반부터 자본의 수출은 활발하게 일어났는데 그것은 주로 경제가 앞서 있는 중심부에서 낙후된 주변부로 향하여 이동하였다. 자본수출을 가장 많이 한 나라는 당시 최대 경제국인 영국임은 말할 것도 없고, 런던이 세계 자본시장의 중심에 있었다. 그러나 자본수출에 적극적인 것은 영국만이 아니었다.

〈표 13-4〉를 보면 프랑스와 독일도 상당한 정도의 자본수출을 매우 지속적으로 해오고 있었다. 독일의 경우 해외투자가 최고점에 달한 1880년대 그 비율은 국내저축의 약 20%에 육박하고 있는데 이러한 수준은 100년이 지난 현재의 기준으로 보아도 엄청난 것이라고 하겠다. 프랑스는 독일보다 훨씬 더 높은 비율의 자본수출을 하였는데 전 기간에 걸쳐 평균 20% 이상의 국내저축을 해외에 투자한 셈이다. 영국의 규모는 이들 두 국가의 비율을 크게 상회하여 1860년대 후반 이미 30%를 넘어서고 1880년 후반에는 거의 47%에 육박하고 있다. 그러면 이와 같은 대규모의 자본은 어디로 이동하였는가?

가장 큰 규모의 자본을 수출한 영국의 경우를 보면, 그 대부분이 북미와 남미 등 신세계로 향하고 있었다. 해외투자

〈표 13-4〉 해외투자의 국내저축에 대한 비율 (%)

	영국	독일	프랑스
1850-1854	12.3		20.1
1855-1859	30.2		21.6
1860-1864	21.5	1.4	24.8
1865-1869	32.2	3.4	25.9
1870-1874	38.0	7.3	29.0
1875-1879	16.2	13.1	18.7
1880-1884	33.2	18.3	-1.1
1885-1889	46.5	19.3	11.3
1890-1894	35.3	12.6	10.0
1895-1899	20.7	11.5	23.0
1900-1904	11.2	9.0	16.1
1905-1909	42.7	7.6	22.0
1910-1913	53.3	7.3	12.5

자료: Jones / Obstfeld, 1997.

가 가장 활발했던 1907년과 1913년 사이의 통계를 보면 영국 해외투자의 약 3분의 2가 북미와 남미 등 신대륙과 캐나다, 오세아니아 등 영국의 식민지에 집중되고 있는 것을 알 수 있다(Taylor / Williamson, 1994). 여기서 중요한 사실은 이들 지역이 거의 다 천연자원이 풍부한 곳이라는 점이다. 이것은 대부분의 식자들이 해외투자가 주로 노동력이 풍부한 지역으로 집중될 것이라고 가정한 것을 뒤엎는 셈이다. 노동력이 풍부했던 아시아와 기타 지역들에는 해외투자 전체의 20% 정도만 이루어졌기 때문이다.

자본수출은 대체로 직접투자보다는 간접투자로 이루어졌다. 영국의 경우 대부분의 투자가 증권투자(portfolio investment)였는데 그 방식을 보면, 런던의 자본시장에서 투자 대상국 정부가 발행하는 주식과 채권을 매입하는 것이 일반적이었고 그 구성을 보면 채권이 대부분이었다. 남미에 대한 투자의 약 80%, 북미와 호주에 대한 투자의 약 85%가 이러한 유가증권에 대한 투자였다(O'Rourke / Williamson, 1999).

한편 해외투자의 대부분은 투자 대상국들의 사회간접자본(SOC, social overhead construction) 형성을 위하여 사용되었는데 이것은 20세기 후반의 추세와 유사하다고 하겠다. 좀 더 구체적으로 살펴보면 투자자금은 주로 철도, 항만개발을 비롯하여 도시하수도와 전화망 구축을 위하여 사용되었다. 1913년의 경우 영국 해외투자의 약 40%가 수혜국의 철도건설에 투입되었다(Feis, 1930).

그러면 영국 등 당시 세계의 중심부에 있던 국가들은 왜 이와 같은 엄청난 규모의 자본을 자국에 투자하지 않고 신대륙으로 이동시켰던가? 이들의 결정은 과연 합리적 판단이었던가? 영국의 경우 일부에서는 당시 대규모의 자본수출은 결국 국내경제의 추락을 가져왔다는 지적도 있다(맥밀란 보고서 – Macmillan Report, 1931). 즉 런던의 자본시장은 해외투자를 지나치게 선호함에 따라 상대적으로 국내기업에 대한 자금부족을 초래하게 되었고 이것은 국내투자의 감소를 가져와 결국 영국경제 쇠퇴의 발단이 되었다는 것이다. 이러한 주장은 국내의 투자수익률이 해외투자의 수익률보다 높을 것이라는 가설에 근거하고 있다. 과연 그랬을까?

이 가설은 50여 년이 지나서 심각한 반론에 부딪혔다. 당시 발행되었던 국내와 해외용 566개 증권의 수익률을 분석한 한 실증적 연구에 의해서였다(Edelstein, 1981). 이 연구에 따르면 국내수익률이 해외수익률을 상회하는 기간도 있기는 했지만 전반적으로 보면 해외수익률이 국내수익률을 거의 앞서고 있다는 것이다. 특히 주식을 제외한 채권부문에서는 해외수익률이 항상 상회하는 것으로 나타난 것이다. 이 결과는 어쩌면 당연한 것인지도 모르겠다. 왜냐하면 경제적으로 낙후된 주변국은 항상 신용위험이 높았을 것이고 따라서 수익률도 중심부보다 높을 수밖에 없었을 것이기 때문이다.

해외수익률이 국내수익률을 압도한다는 것은 무엇을 의미하는 것인가? 여러 가지 해석이 가능하겠지만 무엇보다도 시장의 원리가 작동하고 있다는 것이다. 경제가 앞서고 있는 중심부보다 경제 수준이 낮은 주변부는 신용위험이 더 높고 따라서 위험 프리미엄으로 인하여 수익률이 높을 수밖에 없다는 것은 20세기 자본시장의 현상인데 이것은 19세기도 마찬가지였다는 사실이다. 즉 자본이란 수익률이 낮은 지역에서 높은 지역으로 이동한다는 것인데 이러한 현상이 19세기 후반에도 일어난 것이다. 이는 자본시장이 국내적으로는 말할 것도 없고 국제적으로도 어느 정도 통합되어 있었기 때문에 가능한 일이었다. 그러면 자본시장은 어떻게 국제적으로 연결될 수 있었을까?

19세기 말 자본시장의 국제적 통합은 20세기와 마찬가지로 기술의 진보, 제도의 발달, 정치적 영향 등에 의해서 촉진되었다. 대서양을 연결하는 해저 전신망의 건설로 인한 통신의 혁명은 지리적으로 원거리에 위치한 금융시장에서 존재했던 가격 격차를 축소시켜 시장을 단일 시장권으로 변모시켰다. 그리고 19세기 말 등장한 금본위제도는 문제도 있었지만 많은 나라들이 자기들의 통화를 금 가격에 연동시키는 고정환율제에 힘입어 통화가치가 안정되어 자본의 국가 간 이동이 촉진된 것이다.

또한 이 두 가지 요인과 함께 지적해야 할 것은 정치적 환경이다. 19세기 후반은 적어도 20세기 초 1차 대전이 일어나기 전까지는 역사적으로 평화의 시대였다. 이러한 정치적 안정은 자본의 국제적 이동을 촉진시켰으며 주요 국가들이 중앙은행 등을 통하여 서로 긴밀하게 협조하여 금본위제도를 정착시키고 유지하는 데 매우 중요한 기여를 한 셈이다. 이러한 여건들로 인하여 당시 자본시장은 완벽한 정도는 아니었지만 상당한 수준의 국제적 통합을 이루었다는 것은 무시할 수 없는 일이었다.

(3) 제국의 역할

여러 가지 면에서 19세기 후반은 자유주의 경제가 꽃을 피운 시대임에 분명하다. 상품, 노동, 자본이 비교적 자유롭게 이동했기 때문이다. 그런데 여기서 제기되는 하나의 질문은 이러한 경제의 자유화, 즉 세계화를 누가 주도하였는가 하는 것이다. 20세기 후반의 세계화를 미국이 이끌었다면, 19세기 후반의 세계화는 영국이 주도했다는 데 대하여 이의를 제기할 사람은 많지 않을 것이다.

현재나 과거나 세계의 질서가 경제대국에 의해서 주도되는 것은 오히려 당연한 일인지도 모른다. 왜냐하면 경제대국만이 세계의 경제질서를 제시하고 유지할 능력을 가지고 있기 때문이다. 따라서 20세기 경제대국인 미국이 하였던 것처럼 19세기 경제대국인 영국은 자유무역에서 보는 바와 같이 자유경제의 깃발을 내세우면서 세계의 새로운 경제질서를 구축한 것이었다. 물론 이러한 노력이 전혀 문제가 없었던 것은 아니었지만. 여기서 영국의 역할을 다시 한번 생각해 볼 필요가 있을 것 같다.

일부의 논자들은 영국이 내세운 자유경제의 깃발은 그 동기는 순수했을지 모르지만 그것은 결국 帝國(제국, empire)의 건설로 귀결되었다고 본다. 예를 들면 영국이 엄청난 자본수출을 하였던 것은 국내저축의 과잉에서 비롯되었는데 과도한 국내저축은 따지고 보면 소득분배의 불평등에 그 뿌리가 있다는 것이다. 다른 말로 하면 과도한 저축은 노동자보다 지나치게 많은 소득을 올린 자본가들이 이룩한 성과이고, 이 자본가들의 잉여자본이 해외로 이동하여 영국의 식민지 확대와 착취를 가능하게 하였다는 것이다(Hobson, 1902). 자본수출이 결국 帝國主義(제국주의, imperialism)를 가져왔다는 주장이다.

자유로운 자본의 이동에 이어 자유로운 상품의 이동도 비판의 대상이 되었다. 또 다른 논자들은 자유무역 그 자체가 바로 제국주의라고 주장했다(Gallagher / Robinson, 1953). 영국은 당시 많은 국가들에게 자유무역을 요구하였는데 때에 따라서는 이것을 강요하기도 했다는 것이다. 특히 자기들의 식민지에 대해서. 이렇게 식민지들에게 자유무역을 강요하여 자국의 공산품을 수출하게 되면 그 식민지 시장을 석권하게 되어 식민지의 경제를 지배하게 되는데 경제적 지배는 결국 정치적 지배를 가져왔다는 것이다. 이렇게 하여 영국은 세계 최대의 제국이 될 수 있었다는 주장이다. 즉 막강한 군사력만이 아니라 자유무역이라는 고상한 깃발을 내걸고 제국을 건설했다는 것이다.

이와 같은 여러 가지 비판과는 대조적으로 영국의 역할에 대하여 긍정적인 평가를 내리는 입장도 존재한다(Ferguson, 2003). 어느 시대에서나 경제대국이 있기 마련이고 경제대국은 바로 覇權國家(패권국가)가 되는 것이다. 이러한 패권국가는 상대방이 인정하든지 안 하든지 하나의 제국이 되어서 다른 국가들이 행사하지 못하는 절대적 영향력을 국제무대에서 행사하게 되는 것이다. 19세기 후반 세계의 패권은 영국이 가지게 되었고 대영제국은 그 패권을 행사하여 그들이 원하는 자유경제—상품, 노동, 자본의 자유로운 이동—라는 새로운 질서를 세계에 구축하게 된 것이다. 이것이 바로 세계화의 길이었다.

여러 가지 면에서 볼 때 대영제국의 주도와 담보가 없었다면 19세기 후반에 일어났던 자유무역이라든가 유럽으로부터 신대륙으로의 대규모 인력과 자본의 이동이란 결코 상상도 할 수 없는 일이라고 하겠다. 당시 영국은 전 지구의 4분의 1에 해당하는 지역에—해양에 대한 지배력은 접어두고—대하여 자기들의 패권을 이용하여 자유무역과 법치주의를 강제적으로 부과한 집행관이었다. 따라서 19세기 후반의 세계화는 패권국가 영국의 경제력과 정치력이 아니고서는 불가능한 일이었으며 그것은 바로 '영국이 주도하는 세계화(Anglobalization)'라고 할 수 있을 것 같다.[1] 만약 20세기의 세계화가 미국이 주도한 미국의 세계화라고 한다면,

1) 'Anglobalization'은 퍼거슨(Niall Ferguson)이 도입한 표현인데 아직 일반화되지는 않고 있다(Ferguson, 2003).

14 세계화 1.0의 몰락

이미 지적한 바와 같이 각국의 생활수준을 나타내는 주요 경제지표들이 19세기 중반부터 수렴되기 시작하였고 이 추세는 적어도 반세기 이상 지속되었다. 이것으로 우리는 당시 세계화가 진행되고 있었음을 알 수 있었다. 그러나 이러한 경제적 收斂(수렴, convergence)이 20세기에 들어와 1차 대전을 거치면서 중단되어 버린 것이다. 그것은 일시적인 중단이 아니었다.

앞에서도 지적했듯이 국가별 소득의 차이가 1890년부터 크게 축소되어 왔는데 그 하락 추세는 1913년 이후에도 한동안 지속되었다. 그러나 이와 같은 하락은 1929년에 와서 거의 멈추고 1937년까지 전혀 추가적인 하락을 보이지 않고 있는 것이다(O'Rourke / Williamson, 1999). 소득차가 줄어들지 않는다는 것은 더 이상 수렴하지 않는다는 것이다. 오히려 소득차가 늘어날 수도 있다는 것이다.

추세는 실질임금의 격차에서도 거의 비슷하게 나타났다(O'Rourke / Williamson, 1999). 대서양 경제권의 국가들(표 13-2) 사이 노동자들의 임금격차가 20세기에 들어와 잠시 늘어났다가 1918년부터 일시적으로 줄어들었다. 그러나 1922년을 기점으로 임금차이는 1936년까지 오랫동안 지속적으로 확대되어 가는 일관된 추세를 보여주고 있다. 특히 1934년부터는 임금격차가 크게 벌어졌는데 이러한 현상은 미국 등 여러 국가에서 실질임금이 엄청나게 상승한 데에 크게 기인하고 있다. 이것은 그간 어느 정도 이루어졌던 노동시장의 국제적 통합을 해체시키는 결과를 초래했다고 하겠다.

1인당 소득과 실질임금 등 두 중요한 통계가 보여주는 것은 과거 그것들의 국가적 차이가 축소되어 왔는데 1차 대전이 끝난 후 더 이상 수렴되지 않는다는 것이다. 오히려 그것들은 그 후 오랜 기간 동안 수렴보다는 分岐(분기, divergence)되는 양상을 보여주고 있는 것이다. 주목할 것은 이러한 逆轉(역전)이 일시적인 현상이 아니고 새로운 추세의 시작을 알리고 있다는 점이다. 이것은 무엇을 의미하는 것인가?

개별국가들 간의 경제적 간격이 수렴되지 않고 오히려 분기되고 있다는 것은 말할 것도 없이 세계화가 더 이상 진행되고 있지 않다는 사실을 확인하고 있는 것이다. 19세기 중반부터 전개되어 온 세계화가 20세기 초반에 끝나버렸다는 것이다. 그리하여 세계경제는 국제적 통합에서 벗어나 개별국가 중심으로, 즉 1850년 이전의 과거체제로 回歸(회귀)하게 되었고 이러한 逆世界化(역세계화, deglobalization)의 추세는 2차 대전이 끝나는 1950년대까지 계속되었다. 역사의 逆走行(역주행)이라고 할까. 여기서 우리는 반세기 이상 진행되어 온 세계화의 물결이 왜 중단되었고 역류하게 되었는가 하는 질문을 제기하지 않을 수 없다.

세계화의 중단에 대해서는 여러 가지 견해들이 있다. 그러나 그중에서도 세 가지의 설명이 전체의 논의를 지배하고 있다 하겠다. 첫째로 세계화에는 처음부터 자기파괴 또는 자멸의 요소가 내재하고 있었다는 지적이 있는가 하면, 둘째로 세계화는 그것이 가져온 자체의 반작용으로 무너졌다는 입장과, 셋째로 세계적 질서를 유지하고 관리하기 위한 여러 가지 제도적 장치가 미흡하여 세계화는 실패했다는 해석 등이 바로 그것들이다. 어떻게 보면 이 세 가지 설명은 상호배척적이기보다는 상호보완적이라고 보는 것이 타당할 것 같다. 대부분 복잡한 사안들은 단일요인보다는 복합요인들의 결합으로 접근할 때 더 효과적으로 설명될 수 있기 때문이다. 그러나 우리는 이 해석들을 우선 하나씩 개별적으로 검토해 볼 필요가 있을 것 같다.

1) 세계화의 자기모순

세계화에는 자멸이 예고되어 있었다는 설명은 무엇을 말하고 있는가. 세계화에 대한 비관론은 어쩌면 마르크스(Karl Marx)로부터 시작되었는지 모른다. 그는 자본주의가 진행되게 되면 그것은 결국 세계화를 가져온다고 보았다. 그런데 문제는 자본주의 자체가 모순이라고 진단한 그로서는 당연히 세계화도 자기모순에 빠져들 수밖에 없다고 예견한 것이다. 세계화의 붕괴를 내다본 것은 공산주의자들에만 국한된 것은 아니었다. 공산주의자는 아니었지만 자본주의가 가지고 있는 자기결함을 인식하고 그것이 가져올 위험을 경고한 사람들이 있었다.

슘페터(Joseph Schumpeter)는 세계경제의 호황이 그 절정에 도달한 1928년 당시 현실과는 어울리지 않는 주장을 폈다. 그해 발표한 "불안한 자본주의"라는 논문에서 자본주의가 안정되게 보이기는 하지만 그 자체의 구도를 초과하여 자멸로 가려는 경향이 있다고 분석한 것이다. 이와 같은 전반적인 비관론과 함께 매우 구체적인 비관론도 있었는데 당시로서는 큰 주목을 받지 못했다. 예를 들면 케인즈(John Maynard Keynes)의 경우 자본의 국제적인 이동을 자본주의가 가지고 있는 중요한 결함으로 파악한 것이다. 그는 자유무역을 지지하였지만 자본이 자유롭게 이동한다면 이것은 매우 불안한 일이고 따라서 바람직하지 못하다는 주장을 전개한 것이다. 일반이 예상하는 것과 무척 다른 주장이라고 하겠다. 그런데 놀라운 것은 케인즈의 우려가 20세기 후반에 현실로 나타나는 것을 보면 그의 예측을 쉽게 무시한 것도 매우 위험한 일이었던 것 같다.

19세기 후반의 세계화가 20세기 초반에 침몰한 것도 국가 간의 활발한 자본이동과 무관하지 않은 것 같다. 당시 많은 국가들은 국제적 자본이동의 증가가 가져오는 위험성을 이미 알고 있었고 이것들로부터 자국 경제를 보호하기 위한 조치들을 취하고 있었다. 예를 들면 통화가치의 안정을 위한 금본위제도의 유지라든가 국내재정과 자본이동의 관리를 위한 중앙은행의 기능 강화 등이 그것들이었다. 그러나 이러한 제도적 장치에 대한 국제적 공조가 한계에 부딪혔고 그 결과 세계화는 더 이상 진행되지 못하고 침몰할 수밖에 없었던 것이다.

1890년대 브라질과 아르헨티나 등 남미에서의 외채위기와 여기에 관련된 영국의 은행 베어링(The Barings)에 대한 구제금융 사건에서 보듯이 빈번한 금융위기로 이미 금융체제는 매우 불안한 상태였는데 20세기에 들어와 영국을 비롯한 유럽 국가들의 자본통제로 신대륙에 대한 자본수출이 격감하였고, 금본위제도로부터의 이탈과 이것과 관련하여 각국의 중앙은행들 사이의 협조 미흡 등 국제자본시장은 계속 혼란된 상태를 보여주었다. 더 이상 자유로운 자본이동이 불가능하였다.

2) 세계화의 반작용 / 부작용

세계화는 어떠한 反作用(반작용) / 副作用(부작용)을 수반하고 있었던가? 세계경제의 통합에 대한 조직적 반발은 주로 두 부문으로부터 일어났는데 그것들은 상품의 이동으로 형성된 국제적 재화시장과 노동의 이동으로 빚어진 국가 간 집단 이민이었다(O'Rourke / Williamson, 1999). 먼저 재화시장에는 세계화에 대한 저항이 대부분 유럽의 지주들로부터 일어났다. 수입자유화로 인하여 미국으로부터 유럽으로 들어오는 값싼 농산물로 곡물가격이 크게 하락한 데 대하여 그들은 분노를 금할 수가 없었다. 자유무역으로 피해를 본 그들은 가만히 있지 않고 정부를 압박하여 보호무역을 요구하게 되었고, 당국은 그들의 요구를 정치적으로 거절하기 어려웠다고 보아야 할 것 같다.

당시 대부분의 유럽 국가들은 근대에 들어와 형성된 民族國家(민족국가, nation-state)의 체제를 갖추고 있었는데 地主(지주)라든가 강력한 계급집단의 요구를 거절할 수가 없었고 이들의 이익을 보호하는 것이 곧 국가의 임무라고 인식한 것은 말할 것도 없다. 따라서 국가들이 국내 지주들을 보호하기 위하여 1880년대에 들어와 연쇄적으로 곡물에 대한 수입관세를 인상하면서 보호무역의 길로 들어서게 된 것이다. 독일의 경우 밀에 관한 관세가 6%였던 것이 1887년에는 거의 33%까지 올라갔고, 1891년부터 1894년 사이 관세가 일시적으로 내려갔으나 1902년에 다시 인상되었다. 프랑스에서도 관세가 인상되어 1887년 밀은 22%까지 올랐고 그 후에도 인상은 계속되었다.

관세인상은 밀과 같은 농산물에서 시작되었는데 곡물에만 국한되지 않고 농산물이 아닌 다른 상품들로도 확대되었다. 프랑스의 경우 1890년대 산업제품에 대한 평균관세가 약 25%에 달했다. 이것은 프랑스와 독일 등의 국가가 농업뿐만 아니라 공업도 보호했다는 것을 뜻한다. 또한 보호무역은 관세인상에만 국한되지 않았다. 여러 나라들이 원산지 표시, 위생조건 등 비관세 장벽들을 쌓기 시작하였고 특정 국가제품을 차별하기도 했다. 자유무역에 앞장섰던 영국조차도 1887년 원산지 표시법(Merchandise Marks Act)을 제정하여 독일 등 경쟁국가들 상품의 수입을 간접적으로 배척한 것은 아이러니가 아닐 수 없다.

그러나 보호무역의 물결이 더욱 고조된 것은 19세기 말이 아니라 20세기에 들어와서였다. 1930년 미국이 제정한 스무트–홀리법(Smoot-Hawley Tariff Act)은 다른 나라들도 모두 관세를 연쇄적으로 올리는 계기를 만들었고, 많은 사람들은 미국의 이러한 선제적 관세인상이 세계대공황을 유발시키는 중요한 요인이 되었다고 판단한다. 어떻게 되었든지 확실한 것은 세계는 이후 보호무역으로 치닫게 되었고 그 결과 세계무역은 붕괴의 길로 들어서게 되었으며 세계화는 더 이상 진행될 수가 없었던 것이다.

마찬가지로 대규모의 집단이민도 여러 곳으로부터 반발을 불러올 수밖에 없었다. 이러한 항거는 신대륙에서 비숙련 노동자들을 중심으로 일어났다. 과거 신대륙은 노동력이

귀하여 비록 비숙련 노동자들이라도 높은 임금을 받았는데 계속해서 밀려들어 오는 외국으로부터의 이민은 기존 노동자들의 소득을 감소시켜 불만이 쌓일 수밖에 없었고, 이러한 불만은 당국에 대하여 정치적 압력으로 작용되어 이민에 대한 정책변경을 가져오게 만든 것이었다. 과거 이민에 대하여 매우 개방적인 미국 같은 경우도 20세기에 들어와 이민을 통제하게 된 배경이 바로 여기에 있었던 것이다. 여하튼 자유무역과 자유이민으로부터의 후퇴는 세계화의 진행을 중단시킬 수밖에 없었다.

3) 국제기구들의 무능

세계화가 몰락한 것은 세계화를 유지하기 위한 여러 제도적 장치가 미흡했고 또한 그것들의 관리가 매우 미숙했기 때문이라는 것은 적절한 해석인가? 먼저 세계화로 일어나는 여러 문제들을 조정하고 해결하기 위한 제도들이란 구체적으로 무엇을 말하고 있는가? 몇 가지를 지적할 수 있을 것 같다. 국제연맹(League of Nations), 국제노동기구(International Labour Organization), 국제결제은행(Bank for International Settlements) 등이 대표적인 기구들이라고 하겠다. 그런데 문제는 이것들이 과연 제 기능을 효과적으로 수행하였던가 하는 점이다.

(1) 국제연맹

1차 대전이 끝나고 설립된 國際聯盟(국제연맹)은 당시 매우 절실한 국제기구였다. 전후의 국제질서를 회복하고 추후 세계평화를 담보하기 위하여 제도화된 국제조직이 필요했던 것이다. 이리하여 국제연맹이 설립되자 1920년대 들어와 국제정치가 어느 정도 안정을 찾았고, 따라서 시장도 가동되게 되었으며 국제적 자본이동과 해외이민도 재개되었다. 국제연맹은 국제경제의 문제들을 하나씩 다루기 시작하여 금융안정을 이룰 수 있도록 여러 조치들을 취했으며, 전쟁 전후 相互貿易(상호무역, bilateral trade)으로 이루어지던 것을 多者貿易(다자무역, multilateral trade)으로 변경하기 위하여 국제적인 협상을 주선하기도 하였다.

그러나 이러한 많은 노력들은 하나도 제대로 성과를 거두지 못했다. 국제연맹은 그 출발부터가 문제였다. 이것의 설립을 제안하고 주도한 미국은 의회의 비준에서 실패한 것이다. 미국이 빠진 이 국제조직이 얼마나 지속될지는 아무도 장담할 수가 없었다. 이것은 비단 미국만의 문제가 아니었다. 당시 국제사회에 팽배해 있던 지나친 理想主義(이상주의)가 가장 큰 문제였다. 국제적인 기구를 통하여 하나의 시장으로 구성된 세계경제로 돌아갈 수 있다는 것은 희망이나 환상에 불과했다. 그리고 이러한 신념은 세계대공황(Great Depression)이라는 재앙에 의하여 여지없이 무너졌다. 1930년대에 들어와 세계경제는 민족주의와 보호주의에 의하여 함몰된 것이다. 이리하여 모든 나라들이 자립경제와 전쟁경제만을 추구하게 되어 버렸다.

(2) 국제결제은행

국제연맹과 함께 세계경제의 문제를 조정하고 관리하기 위하여 등장한 또 하나의 기구는 國際決裁銀行(국제결제은행)이었다. 1930년 발족한 이 기구는 두 가지 목표를 가지고 있었다. 첫째로 1920년대부터 끌어오던 戰後賠償金(전후배상

금) 문제에 대한 정치적 논의를 종식하고 중립적인 시장해법을 제공하는 것이었고, 둘째로는 국제자본시장의 안정을 위하여 각국 중앙은행 사이의 공조를 도모하는 것, 즉 세계의 중앙은행이 되는 것이었다. 그런데 문제는 이 은행의 설립을 주도한 사람들은 이 두 가지 목표가 상호보완적이라고 생각했으나 결과적으로 이것들이 오히려 서로 상호대립적인 것으로 나타난 것이다. 이것은 이 은행이 시작부터 그 역할에 한계가 있었다는 것을 말하고 있다.

1930년대 초반부터 중부유럽은 금융위기 속으로 말려들어 가고 있었다. 당시 금융위기는 그 성격에 있어서 3중의 위기(triplet crises)였다. 오스트리아는 은행위기가 발생하여 외환위기로 발전하였다가 결국 재정위기로 귀결되었다. 헝가리는 이와 달리 재정위기에서 시작하여 외환위기와 은행위기로 파급되었다. 가장 위기가 심각했던 독일에서는 재정위기와 은행위기가 동시에 일어나 외환위기로 옮겨 갔다. 이러한 금융위기 와중에 대부분 국가의 중앙은행들은 중앙은행 독립이라는 원칙에 집착하여 다른 나라의 금융위기에 별로 도움을 주지 않았고, 국제결제은행도 각국 중앙은행 사이의 공조를 끌어내지 못하여 국제금융위기 수습에 효과적인 역할을 하지 못한 것이다. 그 후 남미에서 일어난 금융위기에서도 그러하였지만.

(3) 국제노동기구

세계경제의 중요 현안을 해결하는 데 무기력하고 부실하기는 國際勞動機構(국제노동기구, ILO)도 마찬가지라고 하겠다. 베르사유조약에 의하여 1919년 설립된 ILO는 1945년까지 국제연맹의 관련기관이었다가 1946년 국제연합(UN, United

Nations)의 산하기관이 되어 오늘날까지 존속해 오고 있다. 이 기구의 목표는 근로조건에 대한 국제적 기준을 제시하는 것이지만 초창기 또 하나의 의욕을 가지고 있었다. 세계화가 벽에 부딪히게 된 중요한 사안의 하나인 이민규제에 대하여 국가 간 조정을 ILO가 시도한 것이다. 이민을 내보내는 프랑스, 이탈리아, 일본, 폴란드 등은 개별국가들이 마음대로 이민을 통제하지 말고 국제기구인 ILO에게 이민에 대한 규제 권한을 부여하자고 주장했다. 그러나 미국을 비롯한 이민을 받아들이는 나라들은 이러한 제안을 강력하게 반대하여 성사되지 못했다. 그 후 ILO는 이민과 같은 중요사안에서는 손을 떼고 근로조건에만 전념하게 되어 여성노동의 보호, 하루 8시간 노동의 준수 같은 성과를 이루어 내었다. 세계경제에서 적극적인 역할은 못하고 사회복지의 수준을 향상시키는 매우 소극적인 국제기관으로 자리매김한 것이다.

앞에서 살펴보았듯이 국제연맹, 국제결제은행, 국제노동기구 등 국제기구들은 하나같이 20세기 초반에 벌어지는 금융위기, 경제위기, 그리고 정치적 혼란 등에 대하여 전혀 책임 있는 역할을 하지 못했고 이것은 엄청난 역사적 결과를 초래할 수밖에 없었다. 즉 세계대공황을 가져온 것이다. 그리고 세계대공황은 당시 형성되어 있던 世界化體制(세계화체제)를 붕괴시켰고, 세계경제의 해체는 국가별 개별경제체제로의 재편을 가져왔으며 이것은 결국 국가 간 대립으로 전개되어 또 한번의 세계전쟁으로 나아갈 수밖에 없었다.

4) 민족주의의 대두

20세기 초반의 이러한 역사적 진행에 대하여 지금까지 세 가지의 해석을 중심으로 살펴보았다. 그러면 세 가지 설명만 가능한 것인가. 꼭 그렇다고는 볼 수 없다. 다른 설명들도 있을 수 있을 것이다. 사실 여기에 또 하나의 설명을 추가하는 것이 필요할 것 같다. 좀 포괄적이고 이념적인 주장이기는 하지만 國家主義(국가주의, nationalism) / 民族主義(민족주의, nationalism)의 대두가 당시 경제와 정치의 지형변화에 결정적인 역할을 하였다는 견해가 설득력을 얻고 있는 것이다(James, 2002).

20세기에 들어와서 왜 국가주의 / 민족주의가 등장하게 되었는가 하는 것은 매우 도전적인 질문이지만 이것은 피하여 나갈 수 없는 매우 핵심적인 사안이기도 하다. 우선 심리적 측면에서 본다면 이것은 19세기 후반의 세계화가 가져다준 공포에 그 뿌리가 있는 듯하다. 즉 상품, 노동, 자본의 자유로운 이동이 모든 국가들에게 다 도움이 된다고 생각했지만 현실이 꼭 그러하지는 않다는 것을 인식한 것이다. 세계화로부터 이득을 보는 나라가 있는가 하면 그것으로부터 손해를 보는 나라가 있고, 또한 그것으로부터 이득과 손해를 보는 계층이 각각 따로 존재한다는 사실을 알게 된다. 따라서 세계화는 위험하게 느껴졌으며 손해를 보는 계층과 국가들은 갈수록 불안해질 수밖에 없는 것이다.

그렇다면 이렇게 불안한 계층과 국가들이 택할 수 있는 길은 무엇인가. 그것은 그들의 이익을 정책적으로 보호하는 것 외에는 다른 代案(대안)이 없는 것이다. 지주들을 위하여서는 농업을 보호해야 하고, 노동자들의 고용을 확보하기 위하여서는 공업을 보호해야 하는 것이다. 국가 경제정책에서 國益(국익, national Interest)이 가장 중요한 기준이 되는 시대로 들어간 것이다. 국가의 이익과 인민의 이익을 위하여 무역은 보호되어야 하고 이민은 규제되어야 하며 자본이동은 통제되어야 했던 것이다.

국가주의 / 민족주의에 기반한 경제정책은 미국에서 1929년 주가폭락, 1930년 스무트–홀리 관세법(Smoot-Hawley Tariff Act) 제정, 그리고 1931년 중부유럽에서의 금융공황을 겪으면서 여러 국가들로 빠르게 확산되어 나갔다. 이러한 체제가 가장 극단적으로 나타난 것은 말할 것도 없이 독일이었다. 독일에서는 나치스 정권의 등장과 함께 민족주의적 경제운용이 自給自足(자급자족)을 정책기조로 삼았고, 자본유출을 막기 위하여 특정한 소수민족의 경제적 관행과 행동이 공격의 대상이 되기도 하였다. 예를 들면 불안을 느낀 유태인들이 자금을 해외로 이동시키는 것을 '자본 도피(capital flight)' 및 '투기(speculation)' 등으로 부도덕시하여 그들을 증오한 것은 민족주의를 경제적 목적에서 정치적 선동으로 확대한 것이라고 볼 수 있을 것이다.

국가나 민족의 이익에 초점을 맞춘 경제운용은 독일만의 일이 아니었다. 독일과 일본이 國家社會主義(국가사회주의)의 깃발 아래 경제를 관리했다면 소련은 민족보다 계급을 더욱 강조한 共産主義(공산주의)의 이념하에 경제를 운용하였다. 색깔의 차이는 있었지만 따지고 보면 모두가 보호주의 경제였다. 이러한 측면에서 보면 미국과 영국도 본질에서 크게 다르지는 않았다. 자유경제를 외쳤던 이들 나라도 1930년대 들어와서는 자국의 산업을 보호하고 이민을 통제하고 자본을 통제하는 것을 우선적 정책목표로 설정했기 때문이었다. 역시 국가주의 / 민족주의에 기반을 둔 경제운용이 아닐 수 없었다. 이것은 무엇을 말하고 있는가? 19세기 후반에서 20세기 초반으로 오면서 일어난 시대와 이념의 변화가 아닐 수 없다. 즉 국제적 협력을 기반으로 하는 다자주의에서 자국의 이익만을 추구하는 개별주의로 변화한 것이다. 좀 더 압축해서 표현한다면 국제주의에서 국가주의로 또는 자유주의에서 민족주의로의 이행이라고 하겠다.

국가주의/민족주의의 고조로 세계화는 침몰할 수밖에 없었다는 것은 하나의 해석으로 손색이 없다고 하겠다. 여기서 우리는 이러한 이념적 해석의 연장선에서 또 하나의 설명을 추가할 수 있을지도 모르겠다. 그것은 국제정치의 변화가 세계화에 어떠한 영향을 주었는가 하는 것이다. 국제정치의 측면에서 보면 19세기 후반은 누가 무엇이라 해도 영국이라는 한 패권국가가 세계의 경제와 정치를 지배했던 시대였다. 그러나 大英帝國(대영제국, Great Britain)은 20세기로 들어오면서 막을 내렸다. 세계는 한 제국이 아니라 여러 나라들이 각축하면서 대결하는 多極體制(다극체제)로 바뀐 것이다. 1차 세계대전이 어쩌면 바로 이러한 새로운 세력 균형을 확인시켜 준 사건이었는지도 모른다.

1차 대전을 거치면서 영국은 급속하게 쇠퇴하였다. 무역과 금융에서 경쟁력을 잃어버렸고 이러한 경제적 추락은 국제사회에서 정치력의 상실로 귀결되었다. 영국은 이제 더 이상 패권국가가 아니게 된 것이다. 그러면 이것은 무엇을 의미하는 것인가? 말할 것도 없이 세계화는 중단될 수밖에 없다는 것이었다. 19세기 후반의 세계화는 영국이 주도한 세계화였다. 그러나 이제 패권국가가 아닌 영국은 더 이상 세계화를 주도할 동기와 역량을 갖지 못하게 되었고 다른 나라들에게 그것을 강요할 수도 없게 된 것이다. 영국의 몰락과 함께 영국이 주도한 세계화도 몰락한 것이다. 세계화는 패권국가에 의해서 추진될 수 있지만 국제정치가 다극체제로 재편된 여건에서 지속되는 것은 불가능하다는 것을 20세기 초반의 세계는 입증했다고 하겠다.

20세기 초반 세계화의 몰락은 여러 가지 측면에서 볼

때 당연한 일이었다. 세기가 바뀜에 따라 정치, 경제, 사회 등 모든 여건이 바뀌게 되었고 때문에 19세기의 조류가 20세기에 와서도 그대로 지속될 수 없었다. 일부의 식자들은 세계화는 결코 중단되거나 후퇴하지 않는 역사적 大勢(대세)라고 판단하는 경향이 있다. 오늘날도 그렇고 백 년 전도 그러했고. 그러나 그들은 속단하고 있는 것이었다. 세계화란 그러한 것이 아니라는 것을 오히려 역사가 우리에게 설명해 주고 있다 하겠다.

15 세계화 2.0 그리고 ……

19세기 후반의 세계화가 1차 대전과 세계대공황을 거치면서 무너졌고 이것은 오랫동안 다시 일어나지 못하였다. 그러나 2차 대전이 끝나면서 변화의 바람이 불기 시작하였다. 세계화의 기운이 다시 나타나기 시작한 것이다. 제2기의 세계화가 시작된 것은 크게 보면 2차 대전이 끝나고 들어선 戰後體制(전후체제), 즉 UN의 창설과 함께 GATT와 브레턴우즈 시스템(Bretton Woods System)의 구축으로부터라고 할 수 있을 것이다. 전후체제는 그동안 해체되어 있던 세계경제를 다시 통합하는 시도라고 볼 수 있기 때문이다. 이러한 전후체제는 1950년대 한국전쟁과 1960년대 베트남 전쟁을 겪으면서 도전을 받기는 하였지만 그 후 세계경제는 지속적인 성장과 확장으로 다시 한번 통합의 과정 속으로 들어갈 수 있었다. 이렇게 보면 제2기의 세계화는 실질적으로 1960년대부터 시작하여 1980년대에 가속화되었고, 1990년대에는 거의 최고조에 도달한 것으로 여겨진다.

1) 전후경제의 통합: 세계화 2.0

제2차 세계화는 대체로 무역, 투자, 금융 등 세 가지 영역에서 그 현상이 분명하게 나타나고 있다. 먼저 무역의 변화를 살펴보면 국가 간 상품교역은 1950년부터 꾸준히 증가하여 왔는데 특히 그 증가 속도가 1970년대부터 현격하게 빨라졌다. 공산품, 농산물, 광산물 등을 합친 전 세계의 상품 수출액이 1970년부터 2003년 사이 25배로 늘어났는데 이것은 같은 시기 세계경제가 7.5배 성장한 것에 비하면 3배 이상 빠른 속도라고 하겠다. 또한 서비스교역도 성장을 지속했는데 1985년부터 2003년 사이 서비스교역은 4.5배 증가하였으며, 서비스는 이제 전체무역에서 약 20%를 차지하는 것으로 나타나고 있다. 이러한 견지에서 보면 20세기 후반에 와서는 상품과 서비스의 교역이 세계경제의 성장을 견인했다고 해도 과언이 아닌 것 같다. 그러면 2차 대전 이후 어떻게 하여 국제무역이 이렇게 크게 성장할 수 있었던가?

종전 후 국제무역의 급속한 성장은 무역장벽의 지속적인 축소에 기인한다고 하겠다. 20세기 전반 보호주의로 인한 무역 붕괴를 경험한 세계는 2차 대전이 끝나자 그 방향을 자유무역으로 선회하였다. 선진국들을 중심으로 GATT를 출범시키고 향후 반세기 동안 관세인하 등 무역장벽의 제거를 위하여 노력을 계속해 온 것이다. 그동안 GATT는 8차례의 다자간 협상을 주도하고 WTO로 그 체제를 개편하였는데 2002년 전 세계적 평균 관세율은 4% 이하로 떨어졌고 상품뿐만 아니라 서비스교역의 촉진을 위하여도 상당한 성과를 거두었다. 특히 선진국들은 지적 재산권의 보호를 위하여 많은 노력을 하였고 개도국이 요구하는 농업보조금 삭감문제에 대해서도 많은 논의를 했다. 이 모든 노력은 말할 것도 없이 보호무역으로부터 자유무역으로의 이행 과정이었다.

무역과 함께 해외투자에서도 괄목할 만한 성과가 일어났다. 연간 유출액을 기준으로 보면, 해외 직접투자(FDI)는 지난 4반세기 동안 세계무역보다 더 빠른 속도로 늘어났는데 1975년 총 250억 달러에서 2000년 1조 3천억 달러로 52배 증가한 셈이다. 어떻게 하여 해외투자가 이렇게 엄청나게 늘어나게 되었는가? 그것은 무엇보다 2차 대전 후 지속되어 온 투자자유화 때문이었다.

GATT와 함께 각국 정부들은 해외투자를 제한하는 여러 조치들을 제거하는 노력을 계속하여 투자를 위한 환경을 개선해 온 것이다. 한걸음 더 나아가 각국의 중앙정부뿐만 아니라 지방정부들도 해외투자를 위한 유치활동에 적극적으로 나서게 되었고 이에 대하여 다국적 기업(MNCs)을 비롯한 많은 기업들이 해외생산을 통한 경쟁력 향상을 위하여 여기에 호응하게 된 것이었다. 그러면 해외투자의 증가는 어떠한 의미를 가지는 것인가? 그것은 그동안 시장의 세계화와 더불어 생산의 세계화가 매우 빠른 속도로 진행되어 왔다는 것을 말하고 있는 것이다.

직접투자가 아닌 간접투자, 즉 금융수익을 위한 국가간 자본이동도 그간 엄청나게 활발히 이루어졌다. 무역, 투자와 함께 금융도 과거 폐쇄된 분야였는데 브레턴우즈체제의 도입 후 그 장벽이 점진적으로 무너져 자본 소득을 추구하는 금융자본이 국경을 넘어 움직이게 된 것이다. 이러한 자본은 주로 선진국에서 개도국으로 이동하였는데 그것은 주로 전자가 자본 잉여국이었고 후자는 자본 부족국이라는 사실에 기초하고 있었다. 그러나 꼭 그것만이 자본이동의 방향을 결정하는 것은 아니었다. 자본에 대한 투자수익률이 선진국보다 개도국이 훨씬 높다는 점이 국제적 유동자금의 이동을 촉진한 것이었다. 또한 이것이 가능하게 된 것은 무역과 투자의 자유화와 함께 금융의 자유화가 IMF와 세계은행은 물론 미국 등 선진국에 의해 추진되었고, 개도국에까지 강요되어 전 세계의 자본시장이 개방되어 서로 연결되어 버렸다는 점이다. 적어도 금융 분야에 있어서는 시장이 세계적으로 통합되어 버렸다고 하겠다. 예를 들면 주식시장은 이제 국가별 개별시장이 그 독자성을 잃어버리고 온 세계의 시장이 하나가 되어 버린 셈이다. 금융의 세계화가 실현된 것이다.

무역, 투자, 금융의 분야에서 보듯이 20세기 후반은 분명히 세계화의 시대라고 하겠다. 혹자는 이것을 前例(전례)가 없는 初有(초유)의 사건으로 규정할지도 모르겠지만 역사적으로 보면 19세기 후반에 이어 두 번째의 세계화가 아닌가 한다. 그러면 이 시대의 세계화, 즉 제2차 세계화는 전 시대의 세계화인 제1차 세계화와 어떻게 비교될 수 있을까. 두 차례의 세계화는 무엇이 다르며 무엇이 같은가. 결론적으로 이야기하면 이 둘 사이에는 차이점보다 공통점이 더 현저하게 부각되고 있다고 하겠다.

두 차례의 세계화에는 많은 공통점이 파악되고 있다. 가장 뚜렷하게 떠오르는 것은 기술의 혁신이 아닌가 한다. 제트 항공기의 등장, 반도체의 개발에서 시작하여 인터넷의 활용에 이르는 IT 혁명 등 기술의 진보가 없이는 20세기의 세계화를 상상할 수 없을 것이다. 그러나 기술의 발달은 이 시대만의 사건이 아니다. 19세기에서 일어난 기술의 발달도 그 당시 기준으로 보면 가히 혁명적이었다고 보아야 할 것 같다. 증기선의 발명과 철도망의 확대 그리고 1869년 개통한 수에즈 운하 등은 시간과 공간을 엄청나게 좁히면서 운송비용을 낮추게 되었는데 이러한 여건에서 제1차 세계화가 가능하게 되었던 것이다.

또 다른 공통점은 역시 자유무역이었다. 비록 신자유주의의 노선으로 기울기는 하였지만 미국이 GATT와 함께 주도한 무역의 자유화는 성과를 거두었고 개별국가들의 재화시장을 세계적으로 통합하는 결과를 가져온 것이었다. 그런데 자유무역은 20세기만의 전유물은 아니었다. 실제로 그것의 원형은 19세기에 있었고 당시 패권국인 영국에 의해 자유무역은 세계경제의 새로운 규범이 되어 역시 재화시장을 국제적으로 통합하는 데 결정적인 기여를 한 셈이다.

자유무역과 함께 자본의 이동도 두 시대에서 같은 역할을 하였다고 하겠다. 금융자유화와 같은 정책적 노력으로 개별국가들의 자본시장이 개방되고 자본의 이동이 활발하게 이루어져 1990년대에 와서 시장이 세계적으로 통합될 수 있었던 것은 주목할 만한 현상이었다. 이 현상과는 그 성격이 좀 다르지만 19세기 후반에도 국가 간 자본이동이 매우 활발했다는 점도 무시해서는 안 될 것 같다. 영국을 비롯한 유럽 선진국들의 자본수출로 신대륙이 개발될 수 있었고, 그 결과 두 대륙이 연결되어 나아가서는 대서양권의 세계화가 진행될 수 있었던 것이다.

이 밖에도 여러 공통점을 찾을 수 있을 것이다. 그러면 두 세계화의 경험에서 차이점은 무엇일까. 적어도 두 가지는 지적될 수 있을 것 같다. 먼저 노동의 이동을 생각해 보게 된다. 두 시기에서 노동의 이동은 공통적으로 일어났다고 하지만 그 성격은 엄청난 차이가 있다고 하겠다. 20세기 후반에 일어난 국제이민은 매우 제한적이었고 소규모였기 때문에 노동의 이동은 거의 통제되었다고 하겠고 따라서 이것이 세계화에 미친 영향은 그렇게 심각한 것은 아니었다. 그러나 19세기 후반의 국제이민은 대규모였는데 이것은 엄청난 경제적 효과를 가져와 임금과 소득을 국제적으로 수렴시켰고 이렇게 하여 노동시장을 국제적으로 통합시켜 나간 것이다. 다시 말하면 19세기 후반에 일어난 노동의 이동은 세계화에 엄청난 영향을 미친 것으로 보아야 할 것 같다. 물론 반작용을 수발하기도 하였지만.

또 다른 차이점은 해외 직접투자(FDI)의 역할에 있을 것 같다. 20세기 후반 폭발적으로 늘어난 FDI는 생산의 세계화를 가져오는 결정적인 요인이 되었다. 이것은 그동안 엄청나게 늘어난 다국적 기업(MNCs)의 활발한 역할과 투자를 유치하려는 각국 정부들의 적극적인 노력의 결과였다. 그러나 FDI는 19세기 후반 별로 의미 있는 사안이 아니었다. 물론 그 당시도 MNC가 존재했고 FDI가 이루어졌지만 그것은 극히 제한적이어서 세계화의 흐름에 아무런 도움이 되지 못했던 것이다.

2) 세계화 2.0의 진로

이 시대의 세계화를 논하면서 우리는 피할 수 없는 하나의 질문에 부딪히게 된다. 제2차 세계화도 종말을 고할 것인가? 마치 제1차 세계화가 그러하였듯이. 이 질문은 2000년대에 들어와 더욱 무게를 더하고 있다. 왜냐하면 1990년대에 매우 빠른 속도로 진행되어 온 세계화가 2000년 이후 그 동력이 떨어지고 있다고 여겨지기 때문이다. 일부의 식자들은 그 진행이 멈추고 있는 것이 아닌가 하는 지적도 한다. 이와 같은 회의론은 몇 가지 사실에 근거를 두고 있다. 첫째로 갈수록 조직화되고 국제화되어 가면서 세력을 키우고 있는 반세계화 운동, 둘째로 2008년 7월 도하(Doha) 협상의 결렬로 불투명하게 된 세계무역의 미래, 셋째로 2008년 10월 미국발 금융위기로 촉발된 세계경제의 불확실성 등이 바로 그것들이다.

1990년대 후반부터 시작된 세계화 반대운동은 이제 무시할 수 없는 세력으로 등장했다. 1999년 12월 미국 시애틀에서 개최된 WTO총회를 저지하기 위하여 약 40,000명이 격렬한 가두시위를 전개한 것을 비롯하여 2009년 4월 영국 런던에서의 G20 정상회의에 이르기까지 세계화와 관련이 있는 국제적 회의가 있을 때마다 그 반대시위가 거의 정례화되어 가고 있는 형편이다. 일부에서는 반세계화 시위를 가볍게 생각하고 있기도 하지만, 갈수록 조직화되어 가는 그들의 운동을 그저 무시하기는 어려울 것 같다. 이 운동은 각국의 시민단체들을 세계적으로 결집하고 있으며 이 세력은 세계화의 진행에 큰 걸림돌이 되고 있다는 것은 부정할 수 없을 것 같다.

세계화 반대여론의 고조와 함께 불투명한 국제무역의 진로도 세계화의 앞날을 어둡게 하고 있다. WTO의 출범 이후 시작된 다자간 무역협상인 도하협상(Doha Development Agenda, Doha Round)이 당초 시한을 3년 이상이나 넘겼지만 결국 2008년 7월 결렬되어 버렸다. 이것은 지금까지 유지해온 자유무역의 기조가 더 이상 보장되지 못할 수도 있으며 잘못하면 현재의 취약한 무역체제가 보호주의로 회귀할 가능성을 시사하고 있는 것이다. 또한 최근 세계적 경제위기로 미국, 중국, 일본, EU 등이 금융, 자동차, 가전산업에 엄청난 규모의 보조금을 지급했는데 이것은 WTO 체제를 뿌리째 흔들고 있는 것이다. 이렇게 되면 자유무역의 질서를 유지해야 하는 WTO 자체가 무너지고 무역전쟁까지 일어날 수 있는 상황으로 발전할 수도 있을 것이다.

더욱 심각한 일은 2008년 9월부터 시작된 미국발 금융위기가 세계경제에 가져올 중장기적 파장이다. 단기적으로는 많은 나라들이 재정과 금융에서의 정책공조로 위기국면을 어느 정도 수습해 나가겠지만 이것으로 모든 문제가 다 해결되는 것이 아니다. 그동안 근본적인 문제는 전혀 손을 대지 못하고 있었던 것이다. 예를 들면 이번 금융위기를 가져온 금융산업의 구조적인 문제들을 어떻게 개혁할 것인가 하는 것은 향후 세계화의 진행과 밀접하게 연결되어 있다 하겠다. 그런데 여기서 분명하게 보이는 하나의 방향은 그동안 지나치게 관대해 온 금융업에 대한 규제가 앞으로는 엄청나게 강화되어야 한다는 쪽으로 의견이 모아지고 있는 것이다. 지금까지 이루어 온 금융자유화와 금융시장의 세계적 통합에 대한 역주행이 아닐 수 없다.

21세기 들어와 전개되고 있는 이와 같은 새로운 상황은 무엇을 말하고 있는 것일까. 이것들은 분명히 세계화의 진행을 크게 위협하고 있다고 여겨진다. 이러한 국면에서 일부의 식자들은 세계화는 이제 끝나는 것이 아닌가 하는 의문을 제기할 것이다. 어떠한 경우이거나 미래를 예측한다는 것은 지극히 위험한 일이다. 아무도 내일의 일을 알 수 없기 때문이다. 그러나 이것은 미래에 대하여 아무런 전망도 할 수 없다는 것은 아니다. 역사란 인간의 의지에 따라 진행된다든가 아니면 어떠한 원리나 법칙에 따라 작동된다고 생각되지 않는다. 그 대신 역사에는 어떤 因果關係(인과관계, causality)가 존재한다고 본다. 따라서 우리가 어떤 사안을 역사적으로 접근한다고 하면 그것은 다름 아닌 이러한 因果性(인과성)을 찾아서 역사를 설명하는 것이다. 세계화도 이와 같은 인과관계의 파악에서 접근하면 약간의 전망도 가능하리라고 본다.

(1) 과거와 현재

세계화를 전망하면서 우리는 우선 한 가지 사실에 놀라지 않을 수 없다. 이 시대의 세계화, 즉 제2차 세계화가 지난 시대의 세계화인 제1차 세계화와 너무나도 비슷한 과정과 결과를 보여주고 있다는 것이다. 어쩌면 역사는 반복되는지도 모르겠다. 물론 항상 그러하지는 않겠지만 간혹은. 〈표 15-1〉은 지난 두 세기 동안 세계화가 가져온 결과를 여러 가지 면에서 비교하고 있다. 먼저 세계화는 과거나 현재 모두 불안한 결과를 가져다주었다는 공통점에 주목할 필요가 있다. 과거엔 세계화에 대하여 두려움을 느꼈고 이것은 유럽에서 지주들의 반발로 연결되었다. 현재의 세계화도 불확실성에 직면하고 있는 것은 마찬가지이고 미국 등 선진국의 노동자들이 반대세력으로 조직화되어 버린 것이다. 과거 세계화의 공포는 미국의 스무트-홀리 관세법 제정을 기점으로 보호무

〈표 15-1〉 세계화의 결과

제1차	제2차
세계화의 공포	세계화의 불확실성
지주계층의 반발	노동계층의 저항
스무트-홀리 관세법 제정	도하협상의 파국
금융위기의 빈발	금융위기의 빈발
BIS의 무능과 실패	IMF에 대한 비판
국제연맹(LN)의 부실	국제연합(UN)의 한계
자유주의의 후퇴	신자유주의의 퇴조
영국의 몰락	미국의 추락
독일의 도전	중국의 부상

역의 시대를 열었으며, 이것은 오늘날 도하협상이 파국을 맞아 보호무역의 조짐이 보이는 것과 그 상황이 매우 유사하다.

유사성은 무역부문뿐만 아니라 금융부문에서도 파악되고 있다. 19세기 말 남미에서부터 시작된 빈번한 금융위기는 20세기 초반 중부유럽에서 그 절정을 이루었고 당시의 국제금융 기구인 국제결제은행(BIS)은 이 세계적 위기에 대하여 속수무책이었으며 이것은 결국 세계대공황으로 가는 도화선이 되었다는 것은 이미 지적하였다. 마찬가지로 20세기 후반 남미와 아시아 등에서 일어난 금융위기는 21세기에 들어와 미국에서도 발생하였으며, 주요 금융위기 때마다 국제통화기금(IMF)이 부적절한 대응을 하여 비판을 받았던 것은 말할 것도 없다. 세계경제는 과거 대공황과 비슷한 국면으로 빠져들었다. 다행히 이번에는 과거의 전철을 따라가지 않겠다는 각오로 각국이 연대하여 재정확대 등 정책 공조를 펴고 있지만 과연 성공할 수 있을지는 더 두고 보아야 할 것 같다.

보호무역의 등장과 금융위기의 발생에 대한 과거시대의 대응은 경제운용의 축을 시장에서 정부로 옮겨가는 것이었다. 모든 것을 시장의 원리대로 접근하는 것이 아니라 국익을 우선적으로 고려하여 정부가 주요 결정을 담당하는 국가중심의 경제운용 체제를 구축한 것이었다. 이것은 19세기 후반부터 국제경제의 새 질서를 이루어왔던 자유주의의 몰락과 함께 국가주의/민족주의라는 새로운 이념의 대두를 가져왔다. 결국 이러한 변화가 그 후 어떠한 역사적 진행을 초래했던가 하는 것은 굳이 언급할 필요가 없지만.

오늘날도 사정은 크게 다르지 않은 것 같다. 도하협상에서 보듯이 자유무역은 심각한 도전에 직면해 있으며, 동아시아와 미국에서 발생하여 전 세계를 뒤흔든 금융위기를 경험하면서 세계는 이제 더 이상 市場至上主義(시장지상주의)에 안주할 수 없게 되었고, 무역과 금융에 대한 규제를 다시 논의하는 단계로 접어들었다. 이것은 무엇을 말하고 있는 것인가? 그것은 한마디로 미국이 주도했던 신자유주의가 퇴조하고 있다는 것이다.

과거 자유주의의 후퇴는 그것을 주도한 영국의 추락과 궤를 같이하였다. 아무도 대영제국의 몰락을 예상하지 못했지만 그것은 20세기 초의 역사적 현실이 되었다. 또한 그 현실은 국가주의 / 민족주의를 앞세운 독일의 대두로 채워지고 있었다. 비슷한 상황이 오늘날에도 전개되고 있는 것은 정말 놀라운 일이 아닐 수 없다. 신자유주의의 퇴조와 함께 미국도 추락을 거듭하고 있는 것이다. 무역적자와 재정적자가 갈수록 확대되어 가는 미국경제는 장래가 불투명하고 이라크와 아프가니스탄에서의 명분 없는 전쟁으로 미국에 대한 정치적 신뢰도 점점 악화되어 가고 있다는 것은 부정하기 힘들다. 이러한 상황에서 중국의 부상은 무엇을 말하고 있는가?

(2) 미국과 중국

말할 것도 없이 세계화의 앞날은 불확실하다. 여기에는 두 가지의 변수가 있는 듯하다. 즉 세계화의 진로는 향후 미국과 중국의 행로에 달려 있다고 여겨진다. 먼저 미국은 경제적으로나 정치적으로 계속 추락할 것인가. 미국이 지금의 추락을 반전시키지 못하여 패권국가의 지위를 상실하고 세계가 다극체제로 들어간다면 세계화는 중단될 것으로 전망된다. 마치 영국이 경제적, 정치적 패권을 상실하면서 제1차 세계화가 종료되었던 것과 같이. 과거나 현재나 패권국가의 주도 없이 새로운 세계질서의 구축이란 거의 불가능하다고 보기 때문이다.

두 번째 변수인 중국의 앞날에 대하여 전망한다는 것도 결코 쉬운 일은 아니다. 중국이 미국을 대신하여 세계 최대 경제국, 정치대국이 될 것인가에 대한 의견은 양분되고 있다. 일부의 식자들은 21세기 중반까지 그것이 가능할 것이라는 주장을 하고 있는가 하면, 현재 중국의 역량은 과대평가되어 있으며 앞으로도 패권국가가 될 가능성은 여러 가지 면에서 희박하다고 보는 견해도 있다. 중국에 대하여 어떠한 전망을 하는가에 관계없이 여기에 중요한 사항이 하나 있다. 앞으로 미국과 중국은 어떠한 관계를 유지할 것인가?

경제적으로나 정치적으로나 앞으로의 美中關係(미중관계)[1]는 중요한 의미를 가진다고 여겨진다. 좀 더 구체적으로 본다면 그 관계가 상호협력적일 것인가 아니면 상호대립적일 것인가 하는 것이 그 핵심이다. 세계화의 미래가 여기에 달려 있기 때문이다. 예상할 수 있는 하나의 전망은 양국관계가 대립적일 가능성이 더 크다는 것이다. 경제적으로 보면 무역과 금융에서 양국은 엄청난 불균형을 이루고 있어 대립이 불가피하다는 점이다. 또한 정치적인 측면에서도 대립할 수밖에 없다는 것이다. 미국은 자유주의 기조를 유지할 것이라는 데 의문이 없다. 그러나 중국은 본질적으로 민족주의의 기반 위에 있고 여기로부터 크게 이탈하지 않을 것이라고 본다. 따라서 이 두 가지의 이질적인 가치가 서로 충돌하지 않고 오랫동안 양립한다는 것은 결코 쉬운 일이 아닐 것이다.

서로가 서로의 利害(이해)와 價値(가치)를 고집하면 어떻게 될까? 중국의 경우 고양된 민족주의 정서가 경제정책

1) 역사학자 퍼거슨(Nial Ferguson)은 미중관계를 'Chiamerica'로 표현하여 언론에 신조어를 만들어 냈다. 좀 과장된 것 같지만 양국관계의 중요성을 강조한 것으로 보인다.

전반으로 이어지게 될 가능성이 크다고 여겨진다. 향후 중국에 특별한 변화가 없는 한 이것은 신자유주의를 지향하는 미국과의 대립을 불가피하게 만들 것이고, 그렇게 되면 제2차 세계화는 와해될 수도 있을 것이다. 마치 자유주의를 내세운 영국이 민족주의의 깃발을 들던 독일과 충돌하면서 제1차 세계화가 붕괴되었던 것과 같이.

□ 참고문헌 □

국내문헌

강만수(2005). 『현장에서 본 한국경제 30년』. 삼성경제연구소.

강한균 외(2008). 『국제통상학원론』. 삼영사.

관계부처합동(2007). 『한미 FTA 상세 설명자료』.

건강권실현 보건의료단체연합 정책실(2007). "한미 FTA가 보건의료 부문에 미치는 영향", 한미 FTA저지 범국민운동본부 정책기획연구단 편, 『한미 FTA는 우리의 미래가 아닙니다』. (주) 도서출판 강.

김상조(2008). "금융위기, 그 원인은 한국내부에도 있다", 국회 천정배의원실 주최 정책토론회 자료집 『미국금융시장 붕괴와 한미 FTA』, 2008. 11. 11.

김성환(2008). "금융자유화론의 재검토", 『경영학연구논문집』, 15권 2호, 울산대.

김진일(2004). "자본자유화와 외환위기", 이찬근 편, 『한국경제가 사라진다』. 21세기 북스.

남중헌(2009). 『글로벌 금융위기』. 울산대 출판부.

남희섭(2007). "한미 FTA 지적 재산권 분야 협상 평가 (1)", 한미 FTA 저지 범국민운동본부 정책기획연구단 편, 『한미 FTA는 우리의 미래가 아닙니다』. (주) 도서출판 강.

박동렬 외(2009). 『최신 무역학개론』. 삼영사.

박순빈(2006). "집중탐구 한미 FTA: 멕시코와 나프타 12년 명암", 한겨레 2006. 5. 24.

배성인(2006). "한미 FTA와 NAFTA", 한미 FTA 저지 범국민운동본부 정책기획연구단 편, 『한미 FTA 국민보고서』. 도서출판 그린비.

세계화추진위원회(1998). 『세계화 백서』.

송유나(2007). "한미 FTA와 공공부문－전기, 가스, 물, 철도를 중심으로", 한미 FTA 저지 범국민운동본부 정책기획연구단 편, 『한미 FTA는 우리의 미래가 아닙니다』. (주) 도서출판 강.

송호창 (2007). "투자자와 국가간 분쟁해결제도 (ISD) 평가", 한미 FTA 저지 범국민운동본부 정책기획연구단 편, 『한미 FTA는 우리의 미래가 아닙니다』. (주)

도서출판 강.
스티글리츠(2008). 『인간의 얼굴을 한 세계화』, 홍민경 역, 21세기 북스.
신용상(2006). "서비스 분야", 정인교 편, 『한미 FTA 논쟁, 그 진실은?』. 해남.
신현송(2008). 조선일보 인터뷰. 9월 24일 C4-C5면.
오정근(2006). "금융 서비스", 정인교 편, 『한미 FTA 논쟁, 그 진실은?』. 해남.
윤석원(2007). "한미 FTA 농업 관련 부문 협상평가 및 대응", 한미 FTA 저지 범국민운동본부 정책기획연구단 편, 『한미 FTA는 우리의 미래가 아닙니다』. (주) 도서출판 강.
이성봉 외(2006). "한미 FTA 투자분야 주요쟁점-이슈와 평가", 대외경제정책연구원 연구자료 06-06.
이해영(2006). 『낯선 식민지, 한미 FTA』. 도서출판 메이데이.
정인교(2010). 『FTA 통상론』. 율곡출판사.
정태인 외(2007). "한미 FTA 국경간 서비스 공급 일반", 한미 FTA 저지 범국민운동본부 정책기획연구단 편, 『한미 FTA는 우리의 미래가 아닙니다』. (주) 도서출판 강.

국외문헌

Barkin, K. (1970). *The Controversy over German Industrialization, 1890-1902*. Chicago: University of Chicago Press.
Bartlett, D. and Steele, J. (1996). "America: Who Stole the Dream", *Philadelphia Inquirer*, September 9.
Bhagwati, J. (1998). "The Capital Myth", *Foreign Affairs*, Vol. 77, No. 3.
Cameron, R. (1989). *A Concise Economic History of the World from Paleolithic Times to the Present*. New York: Oxford University Press.
Corsetti, G., Presenti, P. and Roubini, N. (1998). "What caused the Asian currency and financial crisis?", National Bureau of Economic Research Working Paper No. 6833.
Diaz-Alejandro, C. (1985). "Good-Bye Financial Repression, Hello Financial Crash", *Journal of Development Economics*, 19(1-2).
Edelstein, M. (1981). "Foreign Investment and Empire 1860-1914" in R. Floud and D. McCloskey (eds.), *The Economic History of Britain Since 1700*, Vol. 2.
Eltis, D. (1983). "Free and Coerced Transatlantic Migrations: Some Comparisons", *American Historical Review* 88, 251-280.

Emmerij, L. (1992). "Globalization, Regionalization and World Trade", *Columbia Journal of World Business*, Summer.

Feis, H. (1930). *Europe, the World's Banker 1870-1914*. New Haven: Yale University Press.

Ferguson, N. (2003). "Anglobalization", *Stern Business*. New York University, Spring/Summer.

Frank, A. G. (1998). *Reorient: Global Economy in the Asian Age*. Berkeley: University of California Press.

Friedman, T. (2005). *The World Is Flat*. New York: Farrar, Straus and Giroux.

Fry, M. (1982). "Models of Financially Repressed Development Economies", *World Development*, Vol. 10, No. 9.

Gallagher, J. and Robinson, R. (1953). "The Imperialism of Free Trade", *Economic History Review*, 2nd Series, Vol. 6, No. 1.

Ghemawat, P. (2007). "Why the World Isn't Flat", *Foreign Policy*, March/April.

Girard, L. (1966). "Transport" in H. Habbakuk and M. Postan (eds.), *The Cambridge Economic History of Europe*, Vol. 6. Cambridge: Cambridge University Press.

Gurley, J. and Shaw, E. (1955). "Financial Aspects of Economic Development", *American Economic Review*, Vol. XLV, No. 4.

Hobson, J. (1902). *Imperialism: A Study*. London: Nisbet.

Huntington, S. (1993). "The Clash of Civilizations?", *Foreign Affairs*, Summer.

Hurd, J. (1975). "Railways and the Expansion of Markets in India, 1861-1921", *Explorations in Economic History*, 12.

James, H. (2002). *The End of Globalization*. Cambridge, Mass.: Harvard University Press.

Jones, M. and Obstfeld, M. (1997). "Saving, Investment and Gold: A Reassessment of Historical Current Account Data", NBER Working Paper No. 6103. Cambridge, Mass.: National Bureau of Economic Research.

Krugman, P. and Lawrence, R. (1994). "Trade, Jobs and Wages", *Scientific American*, April.

Levitt, T. (1983). "The Globalization of Markets", *Harvard Business Review*, May-June.

Macmillan (1931). Committee on Finance and Industry. *Report*, cmd. 3897; and *Minutes of Evidence*, 2 vols. London.

Maddison, A. (1995). *Monitoring the World Economy, 1820-1992*. Paris: OECD Development Centre Studies.

McInnis, M. (1994). "Immigration and Emigration: Canada in the Late Nineteenth Century", in T. Hatton and J. Williamson (eds.), *Migration and the International Labor Market, 1850-1939*. London: Routledge.

McKinnon, R. (1973). *Money and Capital in Economic Development*. Washington, D.C.: Brookings Institution.

McKinnon, R. (1993). *The Order of Economic Liberalization: Financial Control in the Transition to a Market Economy*. Baltimore: Johns Hopkins University Press.

Meier, G. (1989). *Leading Issues in Economic Development*. New York: Oxford University Press.

Nader, R. and Wallach, L. (1996). "GATT, NAFTA and Subversion of the Democratic Process", R. Blecker ed., *US Trade Policy and Global Growth*. New York: Economic Policy Institute.

O'Rourke, K. and Williamson, J. (1999). *Globalization and History*. Cambridge, Mass.: The MIT Press.

Pritchett, L. (1997). "Divergence, Big Time", *Journal of Economic Perspectives*, Vol. 11, No. 3.

Radelet, S. and Sachs, J. (1998). "The East Asian Financial Crisis: Diagnosis, Remedies and Prospects", *Brookings Paper on Economic Activity*, No. 1.

Sachs, J. (1998). "International Economics: Unlocking the Mysteries of Globalization", *Foreign Policy*, Spring.

Sala-I-Martin, X. (2006). "The World Distribution of Income: Falling Poverty and ---- Convergence, Period", *Quarterly Journal of Economics*, May.

Schumpeter, J. (1928). "The Instability of Capitalism", *Economic Journal*, 38.

Shaw, E. (1973). *Financial Deepening in Economic Development*. New York: Oxford University Press.

Smick, D. (2009). *The World Is Curved: Hidden Dangers to the Global Economy*. Portfolio Trade.

Stiglitz, J. (2002). *Globalization and Its Discontents*. New York: W. W. Norton and Company.

Taylor, A. and Williamson, J. (1994). "Capital Flows to the New World as an Intergenerational Transfer", *Journal of Political Economy*, 102.

Thurbon, E. (2001). "Two Paths to Financial Liberalization: South Korea and Taiwan", *The Pacific Review*, Vol. 14, No. 2.

UNDP (2004). United Nations Development Program, *Human Development Report 2004*. New York: Oxford University Press.

Warner, A. and Sachs, J. (1995). "Economic Reform and Global Integration", *Brookings Papers on Economic Activity*.

WTO (2003). Annual Report by the Director General, Geneva, World Trade Organization. www.wto.org/english/res-e/statis-e/statis-e.htm

WTO (2009). *International Trade Statistics 2009*.

Williamson, J. (1990). "The Progress of Policy Reform of Latin America", in J. Williamson, *Latin America Adjustment*. Washington, D. C.; Institute for International Economics.

Williamson, J. and Mahar, M.(1998). "A Survey of Financial Liberalization", *Essays in International Finance* No. 211, Department of Economics, Princeton University.

□ 찾아보기 □

ㄱ

ㅈ

ㅎ

□ 저자 소개 □

이 책의 저자 金成煥(김성환: swkim8@hanmail.net)은 미국, 일본, 영국 등에서 수학하였고 여러 국제 금융기관과 다국적 기업에 근무한 후 경기대학교, 한양대학교를 거쳐 현재 울산대학교에 재직하고 있음. 강의와 연구 분야는 국제통상, 국제금융을 비롯하여 기업사, 금융사 등에 걸쳐 있음.

세계화론 값 15,000원

2010년 10월 5일 1판 1쇄
2011년 6월 10일 1판 2쇄

저 자 김 성 환
발행인 임 삼 규
발행처 **지 문 당**
주 소 413-756 경기도 파주시 교하읍 문발리 514-7(본사)
110-360 서울시 종로구 와룡동 95번지(서울사무소)
등 록 1997. 12. 30. 제406-2003-000038호
영 업 부 (02)743-3192~3 팩스(02)742-4657
전자우편 sale@jimoon.co.kr
편 집 부 (02)743-0227 팩스(02)743-3097
전자우편 edit@jimoon.co.kr
홈페이지 www.jimoon.co.kr

ISBN 978-89-6297-028-9

이 도서의 국립중앙도서관 출판시도서목록(CIP)은 e-CIP홈페이지(http://www.nl.go.kr/ecip)와 국가자료공동목록시스템(http://www.nl.go.kr/kolisnet)에서 이용하실 수 있습니다.
(CIP제어번호: CIP2010003417)